教育部人文社会科学重点研究基地——西北大学中国西部经济发展研究中心
陕西宏观经济与经济增长质量协同创新研究中心
本书受西北大学“双一流”建设项目和陕西省社科基金面向“十三五”重大理论和现实问题研究项目
“中国特色社会主义政治经济学的创新发展研究”（2016ZDA18）资助

2018
中国特色社会主义
政治经济学发展报告

REPORT ON THE DEVELOPMENT OF
POLITICAL ECONOMY OF SOCIALISM WITH
CHINESE CHARACTERISTICS 2018

何爱平　任保平◇等著

中国经济出版社
CHINA ECONOMIC PUBLISHING HOUSE
北 京

图书在版编目（CIP）数据

中国特色社会主义政治经济学发展报告. 2018 / 何爱平等著.
—北京：中国经济出版社，2018. 6
ISBN 978 - 7 - 5136 - 5266 - 7
Ⅰ. ①中… Ⅱ. ①何… Ⅲ. ①中国特色社会主义—社会主义
政治经济学—研究报告—2018 Ⅳ. ①F120. 2

中国版本图书馆 CIP 数据核字（2018）第 147593 号

责任编辑 贺 静
责任印制 马小宾
封面设计 华子设计

出版发行 中国经济出版社
印 刷 者 北京金明盛印刷有限公司
经 销 者 各地新华书店
开 本 710mm × 1000mm 1/16
印 张 18. 25
字 数 270 千字
版 次 2018 年 6 月第 1 版
印 次 2018 年 6 月第 1 次
定 价 69. 00 元
广告经营许可证 京西工商广字第 8179 号

中国经济出版社 **网址** www. economyph. com **社址** 北京市西城区百万庄北街 3 号 **邮编** 100037
本版图书如存在印装质量问题，请与本社发行中心联系调换（联系电话：010 - 68330607）

学好用好新时代中国特色社会主义政治经济学

——代前言

任保平

习近平总书记在2014年7月主持召开经济形势专家座谈会时强调，“各级党委和政府要学好用好政治经济学，自觉认识和更好遵循经济发展规律，不断提高推进改革开放、领导经济社会发展、提高经济社会发展质量和效益的能力和水平”。这表明政治经济学是研究当代中国经济问题的理论武器，特别是中国特色社会主义经济理论是马克思主义政治经济学中国化、时代化的最新成果，是中国经济改革和经济发展的理论基础。因此，要学好用好新时代中国特色社会主义政治经济学，把握时代发展的规律。

一、政治经济学是解决时代问题的理论武器

政治经济学是以人们的经济关系，也就是生产关系为研究对象的科学，主要研究人类社会各个阶段上支配物质资料的生产与分配规律。政治经济学揭示了经济过程的本质联系及其运动的客观必然性以及客观的经济规律，对经济学科中其他各学科的研究具有重要的指导作用，被称为经济学王冠上的明珠，因此，从它诞生之日起就成为解决时代问题的理论武器。

古典政治经济学的兴起和发展，使政治经济学研究的重点开始转向生产领域和包括流通领域在内的社会再生产过程。政治经济学作为一门独立的科学，逐渐形成并发展成为专门研究经济现象和经济过程

规律的理论科学。古典政治经济学对时代重大问题的思考、“政治经济学”作为经济科学的范畴，是在17世纪时产生的。法国重商主义者孟克列钦在1615年发表的《献给国王和王后的政治经济学》一书中，首先提出了这一概念，后来逐渐被当时的经济学家所公认和采用。政治经济学是通过历史唯物主义方法和唯物辩证法研究生产、交换、分配和消费以及法律、社会习俗惯例和政府之间的关系的一门独立学科。古典经济学对当时资本主义经济发展过程中的时代问题进行了理论阐释，着重于经济总量研究，涉及经济增长、国际贸易、货币经济和财政问题等当时的时代大问题。

马克思主义政治经济学主要是体现在《资本论》中的经济学，它产生于资本主义时代对重大问题的批判，也产生于对古典政治经济学的批判，是从理论高度认识和研究资本主义的经济科学。马克思、恩格斯批判地继承了古典政治经济学的科学成果，创立了马克思主义政治经济学，马克思主义政治经济学就成为一门阐明人类社会生产关系及社会经济发展规律的科学，是对资本主义社会以前的各个社会的发展规律和社会主义社会、共产主义社会发展规律的探索。《资本论》是马克思主义政治经济学的集大成之作，通过对资本主义生产关系的研究，揭示其内在矛盾、阶级对抗性，以及资本主义制度产生、发展与灭亡的客观规律，揭示资本主义终将被社会主义所取代的历史必然性。

社会主义政治经济学是对社会主义经济建设的理论探讨，社会主义政治经济学根据马克思主义政治经济学的方法与原理，研究社会主义经济运动规律，为深入分析社会主义运行实践奠定基础。我国在社会主义发展道路上不断探索，形成了社会主义政治经济学——社会主义经济理论体系这一新的马克思主义理论成果，这其中对中国特色社会主义经济制度的理论研究和实践探索，也同样属于马克思主义政治经济学的有机组成部分。改革开放的伟大实践促进了马克思主义政治经济学原理与中国社会主义实践的有机结合，摆脱了传统斯大林式教科书的教条，使政治经济学研究置于现实的、生动的社会主义经济改革与发展基础之上；把商品与市场列为社会主义政治经济学研究的起点与基础，并从社会主义商品经济的内在矛盾中进一步研究整个社会的矛盾与发展，这就使社会主义政治经济学重新成为一个逻辑的整体，把生产力研究、经济运行机制研究、经济体制改革重新纳入政治经济学研究的视野，丰富了社会主义政治经济学的研究内容，为社会主义政治经济学的深入研究提供了广阔的空间，促进了中国社会主义理论体系的形成。社会主义理论体系对于研究我国在改革开放过程中出现的新矛盾与新问题、对于指导我国社会主义市场经济运行，具有重要意义，是社会主义经济建设和经济体制改革的理论基础。

从古典政治经济学，到马克思主义政治经济学，再到社会主义经济理论，政治经济学作为一门科学，它具有思想的高度性、理论的深刻性、规律的科学性，成为解决时代问题的理论指导。

二、中国现阶段处于政治经济学复兴的时代

2006 年，国防大学的卢周来教授提出，“我们仍然处在政治经济学时代”，吴敬琏也认同“我们仍然处在政治经济学时代”这个重要提醒。中国现阶段进入了一个新的经济发展阶段，这一时代的重大特征是：发展、转型、失衡。而这些重大特征的本质是利益格局的调整、经济关系的变化，这种本质特征表明中国社会仍然处于政治经济学时代，而且处于政治经济学的复兴时代。

从发展问题来看，经过改革开放近 40 年的发展，我们的 GDP 超过日本，成为世界第二大国，成为第二大经济体以后发展方式的转变就成为一个关键性问题。改革开放之初，我们是短缺经济，经济总量不足是主要矛盾。经过改革开放近 40 年的发展，总量矛盾已经解决，需求不足成为主要矛盾，需要建立起以消费为主导的经济发展方式。

同时，尽管经济总量比较大，但是人均GDP还比较低，需要突破中等国家的收入陷阱。原有的经济发展方式已经走到了尽头，在新的经济发展阶段面临从国家富裕向人民富裕的转变，从追求GDP转向追求人民富裕，从一部分人先富起来转向大多数人富裕的共同富裕。原有的追赶战略也已经完成了任务，需要实施质量效益战略，更加追求经济增长的质量和效益。经济发展的比较优势已经丧失，需要从比较优势向竞争优势转变。原来的经济发展动力逐渐在消退，经济发展的动力要由要素驱动转向创新驱动，创新驱动的核心是科技创新，政策激励由技术创新转向科技创新。这一系列的转变问题需要通过政治经济学来解决，表明我国处于政治经济学时代。

从转型来看，中国的经济发展不是一般的发展，而是转型发展，大转型是中国经济发展的时代特征。经济发展的任务和转型的任务叠加在一起，形成了多重转型，使中国经济发展表现出了双重制度变迁的特征。中国经济的转型已经完成了第一次转型，改革开放初期的初次转型通过市场经济的发展，参与全球化和国际分工，劳动力转移，工业化、城市化发展，实现了资源优化配置，经过30多年的经济体制改革，由建立社会主义市场经济体制转向完善社会主义市场经济体制，以计划经济向社会主义市场经济转型为核心的初次转型已经基本完成，开始进入再转型时代。再转型的任务包括：消费主导时代的转型，从生产主导的经济总量扩大转向消费时代的扩大需求；城市化时代的转型，从传统城市化转向新型城市化，进入城市化快速发展时期，城市化的快速发展将推动我国走向消费大国；城乡一体化的转型，从城乡分割走向城乡一体化，以城乡一体化为基础来推进新型城市化进程；公共产品短缺时代的转型，从以提供私人消费品转向提供公共产品，以适应社会成员的基本公共需求全面快速增长；低碳经济时代的转型，从过去高污染、高消耗的经济增长转向低污染、低消耗。这种转型发展的双重制度变迁特征需要处理好一系列的关系，这一系列的转型问题关系需要通过政治经济学来解决，表明我国处于政治经济学时代。

从失衡来看，失衡是当代中国经济发展中的典型特征，这种失衡具体表现为三个层次的失衡：宏观经济结构失衡、中观经济结构失衡和微观经济结构失衡。宏观经济失衡主要表现为供求结构失衡、供给结构的失衡和需求结构的失衡，经济结构的失衡造成了资源的无配置，使技术进步和人力资本不能真实发生作用。中观经济结构失衡主要表现为产业结构失衡，导致了产业结构的“低端锁定”，形成了严重的产能过剩。微观经济结构失衡主要表现为企业结构的失衡，导致了非公有制经济发展不足，过度垄断和过度竞争同时存在。失衡意味着中国经济发展面临再平衡的任务，再平衡就需要进行利益关系的调整，再平衡的任务表明我们要把发展方式调整的重点放在要素投入结构、需求结构和供给结构、产业结构、投资结构失衡的同时，关注城乡结构、地区结构、社会收入分配结构、企业结构的调整。这一系列的失衡问题关系需要通过政治经济学来解决，表明我国处于政治经济学时代。

中国现阶段处于政治经济学时代的事实说明，“面对着生机勃勃的中国特色社会主义经济的丰富实践，发展和创新中国社会主义政治经济学，建设具有中国特色、中国风格、中国气派的政治经济学理论和学术话语体系的任务，比任何时候都更加迫切、更加重要，这是在经济领域中树立理论自信、道路自信和制度自信的根本保障。”① 我们需要学好用好政治经济学，把握经济发展和改革的规律，包括价值规律、供求规律、货币流通规律、价格运动规律、市场竞争规律，以及资本积累、循环周转、成本价格、平均利润、银行信用等范畴和规律，加强对中国经济发展和改革中重大现实问题的研究。政治经济学要成

① 张宇．学好用好马克思主义政治经济学［N］．光明日报，201－10－29．

为经济建设的理论指导，解放和发展生产力，增进国民财富，达到共同富裕，就成为政治经济学研究的使命。

三、学好用好新时代中国特色社会主义政治经济学，把握新时代中国经济发展的规律

发展必须是遵循经济规律的科学发展，必须是遵循自然规律的可持续发展。我们学好用好政治经济学，自觉认识和更好遵循经济发展规律，不断提高推进改革开放、领导经济社会发展、提高经济社会发展质量和效益的能力和水平。

政治经济学是其他经济学的理论基础，为其他经济学提供了理论指导，而其他经济学为政治经济学提供了材料。过去我们重视学习金融、产业、投资等具体的经济学，忽视政治经济学的学习，在社会主义建设中无法把握大的规律。因此，学好政治经济学，用好政治经济学这门工具，才能科学分析当下经济社会现状，从而提出针对性强的科学应对政策。中国改革开放所面临的很多问题，都是政治经济学问题，都需要用现代政治经济学来加以回答。“马克思创立的政治经济学，以《资本论》为代表，是处于资本主义社会的政治经济学”①，学好用好政治经济学主要是坚持以《资本论》为代表的政治经济学的思想和方法，学好用好中国化的马克思主义政治经济学，也就是学好用好新时代中国特色的社会主义经济理论，把握中国经济发展和改革的规律，加快中国经济发展方式的转变，全面深化改革，促进中国经济的长期发展和持续增长。

1. 把握社会主义市场经济规律，促进社会主义市场经济的完善

政治经济学中的经济规律主要是讲市场经济规律，一般包括价值规律、供求规律和竞争规律。价值规律是市场经济的基本规律。按照

① 洪银兴. 社会主义现阶段的政治经济学范式［N］. 光明日报，2005－01－14.

价值规律，商品价格是价值的货币表现，价格围绕价值上下波动；在市场上由于各种因素的影响，商品的供给和需求都在不断变化，即使实现了暂时的供求平衡，也会很快形成新的不平衡。供求关系的变动和不平衡不但影响商品的市场价值和价格，也通过价格的传导影响社会生产和消费。在供不应求的条件下，可以促使企业扩大生产规模和增加数量；在供过于求的条件下，可以促使企业改进技术和管理，调整产业结构，提高劳动生产率。市场经济是人类文明的表现，市场决定资源配置是市场经济的一般规律。发展要获得强劲的动力，就要大力推进市场化改革，完善社会主义市场经济体制，处理好政府和市场的关系。

2. 把握改革的规律，推进全面深化改革

我国的经济改革可以说是生产关系的调整和完善，因此作为生产关系实现形式的经济制度、经济体制就成为政治经济学研究对象的现实载体。改革过程是一个政治、经济、文化等社会因素互动的过程。改革意味着利益结构的大调整，就不能不从政治经济学的角度来进行分析。尊重改革自身的规律，才能在改革的大潮中大有作为，改革才能少走或不走弯路，顺利达到预期目标。按照政治经济学的一般原理，改革是社会主义制度的自我完善，是改革生产关系中不适应生产力的部分，进一步促进生产力的发展。因此，要把握改革的规律，处理好解放思想和实事求是的关系，整体推进和重点突破的关系，顶层设计和摸着石头过河的关系，胆子要大和步子要稳的关系，改革、发展、稳定的关系。

3. 把握经济增长与发展的规律，推进发展方式的转型

按照政治经济学的原理，经济增长分为粗放型增长和集约型增长，粗放型增长一般通过规模扩张来实现，而集约型增长通过提高效率来实现。一般而言，一个国家在经济发展水平低的时候，为了实现赶超，通常采取扩张规模的粗放型增长。而当经济发展达到一定水平时，就需要从粗放型经济增长向集约型增长转变，这是经济发展方式转变的一般规律。我国已经成为世界第二大经济体，需要从经济大国向经济强国转变，与此相适应，经济发展方式就需要从粗放型转向集约型，从要素驱动转向创新驱动。在经济发展方式的转变过程中，需要处理好一系列的利益关系，这就需要运用政治经济学的基本原理，把握经济发展方式转变的规律，加快经济发展方式的转变。

4. 把握经济结构调整的规律，推进中国经济结构升级

结构性调整是未来经济增长的主题，但是加快产业结构调整必须遵循经济规律。按照政治经济学的一般规律，一个国家的经济发展会经历不同阶段，不同经济发展阶段所对应的增长模式和经济结构有其特殊性。我国现有产业结构是经济赶超战略的产物，我们在经济发展水平很低的情况下，实施了低成本的工业化战略，以廉价劳动和资源来获得竞争优势。与这样的经济发展战略相对应的是能实现快速增长、迅速做大总量。当经济发展水平提升到一定阶段，就必须进行经济结构的高级化和合理化调整。经济结构的调整需要遵循经济规律，因此，我们要学好用好政治经济学，科学认识经济结构调整的规律，坚持效率提高是牵引产业结构调整的动力，需求结构变化决定产业结构调整的方向，需求偏好决定产业结构调整进程的原则，遵循产业结构演进规律，注重通过效率提高引导产业结构调整。依据世界产业结构调整的方向，积极推进中国产业结构的调整，促进实现产业结构的高级化和现代化。

5. 把握人与自然的规律，推进生态文明建设

人与自然的关系问题是生态文明的核心问题，自然界是人类社会形成的前提，是构成人类社会客观现实性的自然基础。为人类提供了生存和发展所需要的一切，是人类生存和发展的源泉。马克思指出，人们必须保持与自然的和谐关系，如果违背了这一规律，必将受到自然界的惩罚。在自然界中，人类只是其中的一员，人不是自然的主宰者和统治者，同其他千百万物种成员是相互依存、协调发展的关系。人与自然和谐思想是马克思主义经济学的组成部分，这一思想包括在劳动过程中实现物质变换、人与自然和谐的主体责任、尊重自然界的地位和价值、警惕自然报复等有机联系的四个方面。在过去中国的经济发展模式下，忽视了人与自然的和谐，造成了严重的生态环境问题，环境污染、生态破坏，资源环境对经济发展的约束加剧。因此，要学好用好政治经济学，科学认识人与自然的规律，遵循人与自然的规律，积极推进生态文明建设。

目　录

2014年以来中国特色社会主义政治经济学理论问题研究新进展

何爱平　李清华

摘　要： 2014年以来，在习近平总书记和党中央的多次关注下，中国特色社会主义政治经济学获得了迅速发展，学术界围绕着中国特色社会主义政治经济学的重要理论问题展开了深入的研究，并取得了丰硕的成果。本文从马克思主义政治经济学基本理论研究、发展当代中国马克思主义政治经济学、中国特色社会主义政治经济学的渊源及基本原则、中国特色社会主义政治经济学理论体系研究、中国特色社会主义政治经济学的创新成果及话语体系和习近平新时代中国特色社会主义政治经济学思想6个方面对这些成果进行梳理，力求充分反映中国特色社会主义政治经济学理论问题研究的最新进展。

关键词： 中国特色社会主义政治经济学；理论问题；新进展

作者简介： 何爱平，西北大学经济管理学院教授、博士生导师；李清华，西北大学经济管理学院2017级硕士研究生。

2014年以来，习近平总书记多次强调各级党委和政府要学好用好政治经济学，自觉认识和更好遵循经济发展规律，不断提高推进改革开放、领导经济社会发展、提高经济社会发展质量和效益的能力和水平。他指出，马克思主义政治经济学是马克思主义的重要组成部分，也是我们坚持和发展马克思主义的必修课。要立足于我国国情和我国发展的实践，不断开拓当代中国马克思主义政治经济学新境界，要坚持中国特色社会主义政治经济学的重大原则，坚持和发展中国特色社会主义政治经济学。习近平总书记有关中国特色社会主义政治经济学重要性的系列讲话具有鲜明的时代意义和深远的理论意义。国内各学术研究机构纷纷开展关于中国特色社会主义政治经济学的相关研究，学界对诸如马克思主义政治经济学基本理论研究、发展当代中国马克思主义政治经济学、中国特色社会主义政治经济学的渊源及基本原则、中国特色社会主义政治经济学理论体系研究、中国特色社会主义政治经济学的创新成果及话语体系和习近平新时代中国特色社会主义政治经济学思想等问题展开了广泛而深入的研究和讨论，并取得了许多有益成果。

一、马克思主义政治经济学基本理论研究

马克思主义政治经济学的基本理论是中国特色社会主义政治经济学的理论来源，2014 年以来关于政治经济学研究的基本理论内容主要包括政治经济学的研究对象与研究方法、劳动价值论、资本积累与经济危机理论、利润率趋向下降理论、地租理论等方面。

（一）劳动价值论研究

一些学者进一步讨论了劳动价值论的现代意义。丁涛基于马克思劳动价值论的研究视角论证了全球价值链的霸权性质。他认为马克思以劳动价值论为根基，揭示了资本和资本家的嗜利本性，以“资本家的手”取代了“看不见的手”。正是在“资本家的手”的推动下，分工层次不断深化，分工的范围持续扩大，资本主义生产方式从简单协作演变为机器大工业，从机器大工业演变为全世界范围的经济体系，即全球价值链。① 裴小革通过梳理劳动价值论及其相关理论，认为马克思继承和发展了古典政治经济学

① 丁涛．全球价值链的霸权性质——基于马克思劳动价值论的研究视角［J］．马克思主义研究，2014（3）．

的劳动价值论，并在此基础上建立了科学的劳动价值论，表明劳动者在财富形成中的决定作用，相较于同时期的均衡价格价值论，其为现代劳动经济问题的研究提供了一个更广阔的理论框架。① 金碚通过分析 GDP 的核算、产业结构的演变、企业的目标等现实问题，进一步说明了马克思劳动价值论在现实经济运行中的理论意义。② 张雷声、顾海良认为马克思对劳动价值论的研究经历了对古典政治经济学的劳动价值论从怀疑到肯定，再到创新的过程，并且这一过程与唯物史观的创立与运用是同步的。③

一些学者在马克思劳动价值论的基础上提出了新的观点，根据马克思的劳动价值论，何祚庥提出了“科技×劳动”创造使用价值的“新”劳动价值论。“新”劳动价值论完全继承了经典劳动价值论的科学内涵，即支持劳动是创造价值唯一源泉的基本观点。只不过对使用价值或物质财富计量时，要“乘”上“知识效率因子”或“科技效率因子 N”。④ 对于新知识和新科技与价值创造的关系，吴易风认为新知识、新科技可以转化为现实的生产力，并通过作用于生产力中人的因素和物的因素而进入劳动过程，但不进入价值形成过程，即新知识和新科技不能创造价值，劳动是创造价值的唯一源泉。⑤ 白暴力、王智强认为世界统一市场形成之后，劳动力这一特殊商品由于缺乏一般商品所拥有的能够在全球范围内自由流动的性质，故其价值由国内市场形成。而一般商品的价值由世界市场形成，并且在世界市场上，商品的价值实体仍然是无差别的同一的人类劳动，商品价值等于世界范围内不同国家生产该种商品的平均劳动耗费，是国别价值

---

① 裴小革．劳动价值论及相关理论的演变和比较［J］．劳动经济研究，2016（2）．

② 金碚．马克思劳动价值论的现实意义及理论启示［J］．中国工业经济，2016（6）．

③ 张雷声，顾海良．马克思劳动价值论研究的历史整体性［J］．河海大学学报（哲学社会科学版），2015（1）．

④ 何祚庥．必须将“科技×劳动”创造使用价值的思想引入新劳动价值论的探索和研究［J］．政治经济学评论，2014（1）．

⑤ 吴易风．劳动是创造价值的唯一源泉——驳否定劳动价值论的奇谈怪论［N］．企业家日报，2017-07-07

的加权平均。[①] 进一步地，有学者认为，马克思关于“单位商品的价值量与实现在商品中的劳动的量成正比地变动，与这一劳动的生产力成反比地变动”的这一论断在世界市场上仍然成立。宋树理通过在马克思对用于国际交换的单位商品的国际价值量定义式中引入商品生产函数，从数学上说明了这一论断在世界市场上的适用性。[②]

一些学者进一步讨论了劳动价值论中的基本问题，如两种含义社会必要劳动时间问题。冯金华认为第一种含义的社会必要劳动时间决定“形成价值量”，两种社会必要劳动时间共同决定“实现价值量”[③]。卫兴华认为第一种社会必要劳动时间决定商品的价值量，第二种社会必要劳动时间则决定由第一种社会必要劳动时间所决定的商品价值量经由市场交换的实现程度。[④] 又如劳动力商品问题，刘凤义认为马克思的劳动力商品理论不仅是研究资本主义基本规律——剩余价值规律的起点，也是研究资本主义多样性的微观基础，从劳动者技能水平维度和劳动力两权分离的维度考察了企业制度多样性的微观基础。[⑤] 丁晓钦认为资本追逐利润的特点和由此导致的无限扩张和积累中产生的劳动异化、劳动力萎缩再生产、劳动者受排挤等问题威胁着经济的可持续发展，使经济面临失衡的危险。因此，解决经济危机、促进经济与社会持续发展，不仅需要资本修复，也需要劳动修复。劳动修复是彰显劳动者价值、消除资本负面影响的重要途径。劳动修复具有两层含义：劳动者生存与繁衍后代、劳动者的教育和培训。[⑥]

一些学者研究了劳动价值论数学化的问题。王朝科、郭凤芝认为建立在劳动价值论基础上的价值函数反映的是商品的价值量与生产该种商品耗

---

① 白暴力，王智强．劳动力价值形成的国际差异与跨国企业超额利润的来源［J］．福建论坛（人文社会科学版），2015（11）．

② 宋树理．国际价值量变化的比较静态分析［J］．当代经济研究，2016（7）．

③ 冯金华．价值的形成和实现：一个新的解释［J］．学习与探索，2015（5）．

④ 卫兴华．有关价值理论的一个科学说明——读《马克思主义政治经济学概论》［N］．中国社会科学报，2014－08－25

⑤ 刘凤义．劳动力商品理论与资本主义多样性研究论纲［J］．政治经济学评论，2016（1）．

⑥ 丁晓钦，郭艳青．马克思主义视阈下的劳动修复及其当代意义［J］．马克思主义研究，2014（10）．

用的活劳动量以及不变资本之间的关系，这也是劳动价值论的应有之义。基于此，价值函数应该包含价值创造函数和价值形成函数两种表达式，这是价值函数研究共同的逻辑起点。① 冯金华将价值理论作为衡量生产效率的工具。他以马克思劳动价值论为基础，根据等价交换假定分析得出，任意一种商品的单位价值量，等于该商品的价格与整个社会全部商品的价格总量的比率乘以整个社会的劳动总量；而用商品的单位价值量除以其单位劳动量可得到该商品的单位劳动价值量。如果一个行业或企业的单位劳动价值量大于（等于或小于）1，则其生产效率就大于（等于或小于）整个社会的平均水平；如果一个行业或企业的单位劳动价值量大于（等于或小于）另外一个行业或企业，则前者的生产效率就大于（等于或小于）后者。② 李海明（2017）使用中国经济体系的价值型投入—产出表数据对劳动价值论进行了验证，结果表明，劳动价值决定了至少90%以上的市场价格波动，而且生产价格比市场价格更接近劳动价值。③ 邱海平和姬旭辉在借鉴国内外相关研究成果的基础上，对1995—2009年中国经济的非生产劳动进行了核算，并与美国进行了比较，从简单的变化趋势来看，非生产劳动的规模与经济增长率呈反向变化关系，非生产劳动的过度增长将会减少可用于积累和扩大再生产的剩余价值总量，不利于经济增长。④

一些学者回应了西方经济学对劳动价值论的质疑。裴宏在阐述森岛通夫和置盐信雄传统方法缺陷的基础上，详细讨论了森岛通夫、约翰·罗默以及吉原直毅和韦内齐亚尼等国外学者对森岛—置盐方法的反思和修改，评论了他们对劳动价值论和剥削理论数理研究的发展。⑤ 郭冠清认为与西方主流经济学的均衡价格论相比，马克思的劳动价值论不仅包含对价格背

① 王朝科，郭凤芝．基于劳动价值论的价值函数研究［J］．当代经济研究，2016（12）．

② 冯金华．劳动、价值和效率［J］．当代经济研究，2016（1）．

③ 李海明．检验劳动价值论：方法与证据［J］．经济学动态，2017（9）．

④ 邱海平，姬旭辉．论非生产劳动与经济增长——以中国1995—2009年为例［J］．马克思主义研究，2016（3）．

⑤ 裴宏．国外学者对劳动价值论和剥削理论数理研究的发展——对“非斯拉法”分支的评论［J］．政治经济学评论，2015（2）．

后原因的本质解释，而且包含对“自由、平等”背后隐藏的“不平等”的揭示。对于这种“不平等”的揭示，暗含着马克思的“分配正义”思想。① 渡边雅男将非生产劳动分为承担生产以外职能（流通、分配和消费）的劳动和精神性劳动，分别指出了它们都不遵循劳动生产率原则，批判了把承担生产以外的社会职能混同为承担生产职能、把生产使用价值混同为生产价值、把一切雇佣劳动都当作生产劳动的错误观点，从而说明了资本家如何因这些劳动的非生产性而试图以节约非生产费用的原则统制这些劳动，揭示了被庸俗价值论掩盖的资本主义的逐利性与人类社会本质需要的根本矛盾。② 高岭对霍奇森的理论提出了批判，认为霍奇森量的价值决定论根源于“斯密教条”，其实质是庸俗的生产费用论与供求价值论的折中。忽视了“货币”“资本”与作为实物量体系的斯拉法体系的不可兼容性。③ 赵磊认为“庞巴维克质疑”的要害在于，劳动价值论所定义的价值与现实经济活动中的价格存在“计量”上的不一致。所谓“价值量化”，其实只是价值在形式上的量化，而不是价值在实质规定上的量化。能够量化的只能是价格，而不是价值。不仅劳动价值论定义的价值无法量化，西方经济学定义的价值（效用价值）也是无法量化的。④ 朱殊洋和徐跃华运用数理分析借助能量守恒原理得出推论：物化劳动创造价值的观点是错误的。错误的根本原因在于，他们只着眼于个别企业的价值生产，而忽略了价值流和劳动流的形成过程。事实上，一旦从一定时间内价值和劳动的流动角度来考察，就会发现价值只源于抽象活劳动，而与物化劳动无关。⑤ 蔡继明则通过分析钱伯海的“社会劳动价值论”，认为活劳动和物化劳动共同创造价值，承认物化劳动在价值创造中的作用为我国的分配制度由按劳分配

---

① 郭冠清．回到马克思：政治经济学核心命题的重新解读（下）——以《马克思恩格斯全集》历史考证版第二版（MEGA2）为基础［J］．经济学动态，2015（8）．

② ［日］渡边雅男．价值理论与生产劳动——关于价值生产劳动的范围［J］．政治经济学评论，2015（5）．

③ 高岭．评霍奇森对马克思的价值论的“超越”［J］．当代经济研究，2016（10）．

④ 赵磊．“不能量化”证伪了劳动价值论吗？［J］．政治经济学，2017（4）．

⑤ 朱殊洋，徐跃华．对价值源泉问题的数理分析［J］．当代经济研究，2017（3）．

向按生产要素贡献分配转变提供了理论基础。[①]

劳动价值论是剩余价值论的理论基础。关于剩余价值论的研究，孟捷考察了构成剩余价值论前提的十大假设，并集中起来作为一个整体来分析，在批判地考察这些假设的同时尝试对劳动力价值和工资范畴进行了再定义，放弃了将劳动力价值作为预先给定的已知量的假设，劳动力价值只能是新创造价值的一部分——这是剩余价值存在的条件——是通过产业后备军这一特殊的制度来保证的。新的定义支持了莱博维奇的下述观点，即阶级斗争在剩余价值率的决定中要起着比马克思所承认的更为积极的作用。[②] 任洲鸿用以生产领域为中心的马克思主义政治经济学分析传统，借鉴并吸收知识经济学、演化经济学、组织理论与复杂性科学的思维方法，提出了“结合劳动—结合劳动力—剩余价值的榨取机制”的分析框架，为深化认识当代资本主义劳动过程和剥削机制提供了新视角。[③] 胡岳岷、付文军认为马克思的剩余价值学说和唯物史观存在“互释”关系，剩余价值学说不仅有足够的理论潜能来说明资本主义的当代发展，而且对当今社会的许多问题依然拥有较强的解释力。[④]

（二）资本积累与经济危机理论

一些学者对资本积累的金融化进行了研究。孟捷、李亚伟、唐毅南分析了一些国外马克思主义经济学家关于金融资本和金融化与利润率之间的关系。[⑤] 马锦生从 4 个方面分析了利润来源渠道的变化即金融化的实现机制，并就资本积累金融化对经济运行机制的影响进行了分析，以揭示资本积累的金融化所导致的债务经济运行机制不具有可持续性，从而导致了金融危机和债务危机的爆发。[⑥]

---

① 蔡继明．评钱伯海教授的“社会劳动价值论”[J]．经济学动态，2014（5）．

② 孟捷．劳动力价值再定义与剩余价值论的重构 [J]．政治经济学评论，2015（4）．

③ 任洲鸿．结合劳动、结合劳动力与剩余价值的榨取机制——理解当代资本主义劳动过程的新视角 [J]．马克思主义研究，2016（6）．

④ 胡岳岷，付文军．论剩余价值学说的理论潜能 [J]．社会科学战线，2017（10）．

⑤ 孟捷，李亚伟，唐毅南．金融化与利润率的政治经济学研究 [J]．经济学动态，2014（6）．

⑥ 马锦生．美国资本积累金融化实现机制及发展趋势 [J]．政治经济学评论，2014（4）．

邱海平、姬旭辉从资本主义生产劳动和非生产劳动的角度揭示了剩余价值规律和资本积累规律。通过对“消费不足理论”进行扩展，进而分析非生产劳动在经济增长中的地位和作用，认为非生产劳动的迅速增加会降低可用于积累的剩余价值量，过多的非生产劳动必然会阻滞经济增长。①张晨、冯志轩利用资本积累理论，跳出通过直接界定劳动力价值3个部分的僵化框架来进行劳动力价值的测算。②陶为群建立了一个两大部类资本积累意愿的双边适应性预期调整模型，展现了在社会扩大再生产中，两大部类都以积累最大化意愿为出发点，在全社会资本积累均衡的约束条件下，围绕资本积累进行“两人讨价还价”合作博弈。③张雷声从资本积累理论的整体意义入手，研究其宏观结构和马克思对资本积累理论研究的逻辑思维进程和整体方法。④马艳、王琳、张沁悦扩展了传统资本积累的社会结构理论研究的视域，并根据我国经济现实尝试将资本积累的社会结构理论引入社会主义经济理论体系中。⑤王金秋认为20世纪80年代以来，劳动力就业的“临时性”和雇佣制度的“灵活性”成为资本全球化下的“新”发展，这一现象是资本主义积累体制演变的结果，需要马克思式的“工人阶级联合统一的斗争”，才能对资本主义的弹性积累体制予以有力的遏制。⑥

危机理论是马克思主义经济学理论体系的重要组成部分。一些学者对经济危机的理论与历史进行了梳理和探讨。鲁品越比较分析了皮凯蒂的资本收益率高于经济增长率规律与马克思的利润率下降规律，发现从表面上

---

① 邱海平，姬旭辉．论非生产劳动与经济增长———以中国1995—2009年为例［J］．马克思主义研究，2016（3）．

② 张晨，冯志轩．资本积累视角下的劳动力价值：识别、测算与中国现实［J］．经济学家，2014（6）．

③ 陶为群．社会扩大再生产的“纳什解”的形成路径——两大部类资本积累意愿的双边适应性预期调整［J］．当代经济研究，2016（3）．

④ 张雷声．马克思的资本积累理论及其现实性［J］．山东社会科学，2017（1）．

⑤ 马艳，王琳，张沁悦．资本积累的社会结构理论的创新与中国化探讨［J］．马克思主义研究，2016（6）．

⑥ 王金秋．资本积累体制、劳动力商品化与灵活雇佣［J］．当代经济研究，2017（1）．

看两者是相互冲突的，然而，这种冲突实质上正是资本主义生产方式内在矛盾的表现。利润率下降规律驱使资本转移，加剧了资本的积累和贫困的积累。贫困积累不可能永无止境，终究要受到人类生理、心理和道德的制约，也会受到自然界生态极限的制约，这些制约最后必然表现为对整个资本主义生产方式的制约，使其再生产无法进行下去，这就是一次次经济危机的根本原因。[①] 裴小革认为马克思主义政治经济学的经济危机相关理论论述了只有科学社会主义才能解决经济危机，在历史上和现时代都对世界各国发展社会主义运动和遏制资本主义经济危机发挥出了极其重要的推进作用。[②] 胡乐明认为，马克思危机理论的研究基于资本主义生产方式基本矛盾进行分析，通过资本积累矛盾的深化，导致不同的经济危机，合理解释了危机不仅导致资本主义的崩溃，也是资本主义的发展形式，无产阶级只有依靠组织起来的政治力量才能赢得社会主义对资本主义的替代。[③] 朱富强试图通过马克思关于危机问题的论述形成一个统一的经济危机分析框架，并由此对现代经济危机的根源及其传导机制进行剖析，认为现代经济危机爆发的内在逻辑没有超越马克思经济学的分析，其根源依然在于社会制度引起收入分配不合理以及收入差距拉大造成的有效需求不足。这些国家内部的危机通过经济一体化的连接和传动会传播到其他国家，从而引发更大规模的全球性经济危机。[④] 高建昆、程恩富从当代资本主义经济危机的现实出发，推进马克思主义经济危机原理的发展和创新，分析资本主义基本矛盾在当代资本主义市场经济中的具体表现。结果表明，当代发达资本主义经济体应对危机的各种措施只能在一定程度上缓解这些矛盾，而不

---

① 鲁品越．利润率下降规律下的资本高积累——《资本论》与《21 世纪资本论》的矛盾及其统一［J］．经济研究，2015（1）．

② 裴小革．经济危机相关理论的历史透视——基于马克思主义政治经济学视角的分析［J］．经济学动态，2016（3）．

③ 胡乐明．科学理解和阐述资本主义经济危机［J］．马克思主义研究，2016（2）．

④ 朱富强．如何理解现代经济危机的根源及其表现形态——基于马克思经济学视角对传导机制的考察［J］．经济学家，2017（6）．

能从根本上消除这些矛盾。①

（三）利润率下降趋势理论

利润率趋向下降规律的争论一直以来都是马克思主义政治经济学研究的热点。置盐定理与马克思理论体系中“利润率下降规律”的对立，更引发了学术界的颇多争议。薛宇峰论证了凯恩斯经济学和新古典经济学对利润率下降规律的责难与批判在理论上和现实中都无法成立，认为其错误地理解和歪曲了马克思的相关论述，马克思的理论与它们有着本质上的区别与差异。② 裴宏、李帮喜认为马克思利润率下降理论包含 3 个命题，指出置盐定理与马克思利润率下降理论产生分歧的根本原因在于对技术进步标准的界定不同，置盐定理将“成本下降”作为衡量技术进步的标准，如果在置盐定理的框架下采用马克思对技术进步的解释，则仍然会得出利润率下降的理论。③ 孟捷、冯金华对马克思一般利润率下降理论和置盐定理进行了比较，认为二者的结论虽然从表面上看截然相反，但双方在观点上具有互补性，在研究假设上具有共通之处，并将代表再生产失衡的产品实现率引入了平均利润率决定模型，构建了一个由技术进步、实际工资和产品实现率共同决定的平均利润率的一般模型，置盐定理只是在假设实际工资不变和产品实现率为 1 的前提下的特例。④

利润率是马克思主义经济学分析经济运行的重要变量。由于研究目的的差异，不同的研究之间产生了很多争论，其分歧在于利润率的定义和估值方法不同。谢富胜、郑琛对利润率经验估算的不同方法进行了系统概括，认为从经验上看，并不存在一种“唯一正确”的利润率定义；在经验

---

① 高建昆，程恩富．当代西方国家金融与经济危机中的四大矛盾分析［J］．河北经贸大学学报，2016（2）．

② 薛宇峰．利润率变化方向是“不确定”的吗？——基于经济思想史的批判与反批判［J］．马克思主义研究，2015（7）．

③ 裴宏，李帮喜．置盐定理反驳了利润率趋向下降规律吗？［J］．政治经济学评论，2016（2）．

④ 孟捷，冯金华．非均衡与平均利润率的变化：一个马克思主义分析框架［J］．世界经济，2016（6）．

研究时，应依照不同的研究目的来选择不同的估算方法。① 骆桢、戴欣认为基于剩余价值率提高而否定利润率下降规律的观点，并未对马克思的利润率下降理论构成真正的挑战。基于中国 1990—2014 年的数据分析表明，我国在当前的技术进步模式下，劳动生产率的增长速度随着资本技术构成的提高正在逐渐放缓，这意味着马克思利润率下降规律正发挥着作用。②

（四）地租理论

裴宏认为在当代资本主义中，资产市场的发展和土地的资产化导致绝对地租以新的“金融租金”形式表现出来。在质上，仍然如马克思所主张的，绝对地租是土地所有者对社会总剩余价值的一种再分配和占有。在量上，绝对地租不再表现为超额利润形式，而是表现为一般性的金融资本收益形式。这一收益将与其他资本收益服从相同的规律。这一变化，一方面将绝对地租和产业利润在量上建立了明确的耦合关系；另一方面，地租不仅通过影响生产过程来分配剩余价值，同时也通过影响劳动力的再生产进一步影响剩余价值的分配。③ 梁作鹏、贾春梅、葛扬认为社会主义中国级差地租的产生与资本主义级差地租的产生有相似之处，也有特殊之处。首先，在社会主义条件下，土地所有权的实现、土地使用权的转让、土地肥力和土地位置的差异等均与资本主义级差地租并无实质性的差异，只是在中国的现代化进程中，级差地租现实地表现为土地的溢价。其次，独特之处表现在中国级差地租是在中国土地所有制与社会主义商品经济共同作用下产生的。④

从应用的角度讲，李海海认为级差地租对城市的发展非常重要，主要是给地方政府创造了收入来源，同时导致竞争，诱发公共服务的改进。公

---

① 谢富胜，郑琛．如何从经验上估算利润率？[J]．当代经济研究，2016（4）．

② 骆桢，戴欣．利润率下降规律的条件——基于中国数据的检验［J］．当代经济研究，2017（4）．

③ 裴宏．马克思的绝对地租理论及其在当代的发展形式［J］．经济学家，2015（7）．

④ 梁作鹏，贾春梅，葛扬．级差地租对房地产业发展的影响分析［J］．现代管理科学，2014（6）．

共服务投入和城市发展会导致土地收益的增值，而级差地租的合理分配则会促进公共服务供给，从而推动人口城镇化和城市的发展。将三者结合起来可以探索人口城镇化和公共服务供给的深层次问题，城市级差地租分配改革是关键所在。① 杨奇才、杨继瑞认为建筑地段地租是对土地空间的利用，而不是对土壤的利用；建筑地段级差地租不仅存在受地段地理位置、资本连续投资影响的级差地租Ⅰ和级差地租Ⅱ，而且存在受地基地权等决定的可利用空间高度和深度影响的空间级差地租，即级差地租Ⅲ。空间级差地租产生于可利用空间高度和深度带来的个别资本利润率与一般资本利润率差额的转化；其根源于土地所有权（包括空间权）的存在和垄断，且空间级差地租曲线呈“倒V”曲线。②

二、发展当代中国马克思主义政治经济学

（一）学好用好政治经济学

习近平总书记在2014年主持召开的经济形势专家座谈会时强调：“各级党委和政府要学好用好政治经济学，自觉认识和更好遵循经济发展规律，不断提高推进改革开放、领导经济社会发展、提高经济社会发展质量和效益的能力和水平。”

张宇认为习近平总书记的讲话，对中国特色社会主义经济理论和实践的发展具有重要的指导意义，马克思主义政治经济学对中国特色社会主义政治经济学的指导意义主要表现在：科学的世界观和方法论、正确的立场和价值观、关于社会生产和市场经济的理论、关于资本主义经济的本质特征和运动规律、关于共产主义和社会主义经济的理论、关于世界经济的理论。③

任保平认为，从古典政治经济学到马克思主义政治经济学，再到社会

① 李海海．级差地租分配、公共服务供给与人口城镇化研究［J］．马克思主义研究，2015（1）．
② 杨奇才，杨继瑞．空间级差地租：基于马克思地租理论的研究［J］．当代经济研究，2017（3）．
③ 张宇．学好用好马克思主义政治经济学［N］．光明日报，2014－10－29（15）．

主义经济理论的历史来看，政治经济学是解决时代问题的理论武器。中国现阶段的时代特征是发展、转型、失衡，这些特征的本质是利益格局的调整和经济关系的变化，这表明中国社会仍然处于政治经济学时代。中国改革开放所面临的很多问题都是政治经济学问题，都需要用现代政治经济学来予以回答。学好用好政治经济学对把握中国经济发展和改革的规律意义重大。①

邱海平认为学好用好马克思主义政治经济学的重大现实意义在于 3 个方面：一是只有学好用好马克思主义政治经济学，才能进一步坚持中国特色社会主义道路。二是只有学好用好马克思主义政治经济学，才能使新时期的改革开放和中国特色社会主义建设事业得到进一步健康发展。三是只有学好用好马克思主义政治经济学，才能真正创建中国特色社会主义政治经济学。②

吴宣恭认为学好和用好马克思主义政治经济学，实质上就是解决好理论发展和实际应用中存在的问题。当前存在的一些理论困惑源于政治经济学流行理论的残缺，其中最重要的是方法论上的偏差，即未能从我国当前的所有制实际出发去分析经济关系。因此，政治经济学必须重视所有制的研究，在方法和体系上进行创新。③

洪银兴认为当前学好用好政治经济学有四方面要求：一是需要原原本本地学习马克思主义经济学原著，掌握其提供的政治经济学的基本范式、基本立场和基本观点；二是重点学好用好中国化的马克思主义经济学，也就是中国特色社会主义经济理论；三是用好政治经济学可以为经济改革提供理论指导，理解并且认同正在实施的改革措施；四是学好政治经济学所揭示的经济规律，可以在不同发展阶段研究反映经济规律的新常态，厘清新常态下合乎规律的新的发展思路，实现经济发展的新突破。④

---

① 任保平. 学好用好政治经济学，把握时代发展规律［J］. 黑龙江社会科学，2015（3）.

② 邱海平. 学好用好马克思主义政治经济学［J］. 党委中心组学习 · 中心组讲堂，2016（4）.

③ 吴宣恭. 重视所有制研究，学好用好政治经济学［J］. 政治经济学评论，2015（1）.

④ 洪银兴. 学好用好政治经济学［J］. 政治经济学评论，2015，6(1).

于金富认为，中国特色社会主义政治经济学作为中国化的马克思主义政治经济学，既具有内在的科学性，又具有特殊的民族性与鲜明的时代性。为了真正学好用好马克思主义政治经济学，应当从科学性、民族性与时代性等方面理解与把握中国特色社会主义政治经济学的基本特性。①

逄锦聚认为政治经济学是指导中国社会主义经济建设的根本理论。学好用好政治经济学是基于我国几十年社会主义经济建设经验的高度总结和对实现建成现代化强国宏伟目标的责任。坚持对马克思主义政治经济学的理论自信，增强学习马克思主义政治经济学的自觉，是学好用好政治经济学的前提。学好用好政治经济学就需要认真地学习政治经济学经典著作，以开放的态度、发展的态度学习政治经济学，坚持理论联系实际的学风，在实践应用上下功夫。②

（二）开拓马克思主义政治经济学新境界

在开拓当代马克思主义政治经济学新境界方面，一是需要坚持马克思主义政治经济学的方法论原则。蔡继明、靳卫萍总结归纳了马克思主义政治经济学的方法论原则，认为其中包括科学抽象法、矛盾分析法、中介分析法、一般特殊个别的辩证法、历史唯物主义合力论以及逻辑批判与逻辑一致性原则等，并且指出，只有坚持马克思主义政治经济学的这些方法论原则，才能联系当代资本主义和社会主义的实践，不断开拓当代中国马克思主义政治经济学新视野。③

二是需要正确把握学界研究成果的得与失。付文军认为中国特色社会主义政治经济学是“中国版”的马克思主义政治经济学，并从中国特色社会主义政治经济学的历史逻辑、理论特质、理论贡献、实践逻辑等方面评述了当代中国学者的研究成果，并指出，学界要正确把握既往研究成果的

---

① 于金富．中国特色社会主义政治经济学的科学性、民族性与时代性探析［J］．当代经济研究，2017（5）．

② 逄锦聚．为什么和怎么样学好用好政治经济学［J］．政治经济学评论，2015（1）．

③ 蔡继明，靳卫萍．构建中国特色社会主义政治经济学的方法论原则［J］．国家行政学院学报，2016（2）．

得与失、正与误，以此增强今后研究过程中的辨识力，从而为开拓马克思主义政治经济学新境界奠定基础。①

三是需要立足于中国实践，将马克思主义政治经济学与中国实际相结合。顾海良指出，开拓马克思主义政治经济学新境界要以改革开放的经济实践为事实依据，并对这一实践中积累的经验和理性认识进行理论升华；既要积极借鉴各种经济理论的精华之处，又要善于摒弃其糟粕之处；要在决胜全面建成小康社会的进程中，建设和创新“系统化的经济学说”。② 张宇认为，中国特色社会主义政治经济学是马克思主义政治经济学基本理论与中国具体实际相结合的最新理论成果，包括社会主义本质理论、科学发展理论、社会主义市场经济理论等，这些理论成果是当代中国马克思主义政治经济学的集中体现，开拓了马克思主义政治经济学新境界，丰富了人类经济思想宝库。③ 裴小革认为，开拓马克思主义政治经济学新境界，需要坚持中国特色社会主义政治经济学的根本立场——以人民为中心的发展思想；需要坚持中国特色社会主义政治经济学的分析方法，即坚持解放思想和实事求是的统一，一切从基本国情出发，从人民群众的利益出发，既要大胆探索又要脚踏实地。④ 荣兆梓对安徽大学“政治经济学前沿系列讲座”进行了评述，梳理了多位学者的观点，得出了开拓政治经济学新境界的几点启示：第一，新的政治经济学要主动拥抱中国道路的现实运动；第二，新的政治经济学要更自信地欢迎批评，倡导争论；第三，政治经济学在扬历史分析之长的同时，还要修复数据分析之短，逐步提升科学性与现代性。⑤

四是要立足于中国实践并着眼于世界实践。张晖明等认为将中国的改

① 付文军．中国特色社会主义政治经济学研究的十大焦点［J］．社会科学动态，2017（9）．

② 顾海良．开拓当代中国马克思主义政治经济学的新境界［J］．经济研究，2016（1）．

③ 张宇．社会主义政治经济学的历史演变——兼论中国特色社会主义政治经济学的历史贡献［J］．中国特色社会主义研究，2016（1）．

④ 裴小革．中国特色社会主义政治经济学的根本立场、发展理念与分析方法［J］．改革，2016（3）．

⑤ 荣兆梓．努力拓展当代中国政治经济学新境界——安徽大学“政治经济学前沿系列讲座”评述［J］．教学与研究，2016（2）．

革开放进程放在“全球化”潮流的背景下加以考察可知，处理好中国因素与世界潮流的关系，有力地推动了中国经济的发展。因此，需要以国际视野读懂中国，挖掘并发展马克思主义政治经济学的中国因素；也需要以中国视角读懂世界，推进中国特色社会主义政治经济学的理论创新，只有“读懂世界与中国”，才能达到开拓政治经济学新境界的目标。① 逄锦聚认为，政治经济学不仅要为中国人服务，也要为全人类服务；不仅要为有效推进中国特色社会主义制度完善服务，也要为推进全球共同治理服务。中国特色社会主义政治经济学既要立足于中国国情和中国实践，又要立足于时代和世界实践，肩负起开辟21世纪马克思主义政治经济学新境界的历史责任，为引领21世纪世界经济学发展的新潮流做出贡献。②

综上所述，中国特色社会主义政治经济学要坚持马克思主义政治经济学的方法论原则，客观、理性地看待既往的研究成果，立足国情，放眼世界，为开拓当代马克思主义政治经济学新境界而不断奋斗。

三、中国特色社会主义政治经济学的渊源及基本原则

（一）中国特色社会主义政治经济学的渊源

对于中国特色社会主义政治经济学的来源，国内学术界基本达成了共识，学者们普遍认为马克思主义政治经济学的一般原理是中国特色社会主义政治经济学的理论来源，而我国自新中国成立以来，特别是改革开放以来，中国特色社会主义经济建设的伟大实践是其实践来源。理论来源与实践来源的结合形成了中国特色社会主义政治经济学的理论和方法体系。中国特色社会主义政治经济学发端于毛泽东思想③④，最终形成和完善于以习

---

① 张晖明，陆军芳，张成强．读懂中国与世界，推进政治经济学理论体系创新［J］．经济纵横，2016（8）．

② 逄锦聚．开辟21世纪马克思主义政治经济学新境界［J］．理论与现代化，2017（4）．

③ 顾海良．《论十大关系》与中国特色社会主义政治经济学的发展——纪念毛泽东《论十大关系》发表60周年［J］．教学与研究，2016（4）．

④ 张宇．中国特色社会主义政治经济学［M］．北京：中国人民大学出版社，2016：24

近平为核心的党中央领导集体。[①②③]

卫兴华认为马克思主义政治经济学的一般原理，特别是马克思主义政治经济学有关社会主义的基本原理是中国特色社会主义政治经济学的理论之源，要弄清中国特色社会主义政治经济学的“流”，就必须知其“源”。[④] 杨承训也认为中国特色社会主义政治经济学的根本源头是马克思主义政治经济学，包括马克思、恩格斯、列宁博大精深的政治经济学基本观点。[⑤] 黄华、程承坪同样认为中国特色社会主义政治经济学是马克思主义政治经济学的继承和发展，认为中国特色社会主义政治经济学除来源于马克思对资本主义批判所创设的政治经济学的基本理论之外，还来源于以马克思主义理论为指导的中国特色社会主义经济实践。[⑥] 贾根良认为除马克思主义政治经济学外，也应当借鉴“西方政治经济学”的理论成果，以丰富马克思主义政治经济学的理论体系，推动中国特色社会主义政治经济学的创新发展。[⑦] 王立胜认为中国改革发展实践是中国特色社会主义政治经济学发展的丰厚土壤。[⑧] 蒋南平认为，在近百年马克思主义政治经济学中国化的进程中逐步形成了中国化马克思主义政治经济学的理论架构。[⑨] 逄锦聚提出中国特色社会主义政治经济学来源于马克思主义政治经济学基本原理与当代中国实践的结合，在此基础上汲取中国历史优秀文明成果，

---

① 逄锦聚．书写中国特色社会主义政治经济学时代篇章——学习贯彻习近平同志关于经济改革发展问题的重要论述［N］．人民日报，2016-07-14

② 王立胜．中国特色社会主义政治经济学的历史逻辑［M］//本书编写组．中国特色社会主义政治经济学十五讲．北京：中国人民大学出版社，2016：32.

③ 张新宁．中国特色社会主义政治经济学研究述评［J］．政治经济学评论，2017（2）.

④ 卫兴华．中国政治经济学蕴含的根本原则［N］．北京日报，2016-02-29

⑤ 杨承训．中国特色社会主义政治经济学的理论溯源和生成背景［J］．毛泽东邓小平理论研究，2016（2）.

⑥ 黄华，程承坪．论中国特色社会主义政治经济学的理论创新方向——基于马克思政治经济学批判的分析［J］．经济学家，2017（6）.

⑦ 贾根良．我国应该加强西方政治经济学的教学与研究［J］．政治经济学评论，2017（1）.

⑧ 王立胜．中国特色社会主义政治经济学的形成和发展［J］．中共青岛市委党校青岛行政学院学报，2016（6）.

⑨ 蒋南平，谭琼．中国经济学的理论自信之源在于马克思主义经济学的中国化——兼评《高级现代政治经济学》［J］．政治经济学评论，2016（3）.

借鉴世界上别国优秀文明成果的产物，是马克思主义政治经济学的最新发展。[①] 刘凤义认为中国特色社会主义政治经济学，也就是当代中国的马克思主义政治经济学，是马克思主义政治经济学中国化的具体结晶。[②] 张宇认为中国特色社会主义政治经济学的产生和发展，是与马克思主义和社会主义的历史紧密相连的，特别是与社会主义经济理论和实践的发展紧密相连的。[③] 武力认为中国特色社会主义政治经济学是马克思主义基本原理与中国实践相结合的最新成果，是马克思主义与中国实践相结合、不断与时俱进的产物。[④]

（二）中国特色社会主义政治经济学的基本原则

在对中国特色社会主义政治经济学的来源进行探讨之后，学术界又对中国特色社会主义政治经济学应当坚持的基本原则进行了讨论，形成了诸多有益的观点，特别是 2015 年 12 月召开的中央经济工作会议提出“要坚持中国特色社会主义政治经济学的重大原则”之后，对基本原则的讨论达到高潮。

其中，卫兴华认为公有制既是社会主义经济制度的基础，也是党的执政基础，这是当代中国马克思主义政治经济学必须坚守的一条根本原则。所有制问题是马克思主义政治经济学的第一位的问题。[⑤] 程恩富从持续、生产、产权、分配、市场、速度、平衡和开放 8 个方面提出了中国特色社会主义政治经济学的重大原则。[⑥] 葛扬认为发展中国特色社会主义政治经济学必须在马克思主义政治经济学公有制理论的指导下，探索既坚持公有制又与中国生产力发展水平相适应的符合现阶段中国经济发展实际的基本经济制度。[⑦] 崔朝栋认为中国特色社会主义政治经济学创新和发展的原则

---

① 逄锦聚．中国特色社会主义政治经济学的民族性与世界性［J］．经济研究，2016（10）．

② 刘凤义．中国特色社会主义政治经济学原则与供给侧结构性改革指向［J］．政治经济学评论，2016（2）．

③ 张宇．中国特色社会主义政治经济学是怎样一门科学［J］．学习与探索，2016（9）．

④ 武力．中国特色社会主义政治经济学和历史研究［J］．经济导刊，2016（8）．

⑤ 卫兴华．发展当代中国马克思主义政治经济学［J］．政治经济学评论，2016（1）．

⑥ 程恩富．要坚持中国特色社会主义政治经济学的八个重大原则［J］．经济纵横，2016（3）．

⑦ 葛扬．马克思所有制理论中国化的发展与创新［J］．当代经济研究，2016（1）．

应该是习近平指出的“既要坚持其基本原理和方法论，更要同我国经济发展实际相结合”。[①] 黄华、程承坪认为正在建设的中国特色社会主义政治经济学要坚持人民的利益高于一切的马克思主义原则，坚持以人为中心的发展，走以人为本的发展道路。中国特色社会主义政治经济学的理论是为人民服务的，以人为本、以人为中心是其理论构建和发展必须坚持的基本原则。[②] 刘凤义认为中国特色社会主义政治经济学重大原则至少包括以下4个方面：以人为本原则、满足需要原则、共享发展原则和公有主体原则。[③] 何自力认为，创新和发展中国特色社会主义政治经济学需要在坚持和继承马克思主义政治经济学的理论品质、坚持马克思主义经典作家对社会主义和共产主义社会的科学预言和系统总结中国特色社会主义建设的实践经验的同时，认识和批判西方经济学的庸俗性。[④] 沈开艳提出了构建中国特色社会主义理论体系的“三个相一致”原则，即与中国特色社会主义基本经济制度的任务和原则相一致、与中国社会主义市场经济改革的目标和方向相一致和与马克思主义政治经济学的立场、观点、方法相一致。[⑤] 孙武安认为科学构建中国特色社会主义理论体系应遵循4个原则：一是遵循理论发展与社会实践相统一的原则，二是遵循开放吸收与主体自觉相统一的原则，三是遵循严谨规范与朴实管用相统一的原则，四是遵循继承坚持与创新发展相统一的原则。[⑥] 蔡继明、靳卫萍认为要构建中国特色社会主义政治经济学体系，首先要坚持的是马克思主义政治经济学的方法论原则。马克思主义政治经济学的方法论即唯物辩证法和唯物史观。这一方法论原则

---

① 崔朝栋．创新和发展中国特色社会主义政治经济学的原则和方向［J］．河北经贸大学学报，2016（6）．

② 黄华，程承坪．试论中国特色社会主义政治经济学的理论创新方向——基于马克思政治经济学批判的分析［J］．经济学家，2017（6）．

③ 刘凤义．中国特色社会主义政治经济学原则与供给侧结构性改革指向［J］．政治经济学评论，2016（2）．

④ 何自力．关于创新和发展中国特色社会主义政治经济学的几个重要原则［J］．社会科学辑刊，2017（3）．

⑤ 沈开艳．建设中国特色社会主义政治经济学理论体系的构想［J］．毛泽东邓小平理论研究，2017（1）．

⑥ 孙武安．论中国特色社会主义理论体系的建构原则［J］．马克思主义研究，2015（3）．

具体体现在以下 8 个方面，即科学抽象法、矛盾分析法、中介分析法、一般特殊个别的辩证法、历史唯物主义合力论、经济运行的生理学与经济发展的病理学、人类社会发展的最终目标和实现手段的选择，以及逻辑批判与逻辑一致性原则等。① 胡洪彬认为推进中国特色社会主义政治经济学的发展，必须坚持继承性与创新性、借鉴性与批判性、宏观性与微观性、真理性与价值性、定性化和定量化、理论性与实践性、稳定性与开放性、原则性与灵活性、目的性与工具性以及民族性与世界性的十大辩证统一，由此才能为中国特色社会主义政治经济学理论体系的科学建构奠定坚实的根基。② 张雷声提出了中国特色社会主义政治经济学的 5 个重大原则，即以人民为中心、解放和发展生产力、公有制为主体和共同富裕、社会主义市场经济改革、对外开放。③

四、中国特色社会主义政治经济学理论体系研究

研究当代中国及其发展，就必须研究中国特色社会主义道路及其实践；研究中国特色社会主义道路及其实践，就必须研究中国特色社会主义理论体系。学术界首先对马克思主义政治经济学和中国特色社会主义政治经济学的研究对象与方法进行了讨论，随后从中国特色社会主义政治经济学理论体系包含的内容和构建方法两个方面展开对中国特色社会主义政治经济学理论体系的研究。

（一）中国特色社会主义政治经济学的研究对象与研究方法

在马克思主义政治经济学的研究对象和方法方面，当前国内学术界仍然存在分歧。丁堡骏等认为政治经济学的研究对象是人类社会一定历史阶段的社会生产，政治经济学资本主义部分的研究对象是资本主义社会生产

① 蔡继明，靳卫萍．构建中国特色社会主义政治经济学的方法论原则［J］．国家行政学院学报，2016（2）．

② 胡洪彬．论中国特色社会主义政治经济学的十大辩证统一［J］．经济学家，2017（5）．

③ 张雷声．中国特色社会主义政治经济学的重大原则［J］．南京师范大学学报，2017（1）．

作为政治经济学研究对象的人类社会一定历史阶段的社会生产，或者一定的社会生产方式，包括生产的自然属性和社会属性，是二者的有机结合和统一。[①] 卫兴华、聂大海认为马克思主义政治经济学的研究对象是生产关系，并且批判了一些学者关于“马克思主义政治经济学的研究对象包括生产力”的观点，指出马克思主义政治经济学联系生产力研究生产关系，只是将既有的生产力发展状况作为条件，而非研究对象。[②] 张雷声对《资本论》中的生产关系理论进行了整体分析，认为《资本论》关于生产关系的研究涉及多个层面，既表现为从交往关系的角度研究生产关系，也表现为以生产资料所有制为基础研究生产关系，既表现为从总体规定性的角度研究生产关系，也表现为以生产力的发展变化研究生产关系。[③] 张俊山、张小瑛认为生产力与生产关系矛盾运动的原理是政治经济学的立论基础，但是传统的政治经济学理论在解释这一原理时，把二者的矛盾视为外部的机械对立，忽视了生产关系在生产力内部的作用，不符合历史唯物主义的标准。[④] 许光伟认为“生产力科学”和“生产关系科学”整体属于实践科学和理论科学工作关系，二者既相互依存，又彼此分殊，但从根本上看，“生产力理论科学”对于总体理论科学具有研究上的最终隶属性，并工作服从于生产关系范畴建构。[⑤] 关于马克思主义政治经济学的研究方法。丁霞、颜鹏飞认为马克思主义的方法论是立足于“总体”或整体的内在联系的辩证唯物主义和历史唯物主义，并从《资本论》创作史的视角，梳理了马克思主义政治经济学方法论的演变及确立过程，指出了其在为当代中国马克思主义政治经济学提供方法论层面上的价值，认为其有助于把中国改

---

① 丁堡骏，高岭，王金秋．论政治经济学研究对象的客观性［J］．税务与经济，2014（4）．

② 卫兴华，聂大海．马克思主义政治经济学的研究对象与生产力的关系［J］．经济纵横，2017（1）．

③ 张雷声．《资本论》关于生产关系的整体分析［J］．当代经济研究，2017（4）．

④ 张俊山，张小瑛．对生产力与生产关系范畴及其矛盾的再认识［J］．教学与研究，2015（12）．

⑤ 许光伟．生产力研究维度和马克思主义经济学的创新——兼析“客体批判”的研究性质［J］．当代经济研究，2017（2）．

革开放的实践经验上升为“系统化的经济学说”。[①] 邱泰如通过探究《资本论》理论的形成过程，从更为具体的层面对马克思所采用的主要研究方法进行了总结，并概括为以下 5 点：第一，合理界定政治经济学研究范围；第二，正确处理经济学研究成果借鉴与创新、发展的关系；第三，调查研究客观事实及其个性与共性的关系；第四，将经济学研究与相关自然科学相结合，并运用多种分析方法；第五，进行科学抽象和经济规律揭示。[②] 郭冠清认为以“物质生产”作为历史唯物主义的出发点，将“生产方式”和“交换形式”作为整个历史的基础，强调人类实践的重要性，马克思和恩格斯找到了从“哲学批判”转向“政治经济学批判”的秘密武器。[③] 崔永杰通过对生态马克思主义学者福斯特（John Belamy Foster）的理论研究，揭示了马克思的生态思想与其历史唯物主义的有机统一，他的“马克思的世界观是深刻的，并且确实是系统的”的生态世界观是建立在历史唯物主义的根基之上的。[④]

在中国特色社会主义政治经济学的研究对象方面，学者们的观点存在一定的分歧，刘伟认为社会主义政治经济学是研究社会主义生产方式发展运动规律的学说，应当在生产力和生产关系的矛盾运动中把握生产关系变化的规律。[⑤] 周新城认为应该重视毛泽东对中国特色社会主义政治经济学的见解，明确政治经济学的研究对象主要是生产关系。[⑥] 洪银兴认为中国特色社会主义政治经济学在马克思主义政治经济学基础上的一个重大创新是将研究对象扩展到生产力上，其是一种研究如何解放、发展和保护生产

---

① 丁霞，颜鹏飞. 马克思政治经济学方法论再研究——兼论当代中国马克思主义政治经济学体系［J］. 学术研究，2016（6）.

② 邱泰如.《资本论》理论的形成和研究方法的运用——兼论中国特色社会主义政治经济学若干相关问题［J］. 理论月刊，2017（7）.

③ 郭冠清. 回到马克思：政治经济学核心命题的重新解读（上）以《马克思恩格斯全集》历史考证版第二版（MEGA2）为基础［J］. 经济学动态，2015（5）.

④ 崔永杰. 马克思生态观的巨大理论力量源于其唯物主义——以生态学马克思主义者福斯特的分析为例［J］. 马克思主义研究，2015（8）.

⑤ 刘伟. 在马克思主义与中国实践结合中发展中国特色社会主义政治经济学［J］. 经济研究，2016（5）.

⑥ 周新城. 关于中国特色社会主义政治经济学的几点思考［J］. 政治经济学评论，2017（3）.

力的经济学说。[①] 丁任重也认为当代中国马克思主义政治经济学的主线应当是发展社会生产力的问题。[②] 张宇则认为中国特色社会主义政治经济学的研究对象不是一般社会主义经济，而是中国特色社会主义经济。其主要任务是总结中国特色社会主义经济实践的经验并揭示其运动规律[③]，而逄锦聚和顾海良则更为强调中国特色社会主义政治经济学研究对象的阶段性，认为中国特色社会主义政治经济学的研究对象是中国特色社会主义初级阶段的各种经济关系。[④⑤] 在研究方法方面，学术界的观点较为一致，学者们普遍认为中国特色政治经济学的研究方法基本继承了马克思主义政治经济学的研究方法，辩证唯物主义和历史唯物主义是其主要的研究方法，但在与中国经济建设实践相结合的过程中，基本方法会有一些具体化的形态。余斌认为中国特色社会主义政治经济学的方法论同马克思主义经济学一样包括辩证的历史唯物主义、实事求是、严谨的逻辑辩证、批判与借鉴等。[⑥] 逄锦聚认为辩证唯物主义和历史唯物主义在中国特色社会主义政治经济学的研究中可以进一步细化为一些诸如矛盾分析方法、历史与逻辑统一的方法等类型的具体方法。[⑦] 刘伟认为坚持马克思主义唯物史观是正确认识我国改革本质特征的关键。[⑧] 林岗则将历史唯物主义的方法论原则细分为 4 个理论经济学的分析规范。[⑨] 蔡继明和靳卫萍更是将构建中国特色社会主义政治经济学的方法论原则具体到了 8 个方面。[⑩]

---

① 洪银兴．以创新的理论构建中国特色社会主义政治经济学的理论体系［J］．经济研究，2016（4）．

② 丁任重．论当代中国马克思主义政治经济学的品质［J］．经济研究，2016（3）．

③ 张宇．努力探索和完善中国特色社会主义政治经济学理论体系［J］．政治经济学评论，2017（2）．

④ 顾海良．开拓当代中国马克思主义政治经济学的新境界［J］．经济研究，2016（1）．

⑤ 逄锦聚．中国特色社会主义政治经济学论纲［J］．政治经济学评论，2016（5）．

⑥ 余斌．论中国特色社会主义政治经济学的学术研究［J］．中国经济问题，2017（4）．

⑦ 逄锦聚．中国特色社会主义政治经济学论纲［J］．政治经济学评论，2016（5）．

⑧ 刘伟．在新实践中构建中国特色社会主义政治经济学［N］．人民日报，2016－08－01

⑨ 林岗．马克思主义政治经济学方法论［M］//当代马克思主义政治经济学十五讲．北京：中国人民大学出版社，2016：42－47

⑩ 蔡继明，靳卫萍．构建中国特色社会主义政治经济学的方法论原则［J］．国家行政学院学报，2016（2）．

（二）中国特色社会主义政治经济学理论体系的内涵

中国特色政治经济学理论体系应当包括什么内容是中国特色社会主义政治经济学理论体系研究要解决的重要问题，许多学者对此问题进行了有益的探索，形成了大量有建设性的观点。顾海良提出中国特色“系统化的经济学说”是以中国社会主义初级阶段的经济事实为基础，在对社会主义初级阶段基本经济制度、社会主义市场经济体制和社会主义经济运行及其总体关系的探索中，揭示中国社会主义初级阶段经济关系本质及其规律的。社会主义初级阶段基本经济制度理论、社会主义本质理论、社会主义市场经济理论和对外开放理论等，就是中国特色“系统化的经济学说”发展的最初系列成果。解放和发展社会生产力理论成为中国特色“系统化的经济学说”的主线，同样贯穿中国共产党治国理政理论探讨的全过程。[①]逄锦聚概括了中国特色社会主义政治经济学理论体系的几个主要方面。一是经济制度和发展阶段；二是经济运行；三是经济发展；四是世界经济和开放问题。[②] 胡培兆认为，经过 30 多年的顶层设计、理论探索和实践开拓，中国特色社会主义政治经济学的基本框架已经初步形成，其显著特点为社会主义初级阶段各种积极要素主次有序地相互结合，具有过渡性社会特征的“兼容经济学”正在形成。[③] 洪银兴认为中国特色社会主义政治经济学理论创新体系应当从生产关系和生产力两个大的方向进行构建。[④] 李旭章提出中国特色社会主义政治经济学理论体系的“三单元构成论”，认为从社会经济的不同层次出发，应当构建由基本理论和基本制度、我国社会主义经济运行和新政治经济学 3 个单元组成的中国特色社会主义政治经济学理论体系。[⑤] 陈伯庚等提出了中国特色社会主义经济学理论体系“六

① 顾海良．治国理政与中国特色“系统化的经济学说”——基于中国特色社会主义政治经济学主线、主题、主导的探索［J］．中国高校社会科学，2017（1）．

② 逄锦聚．中国特色社会主义政治经济学论纲［J］．政治经济学评论，2016（5）．

③ 胡培兆．以民族的自尊自信创建中国特色社会主义经济学［J］．中国社会科学，2016（11）．

④ 洪银兴．以创新的理论构建中国特色社会主义政治经济学的理论体系［J］．经济研究，2016（4）．

⑤ 李旭章．中国特色社会主义政治经济学研究［M］．北京：人民出版社，2016：19－21

部构成论”，认为应当从基本经济制度、经济体制改革、根本任务、微观经济运行、宏观经济运行和国际经济关系 6 个部分来构建中国特色社会主义政治经济学。[①] 简新华从改革开放以来中国特色社会主义政治经济学的主要成果出发，提出了中国特色社会主义政治经济学主要内容应当包括的 8 个基本方面。[②] 张占斌、周跃辉更是将中国特色社会主义政治经济学总结为“十论”。[③] 张宇为中国特色社会主义政治经济学理论体系的构建提出了新的设想，即制度、运行、发展和开放“四位一体”的体系结构。中国特色社会主义经济制度、经济运行、经济发展和对外开放作为一个有机整体，相互联系，融会贯通，全面反映了中国特色社会主义经济的本质特征和内在规律。[④] 洪银兴认为中国特色社会主义政治经济学话语体系要以《资本论》提供的马克思主义经济学范式为基础，其中包括：以生产力和生产关系的话语体系说明社会主义初级阶段及其基本经济制度。以商品经济和价值规律的话语体系说明社会主义市场经济。以生产关系和分配关系的话语体系说明社会主义初级阶段的分配制度。以发展生产力和扩大再生产的话语体系建立经济发展理论。[⑤] 胡武、田子方构建了中国特色社会主义经济理论体系的基本框架，即社会主义本质理论、社会主义社会的基本矛盾理论、社会主义初级阶段理论、社会主义基本经济制度理论、社会主义市场经济理论、社会主义社会政府与市场关系理论、社会主义收入分配理论、社会主义社会的主要矛盾理论、社会主义社会的科学发展理论、社会主义社会的全方位对外开放理论。[⑥]

---

① 陈伯庚，陈承明，沈开艳．中国特色社会主义经济学［M］. 北京：高等教育出版社，2016：14 – 15

② 简新华．试论中国特色社会主义政治经济学的形成及发展［J］. 河北学刊，2017（5）.

③ 张占斌，周跃辉．中国特色社会主义政治经济学［M］. 武汉：湖北教育出版社，2016：2

④ 张宇．努力探索和完善中国特色社会主义政治经济学理论体系［J］. 政治经济学评论，2017（2）.

⑤ 洪银兴．《资本论》和中国特色社会主义经济学的话语体系［J］. 经济学家，2016（1）.

⑥ 胡武，田子方．略论中国特色社会主义经济理论体系［J］. 政治经济学评论，2016（1）.

（三）中国特色社会主义政治经济学理论体系构建

在中国特色社会主义政治经济学理论体系建设方面，学者们也进行了大量的探索，部分学者认为在对中国特色社会主义政治经济学理论体系构建的过程中要更多地以马克思主义政治经济学为基础，同时注重在构建中国特色社会主义理论体系的过程中对马克思主义政治经济学的继承和发展；①② 也有学者认为中国特色社会主义政治经济学理论体系的构建应该突出“中国特色、中国风格、中国气派”，更多地将中国社会主义经济建设的实践作为构建的来源，突出中国道路，为世界提供中国智慧和中国方案③。更多学者认为应当将中国特色社会主义政治经济学理论体系建立在马克思主义政治经济学与中国社会主义经济建设实践结合的过程中。④⑤⑥

五、中国特色社会主义政治经济学的创新成果及话语体系

（一）中国特色社会主义政治经济学的创新成果

学术界也对中国特色社会主义政治经济学的重大理论创新进行了总结。张宇认为中国特色社会主义政治经济学的理论贡献在于提出了一系列原创性观点，在探索把公有与私有、国家与市场、自由与集中、效率与公平、开放与自主、稳定与变革、传统与现代等因素有机结合方面，取得了重要的成果。⑦ 随后，他又从 6 个方面进行了详述：一是中国特色社会主义政治经济学创造了社会主义经济制度的新模式和新形态，推进了对社会

---

① 乔榛. 中国特色社会主义政治经济学的理论体系构想［J］. 学习与探索，2017（2）.

② 高帆. 中国特色社会主义政治经济学的理论和实践逻辑［J］. 探索与争鸣，2016（3）.

③ 周文. 中国特色社会主义政治经济学的新发展与经济学的中国时代［J］. 社会科学研究 2016（6）.

④ 刘灿. 关于中国特色社会主义政治经济学研究的几点认识［J］. 南京大学学报（哲学·人文科学·社会科学），2016（2）.

⑤ 孔祥利，秦晓娟. 中国特色社会主义政治经济学体系的新境界与新构建［J］. 陕西师范大学学报（哲学社会科学版），2017（1）.

⑥ 葛扬. 理论逻辑、实践逻辑与中国特色社会主义政治经济学［J］. 改革，2016（3）.

⑦ 张宇. 中国特色社会主义政治经济学是怎样一门科学［J］. 学习与探索，2016（9）.

主义经济制度认识的深化。二是中国特色社会主义政治经济学打破了市场经济专属资本主义的观念偏见，为在社会主义条件下发展市场经济提供了理论根基，推进了对市场经济认识的深化。三是中国特色社会主义政治经济学科学处理了改革、发展和稳定三者的关系，推进了对改革方法认识的发展深化。四是中国特色社会主义政治经济学坚持创新、协调、绿色、开放和共享发展的共存，推进了对经济发展认识的深化。五是中国特色社会主义政治经济学注重政府与市场的协同配合，推进了对政府和市场关系认识的深化。六是中国特色社会主义政治经济学的坚持。①

逄锦聚认为中国特色社会主义政治经济学的理论成果包括社会主义本质和人民中心理论，社会主义初级阶段理论，社会主义基本经济制度理论，促进社会公平正义、逐步实现全体人民共同富裕的理论，发展社会主义市场经济、使市场在资源配置中起决定性作用和更好地发挥政府作用的理论，全面深化改革理论，企业改革理论，宏观经济运行和调控理论，创新、协调、绿色、开放、共享的发展理念的理论，我国经济发展进入新常态的理论，推动新型工业化、信息化、城镇化、农业现代化相互协调的理论，用好国际国内两个市场、两种资源的理论，等等。这些理论成果是适应当代中国国情和时代特点的中国特色社会主义政治经济学的重要理论，不仅有力指导了我国经济改革和发展实践，而且开拓了马克思主义政治经济学新境界。②

卫兴华认为，中国特色社会主义政治经济学提出了一系列坚持和发展马克思主义政治经济学的理论观点，并在实践中获得了成效。这些理论都是结合经济社会发展的新形势、新任务提出的新的政治经济学创新理论。③葛扬认为初级阶段基本经济制度是马克思所有制理论中国化的重大发展，是中国特色社会主义政治经济学的创新性成果。基本经济制度的形成，极大地解放了社会生产力，成为中国特色社会主义制度的重要支柱和社会主

---

① 张宇．社会主义政治经济学的历史演变——兼论中国特色社会主义政治经济学的历史贡献［J］．中国特色社会主义研究，2016（1）．

② 逄锦聚．中国特色社会主义政治经济学的民族性与世界性［J］．经济研究，2016（10）．

③ 卫兴华．发展当代中国马克思主义政治经济学［J］．政治经济学评论，2016（1）．

义市场经济的根基，从而有效推动了我国经济社会持续发展。因此，初级阶段基本经济制度是马克思所有制理论中国化的重大发展，是中国特色社会主义政治经济学的创新性成果。①

胡家勇认为，中国特色社会主义政治经济学的内在核心来源于改革开放以来我国在社会主义市场经济理论、社会主义基本经济制度理论、科学发展理论和对外开放理论等 4 个重大理论上进行的创新。② 杨春学也认为社会主义与市场经济的有机结合是中国特色社会主义经济对社会主义经济形态发展的重大贡献。③

谢地认为，中国特色社会主义政治经济学关于社会主义市场经济运行规律的创新成果主要体现在经济运行层次的划分，微观经济运行机理，微观监管必要性及其特征，中观经济运行特征，总供给与总需求平衡理论基础，供给管理与需求管理，以及宏观调控的特征、经验、目标及手段，宏观经济波动等 8 个方面。

黄华、程承坪认为中国特色社会主义政治经济学的理论创新方向有 4 个方面：一是从对以物质财富为中心的批判中树立坚持以人为本的理论创新方向。二是从对私有制弊端的批判中坚持以社会主义公有制为主体、多种所有制共同发展为基本制度的理论创新方向。正确、全面认识私有制的内在矛盾，从中找到我国社会主义市场经济建设可以避免的路径，成为中国特色社会主义政治经济学的重大理论创新问题。三是从对资本逻辑的批判中坚持科学的劳动价值论和以劳动逻辑为轴的理论创新方向。四是从对经济自由化的批判中坚定宏观调控“双有”理论的创新方向。中国特色社会主义政治经济学要坚持宏观调控，充分发挥市场活力和政府作为，为社会经济发展摆脱惯性危机提供理论指导。④

郭克莎认为新常态揭示的是新阶段的表现形式，经济发展进入新常态

① 葛扬．马克思所有制理论中国化的发展与创新［J］．当代经济研究，2016（10）．

② 胡家勇．建设中国特色社会主义政治经济学话语体系［J］．学习与探索，2016（7）．

③ 杨春学．社会主义政治经济学的“中国特色”问题［J］．经济研究，2016（8）．

④ 黄华，程承坪．试论中国特色社会主义政治经济学的理论创新方向——基于马克思政治经济学批判的分析［J］．经济学家，2017（6）．

就是进入新阶段。这是党中央审时度势，对中国经济发展阶段转变的重大概括，是认识和遵循经济社会发展规律的重大体现，也是对中国特色社会主义政治经济学理论的重大发展。①

顾海良认为党的十八届五中全会提出的创新、协调、绿色、开放、共享的五大发展理念，成功地体现了“系统化的经济学说”的意蕴。五大发展理念，直面中国经济社会发展的实践，以强烈的问题意识，致力于破解发展难题、增强发展动力、厚植发展优势，是制定国民经济和社会发展“十三五”规划的指导思想和中心线索。同时，由创新、协调、绿色、开放、共享这 5 个方面构成的新发展理念，是对我们在推动经济发展中获得的感性认识的理性升华，是中国特色社会主义政治经济学学术话语体系建设的重要进展，也是当代中国马克思主义政治经济学的新的理论跃升。②

邱海平认为，党的十八大以来，党中央继续坚持把马克思主义基本原理与当前中国实际相结合的思想路线，坚持和发展中国特色社会主义道路，坚持和发展中国特色社会主义政治经济学，制定了全面建成小康社会、全面深化改革、全面依法治国、全面从严治党的战略布局，提出了创新、协调、绿色、开放、共享五大发展理念，并着力推进供给侧结构性改革，不仅努力解决当前我国经济发展面临的产能过剩、库存严重、杠杆率过高等短期问题，而且以正确处理政府与市场的关系为核心，着力推进各方面经济体制改革，使中国特色社会主义经济体制得以不断巩固和完善。③

洪银兴认为，党的十八大以来，发展理论有了一系列的重大创新，其中包括：一是经济新常态理论；二是创新驱动经济发展理论；三是五大新发展理念；四是“绿水青山就是金山银山”理论以及生态文明理论；五是供给侧结构性改革理论。④

---

① 郭克莎．中国经济发展进入新常态的理论根据——中国特色社会主义政治经济学的分析视角［J］．经济研究，2016（9）．

② 顾海良．新发展理念与当代中国马克思主义“系统化的经济学说”的发展［J］．经济学家，2016（3）．

③ 邱海平．中国特色社会主义政治经济学的重大理论与实践价值［J］．前线，2017（2）．

④ 洪银兴．进入新阶段后中国经济发展理论的重大创新［J］．中国工业经济，2017（5）．

（二）中国特色社会主义政治经济学的话语体系

随着中国特色社会主义政治经济学的不断深入发展，总结其过往的理论建设成果，构建完整的话语体系，使中国特色社会主义政治经济学真正体现中国特色、中国风格、中国气派，是当前中国政治经济学理论发展和建设的重任。许多学者在这方面进行了卓有成效的研究。

洪银兴认为，中国特色社会主义政治经济学的话语体系构建仍然要以马克思主义的经济学为指导，要从 3 个方面坚持马克思主义政治经济学的范式：首先，要坚持代表无产阶级根本利益和以人民为中心的基本立场；其次，要坚持将研究一定社会发展阶段下的生产力和生产关系的相互作用作为研究对象；最后，要坚持用唯物辩证法和历史唯物主义研究社会主义的经济发展，以研究和揭示经济规律为基本任务。①

张宇也认为创建中国特色社会主义政治经济学话语体系的首要任务在于继承和发展马克思主义政治经济学，在此基础上，还要立足于中国实践，发展与中国历史文化制度相符合的话语体系，同时也要正确对待西方经济学，开放融通，兼容并包，大胆创新。②

逄锦聚强调了中国特色社会主义政治经济学话语体系构建过程中的民族性问题。他指出中国特色社会主义政治经济学保持民族性的关键在于其主体性和原创性。因此，在构建话语体系时必须要以我国的实际为研究起点，提出以我国为主体的具有原创性的理论观点，构建具有自身特质的话语体系，才能真正形成自己的优势与特质。③

胡家勇在对构建中国特色社会主义政治经济学话语体系的条件进行分析后指出，中国特色社会主义政治经济学话语体系的构建应当着重把握 4 个方面的内容：一是要根植于中国实践并上升到理论高度；二是要系统提炼理论成果与创新，形成中国特色社会主义政治经济学的基本理论命题；

① 洪银兴．中国特色社会主义政治经济学的话语体系［J］．政治经济学评论，2017（3）．
② 张宇．关于构建中国经济学体系和学术话语体系的若干思考［J］．学习与探索，2015（4）．
③ 逄锦聚．中国特色社会主义政治经济学的民族性与世界性［J］．经济研究，2016（10）．

三是要形成中国特色社会主义政治经济学自身的概念和理论假设；四是要借鉴现代经济学的科学成分。①

周文认为，随着中国经济的持续发展，我国已经具备构建经济学话语体系的基础，要将中国发展的经验作为构建中国经济学话语体系的基本内核，同时完成我国经济从发展优势到理论优势再到话语优势是我国经济学界未来的长期任务。② 黄泰岩也持有类似的观点，认为中国话语体系是马克思主义政治经济学中国化的结果。中国经济学的话语体系是用通用语言讲述中国的故事，要注重与中国发展经验的结合。③

顾海良认为，中国特色社会主义政治经济学是马克思主义政治经济学的新形态。解放生产力和发展生产力理论的中国话语是中国特色社会主义政治经济学建设的历史起点，也是其学科体系展开的逻辑起点。党的十八大以来习近平关于生产力理论中国话语的新探索，提升了生产力理论中中国话语的意蕴。④

王永贵、刘泰来根据习近平总书记提出的加强国际传播能力建设，精心构建了对外话语体系，研究我国的对外话语体系建设，指出我们应认真学习相关重要论述，进一步凝聚中国共识、传播中国声音，为和平发展营造更加有利的国际环境，为推进“四个全面”战略布局和中华民族伟大复兴的中国梦提供有力保障。⑤

六、习近平新时代中国特色社会主义政治经济学思想研究

在对习近平总书记经济思想的研究中，杨承训初步梳理了习近平经济思想，将其重点概括为6个方面：生产目的，共享发展深化社会主义本质

---

① 胡家勇．建设中国特色社会主义政治经济学话语体系［J］．学习与探索，2016（7）．

② 周文．时代呼唤中国经济学话语体系［J］．经济研究，2016（3）．

③ 黄泰岩．构建当代中国马克思主义政治经济学［J］．政治经济学评论，2016（1）．

④ 顾海良．新政治经济学的理论创新和学科建设——基于马克思主义生产力理论中国话语的思考［J］．中国高校社会科学，2015（3）．

⑤ 王永贵，刘泰来．打造中国特色的对外话语体系——学习习近平关于构建中国特色对外话语体系的重要论述［J］．马克思主义研究，2015（11）．

论；系统集成，治国理政的新思想、新战略；规律体系，五大发展理念揭示社会主义发展规律合力机制；发展动力，推动社会主义市场经济的全面深化改革；阶段方略，新常态及供给结构性改革大逻辑；国际经济，打造人类命运共同体和厚植开放。① 张宇认为，党的十八大以来，习近平总书记系统阐述了坚持发展当代中国马克思主义政治经济学的一系列重大问题，围绕坚持和发展中国特色社会主义经济提出了一系列重大战略思想和重要理论观点，涉及中国特色社会主义经济中生产、分配、交换等各个环节，以及基本经济制度、基本分配制度、社会主义市场经济、经济改革和发展、对外开放、党的领导和政府的作用等各个方面，形成了完整的理论体系，推动中国特色社会主义政治经济学发展迈向新的历史阶段，开创了马克思主义政治经济学发展的新时代。②

一些学者根据习近平总书记的观点进行了评述。习近平总书记多次提出，全党要学习和运用历史唯物主义，更好地认识国情，认识历史发展规律，更加能动地推进各项工作。吴宣恭认为，我国当前阶段最重要的特点是社会主义和资本主义的生产资料所有制、生产关系、经济规律和社会主要矛盾同时并存和互相影响。我们要从这些关系中认识我国经济运行中出现的各种问题，在新的形势下，抓住主要矛盾，调整战略部署，谋取新发展。③ 洪远朋认为，习近平同志根据马克思主义的基本原理，结合中国革命、改革、发展的现实，提出了新时代中国特色社会主义政治经济学，以最广大人民群众的根本利益为中心，必须始终把人民的利益摆在至高无上的地位，以新发展理念引导中国特色社会主义政治经济学，使其与时俱进，不断丰富与发展。④ 新发展理念作为习近平新时代中国特色社会主义

① 杨承训．拓展中国特色社会主义政治经济学的崭新境界——对习近平经济思想的初步梳理［J］．毛泽东邓小平理论研究，2017（5）．

② 张宇．开拓当代中国马克思主义政治经济学发展的新时代——学习习近平总书记关于发展当代中国马克思主义政治经济学的论述［J］．中国浦东干部学院学报，2016（7）．

③ 吴宣恭．运用唯物史观提高对中国特色社会主义经济规律的认识——领会践行习近平关于加强学习历史唯物主义的重要讲话［J］．当代经济研究，2015（11）．

④ 洪远朋．新时代中国特色社会主义政治经济学的发展［J］．经济研究，2017（11）．

思想的重要组成部分，顾海良认为，新发展理念的探索，包含着全球经济增长和发展得失成败经验教训的内容，新发展理念提出的关于发展战略、发展思路、发展方向、发展步骤、发展着力点和发展绩效等一系列理论观点和实践路线，对许多发展中国家跨越所谓的“中等收入陷阱”必然产生重要启示。①

习近平在党的十九大报告中指出，经过长期努力，中国特色社会主义进入了新时代，我国社会的主要矛盾已经转化为人民日益增长的美好生活需要和不平衡、不充分的发展之间的矛盾，这是我国发展新的历史方位。逄锦聚认为党的十九大报告的提出为进一步构建、发展中国特色社会主义政治经济学，为中国特色社会主义的不断发展，为决胜全面建成小康社会，夺取中国特色社会主义伟大胜利，实现中华民族伟大复兴的伟大历史使命贡献了智慧和力量。② 他提出我国社会主要矛盾的转化，是关系全局的历史性变化，要牢牢把握社会主义初级阶段这个基本国情，牢牢立足于社会主义初级阶段这个最大实际，在继续推动经济社会健康持续发展的基础上，着力解决好发展不平衡、不充分的问题，大力提升发展质量和效益，更好地满足人民的需要，更好地推动人的全面发展、社会全面进步，为把我国建设成为富强、民主、文明、和谐、美丽的社会主义现代化强国而奋斗。③

习近平新时代中国特色社会主义思想作为中国特色社会主义政治经济学的最新成果，韩保江认为习近平中国特色社会主义思想不仅充分继承了马克思主义政治经济学的立场、观点和方法，而且充分继承了毛泽东关于社会主义经济发展的思想，和邓小平、江泽民、胡锦涛创立和发展的中国特色社会主义经济发展思想，同时吸收了中国传统文化和西方经济学的有益成果。④ 孙立冰、丁堡骏认为中国特色社会主义体现了习近平总书记所

---

① 顾海良．学习党的十九大精神笔谈［J］．经济学家，2017（12）.

② 逄锦聚．走进新时代，开辟新境界［J］．经济学家，2017（12）.

③ 逄锦聚．深刻认识和把握新时代我国社会主要矛盾［J］．经济研究，2017（11）.

④ 韩保江．论习近平新时代中国特色社会主义经济思想［J］．管理世界，2018（1）.

强调的“科学社会主义基本原则不能丢，丢了就不是社会主义”“中国特色社会主义，是科学社会主义理论逻辑和中国社会发展历史逻辑的辩证统一”。在社会主义现阶段，毫不动摇地鼓励、引导和发展民营经济，鼓励一部分人和一部分地区先富起来，发挥市场在资源配置中的决定性作用等政策，需要相应地与生产资料社会主义公有制、按劳分配和有计划地发展经济等科学社会主义基本经济原则紧密结合起来，保证中国特色社会主义是科学社会主义的制度基础。[①] 金碚认为，习近平同志明确提出了经济新常态理论，丰富中国特色社会主义政治经济学，在这个新阶段中，将发生一系列全局性、长期性的新现象、新变化。经济发展将走上新轨道，依赖新动力，政府、企业、居民都必须有新观念和新作为。在经济发展新常态下，国家发展将更加体现战略思维的“平常心态”：长远眼界、长效目标和长治久安。[②] 同时，巫文强强调中国特色社会主义政治经济学的服务对象是中国人民，其理论体系需要围绕经济发展为了人民、经济发展依靠人民和经济发展成果由人民共享来建构。[③]

① 孙立冰，丁堡骏．论中国特色社会主义及其基本经济原则［J］．马克思主义研究，2017（5）．

② 金培．中国经济发展新常态研究［J］．中国工业经济，2015（1）．

③ 巫文强．中国特色社会主义政治经济学：利用市场机制以人民为中心发展——兼谈中国特色社会主义政治经济学理论体系的构建［J］．改革与战略，2016（12）．

专题一

新时代中国特色社会主义政治经济学的创新研究

关于中国特色社会主义政治经济学理论体系建设的几个问题①

洪银兴

摘　要：当前政治经济学研究的重要任务是对当代中国马克思主义经济学的重要理论成果进行归纳和系统化，完善中国特色社会主义政治经济学的理论体系。中国特色社会主义政治经济学是当代中国的马克思主义政治经济学。其阶段性定位为：在生产关系上属于社会主义初级阶段的政治经济学；在生产力上属于中等收入发展阶段的政治经济学。构建中国特色社会主义政治经济学的主线应该是邓小平所指出的社会主义初级阶段的社会主义的本质，就是解放和发展生产力，消灭剥削，消除两极分化，逐步达到共同富裕。其话语体系包括3个方面：一是马克思主义政治经济学尤其是《资本论》提供的政治经济学话语体系。二是中国特色社会主义经济实践中创新的话语体系。三是批判地吸收世界成熟的经济学理论。中国特色社会主义政治经济学理论创新尤其要关注党的十八届三中全会通过的全面深化改革的决定体现的新进展，其中包括：混合所有制中公有制为主体的实现；市场决定资源配置条件下政府如何更好地发挥作用；非劳动要素按贡献及供求参与收入分配的条件下如何体现按劳分配为主体等。

① 本文为作者主持的国家社科基金重大项目“中国特色社会主义政治经济学研究”（编号2015MZD006）的阶段性成果。

关键词：中国特色社会主义；政治经济学；理论体系

作者简介：洪银兴，经济学博士，南京大学经济学院教授、博士生导师。

政治经济学有社会主义部分，中国特色社会主义政治经济学是否就是政治经济学的翻版呢？尽管有联系，但不能直接画等号。中国特色社会主义政治经济学概念的提出有推动的含义：第一，它是对中国特色社会主义经济制度、经济发展道路进行理论概括的系统性经济学说。第二，它是对党的十八大以来以习近平总书记为核心的党中央治国理政理念的理论总结。构建中国特色社会主义政治经济学需要以改革和发展的重大问题为导向，既要坚持马克思主义基本原理和方法论，又要结合我国经济发展的实际，不断形成充分体现中国特色、中国风格、中国气派的经济学理论成果。

一、构建中国特色社会主义政治经济学的理论和现实意义

构建中国特色社会主义政治经济学的任务是由我国经济发展的实践提出的。从 1949 年新中国成立起，我国就开启了建设有中国特色的社会主义进程。改革开放以来，我们实现了由计划经济向社会主义市场经济、从封闭半封闭经济向开放型经济的历史性转变，实现了农业大国向新兴工业化国家的转变。新中国建设的 69 年，改革开放的 40 年，在人类社会历史长河中不过是“弹指一挥间”，然而我国却走过了西方 100 ~ 150 年的现代化历程。社会主义中国由一个极其落后的半殖民地半封建社会一跃成为世界第二大经济体。接近 14 亿人口即将一个不少地全面进入小康社会，并且正在成为世界经济的动力源，这是人类社会的伟大奇迹。中国经济的成功彰显出中国特色社会主义经济制度和发展道路的优越性，很值得用马克思主义的立场、观点和方法进行科学的理论概括。由此产生的中国特色社会主义政治经济学将对世界做出贡献。

中国特色社会主义，以其理论和成功的实践回答了社会主义的发展中

大国实现国家富强和人民富裕的重大问题，例如，在东方经济落后的国家应该建设什么样的社会主义，能否通过社会主义道路走向富强，社会主义和市场经济能否结合和怎样结合，在二元结构突出的农业大国如何实现现代化，在后起的资源相对缺乏的国家如何实现可持续发展，这些需要直面的世界性理论难题，马克思在当时不可能碰到，也不可能作出科学的预见。以中国特色社会主义政治经济学为理论指导所取得的中国经济成就，对这些重大问题作出了正确的回答，是对马克思主义的重大发展，为整个人类的经济科学文明发展做出了贡献。

科学的理论指导中国特色社会主义的伟大实践；伟大的实践推动了中国特色社会主义政治经济学理论的创新。当代马克思主义政治经济学的理论进展及其对中国改革和发展的贡献，可以从两个方面进行概括：

在经济改革方面，中国特色社会主义政治经济学的重大贡献包括：社会主义初级阶段理论的确立，推动了社会主义基本经济制度的建立；社会主义市场经济理论的确立，明确了经济体制改革的方向；各种生产要素按贡献取得报酬理论的确立，推动了按劳分配为主体的多种分配方式并存的社会主义基本分配制度的确立；公有制可以有多种实现形式理论的确立，推动了混合所有制经济的发展；对外开放用好国际国内两个市场、两种资源的理论的确立，推动了全方位、宽领域、多层次的对外开放格局的形成。在这些理论的正确指导下，中国特色社会主义经济制度得以确立。

在经济发展方面，坚持解放和发展生产力是马克思主义政治经济学的基本原理，也是社会主义的本质要求。经济发展进入中国特色社会主义政治经济学的研究视野本身就是政治经济学的重大进展。在指导全面小康社会建设中，中国特色社会主义政治经济学做出的重大理论贡献包括：中国特色社会主义现代化理论、经济发展方式及其转变理论、科学技术是第一生产力理论、科学发展观、新型工业化和城镇化理论等。在这些理论的指导下，中国经济得以快速、健康发展。

党的十八大以来，中国经济进入新常态，中国特色社会主义政治经济学又有了一系列新的进展。在经济改革方面，包括：使市场在资源配置中起决定性作用和更好地发挥政府作用的理论；混合所有制是基本经济制度重要实现形式理论；促进社会公平正义、逐步实现全体人民共同富裕理论；增进人民福祉、促进人的全面发展的理论。在经济发展方面，包括：经济新常态理论；创新驱动经济发展理论；创新、协调、绿色、开放、共享的发展理念，“绿水青山就是金山银山”理论；供给侧结构性改革理论；等等。

经济改革的中国模式、经济发展的中国道路得到了实践的检验和肯定。所有这些都可归结为作为指导思想的当代中国马克思主义政治经济学的成功。马克思创立的经济学为未来社会的经济制度和经济发展“破”了“题”，依据中国实践创新的中国特色社会主义政治经济学正在“解”这些“题”。习近平在主持中央政治局就马克思主义政治经济学基本原理和方法论进行集体学习时，列举的我国在探索社会主义建设道路过程中已经提出的独创性理论成果，是适应当代中国国情和时代特点的政治经济学，不仅有力指导了我国经济发展的实践，而且开拓了马克思主义政治经济学新境界。马克思主义政治经济学领域的一系列重大理论创新成果，适应当代中国国情和时代特点，是对我国中国特色社会主义经济建设中获得的感性认识的升华，是对我们推动经济发展实践的理论总结，引领和推动了中国特色社会主义事业的发展，开创了经济发展的新局面。

立足我国国情和发展实践建立的中国特色社会主义政治经济学是我们建设和完善中国特色社会主义的理论指导。当前政治经济学研究的重要任务是对当代中国马克思主义经济学的重要理论成果进行归纳和系统化，不断形成并认同中国特色社会主义政治经济学的理论成果，进一步完善中国特色社会主义政治经济学的理论体系。

二、关于中国特色社会主义政治经济学的学科定位

中国特色社会主义政治经济学，是当代中国的马克思主义政治经济学，它作为指导思想的理论基础指导中国的经济改革和经济发展，而且保持着在经济学科中的主流经济学地位。这与其学科地位相关。

首先是学科性质定位。它是当代中国的马克思主义政治经济学。就中国特色社会主义政治经济学与马克思主义政治经济学的关系来说，它属于当代中国的马克思主义政治经济学，原因是其坚持了马克思主义政治经济学范式。其表现为：第一，它是以人民为中心的政治经济学。马克思主义经济学的基本立场是代表无产阶级根本利益。无产阶级夺取政权以后，其阶级利益代表全体人民的根本利益，因此，中国特色社会主义政治经济学是以人民为中心、服从于人民的福祉和共同富裕。体现在以发展生产力、增进人民福祉为目标，以共同富裕为目标，以人的全面发展为目标。第二，研究对象是一定社会相互联系的生产力和生产关系；基本任务是阐述经济规律，尤其是社会主义代替资本主义的必然性。体现了“当代中国”的要求，中国特色社会主义政治经济学的对象更为关注发展生产力的研究，只有在生产力水平超过资本主义，才谈得上最终战胜资本主义。第三，研究的基本方法是唯物辩证法和历史唯物主义，虽然也会用到其他现代经济学方法。当然，两者不能简单画等号。当代中国马克思主义政治经济学还包括对当代资本主义经济的科学分析。而中国特色社会主义政治经济学的对象有明确的限定，只是对中国特色社会主义经济的马克思主义经济学分析，尽管在必要时会联系并存的当代资本主义进行比较分析。

其次是在阶段性上的学科定位。中国当前所处的发展阶段需要在生产关系和生产力两个层面上定位。相应地，中国特色社会主义政治经济学的阶段性定位就有两个方面：一方面，在生产关系上属于社会主义初级阶段的政治经济学；另一方面，在生产力发展水平上，我国按人均 GDP 标准已经告别了低收入阶段，进入了中等收入阶段。因此，中国特色社会主义政治经济学属于中等收入发展阶段的政治经济学。基于这种定位，中国特色社会主义政治经济学就成为适应当代中国国情和时代特点的政治经济学。马克思主义政治经济学基本原理同改革开放新的实践相结合，形成的中国特色社会主义政治经济学的许多重要理论成果得到了实践的检验，不仅有力地指导了我国经济发展的实践，而且开拓了马克思主义政治经济学新境界。

最后是在功能上的学科定位。作为政治经济学，它提供一种意识形态，分清社会主义和资本主义，但不仅仅是意识形态，它还提供基本的经济学理论；它提供思想教育教材，解决社会主义的制度自信、道路自信和理论自信，但不仅仅是思想教育教材，还要为我国的经济决策和政策制定提供经济理论指导；它要批判各种非马克思主义经济思潮，但不仅仅是当“批判家”，还要当中国特色社会主义经济的“建设者”。

三、关于中国特色社会主义政治经济学的主线和逻辑体系

一个学科的建设回避不了对其主线和逻辑体系的确定。长期以来，学者们对政治经济学社会主义部分的主线和逻辑体系一直争论不休。现在对中国特色社会主义政治经济学的主线和逻辑体系更是这样，“百花齐放”是难免的。

关于中国特色社会主义政治经济学的主线，学术界有不同的意见。有的主张以社会主义市场经济为主线。有的主张以 2015 年 12 月中央经济工作会议提出的坚持中国特色社会主义政治经济学的 3 个原则为主线，即一是坚持解放和发展社会生产力；二是坚持社会主义市场经济改革方向，使市场在资源配置中起决定性作用；三是坚持调动各方面的积极性，充分调动人的积极性。有的主张为以中国特色社会主义的本质特征为主线。

应该说，上述主张都是中国特色社会主义政治经济学的主要内容，但要成为整个学科体系的主线则显得不足。因为，中国特色社会主义政治经济学的关键词在于中国特色和社会主义，明显的特征是处于初级阶段的社会主义。因此，该学科的主线应该是邓小平所指出的社会主义初级阶段的社会主义的本质，就是解放和发展生产力，消灭剥削，消除两极分化，逐步达到共同富裕。其中的核心内容同生产力相关。① 从具体内容来看，一是邓小平讲的：一个是解放生产力，另一个是发展生产力，应该把解放生

① 关于发展生产力成为中国特色社会主义政治经济学的研究对象，笔者已在其他论文中论述过。

产力和发展生产力两个方面讲全。二是习近平讲的：牢固树立保护生态环境就是保护生产力、改善生态环境就是发展生产力的理念。这样，中国特色社会主义政治经济学理论体系的构建，就是要建立解放、发展和保护生产力的系统化的经济学说。

就中国特色社会主义政治经济学的逻辑体系来说，目前也有不同的观点。有的主张按照马克思的生产关系四环节（生产、交换、分配和消费）来安排体系，有的主张按照马克思当年写《资本论》的计划，即 6 个分册来安排。

必须承认，中国特色社会主义经济还在实践和发展中，虽然取得了成功的经验，但还不能说已经定型。短期内很难作出马克思研究资本主义时所进行的具体到抽象的研究和从抽象到具体的叙述。而且，在社会主义初级阶段经济中不可能抽象出纯粹的起“普照之光”的经济关系。因此，中国特色社会主义政治经济学的逻辑体系目前还只能是问题导向。

坚持问题导向是马克思主义的鲜明特点，问题是创新的起点，也是创新的动力源。中国特色社会主义政治经济学的问题导向主要涉及 3 个重大原则：一是坚持解放和发展社会生产力；二是坚持社会主义市场经济改革方向，使市场在资源配置中起决定性作用；三是坚持调动各方面积极性，充分调动人的积极性。这 3 个方面可以说是当代中国马克思主义政治经济学的核心内容，也是构建中国特色社会主义政治经济学理论体系的重大原则。

按照中国特色社会主义社会主义经济的重大问题分章论述，还是有一个逻辑体系。现在对现实社会经济的分析大致有 3 个层面：一是本质层面，即经济制度分析；二是经济运行层面，即资源配置层面分析；三是经济发展层面，即发展和保护生产力分析。在经济全球化背景下，则可再加上一个层面，即对外经济关系分析。中国特色社会主义政治经济学的各个重大问题可以分别归到这 4 个层面中去。其中，经济制度层面以社会主义初级阶段的基本经济制度为引领；经济运行层面以社会主义市场经济为引领；经济发展层面以新发展理念为引领；对外经济关系层面则以经济全球化理论为引领。由此形成中国特色社会主义政治经济学的逻辑体系。

四、构建中国特色社会主义政治经济学的理论资源

习近平总书记明确指出，中国特色哲学社会科学要把握好三方面资源：一是马克思主义的资源，包括马克思主义基本原理、马克思主义中国化形成的成果及其文化形态。二是中华优秀传统文化的资源，这是中国特色哲学社会科学发展十分宝贵、不可多得的资源。三是国外哲学社会科学的资源，包括世界所有国家哲学社会科学取得的积极成果，这可以成为中国特色哲学社会科学的有益滋养。这三方面同样是中国特色社会主义政治经济学的理论资源。

马克思主义政治经济学尤其是《资本论》提供了中国特色社会主义政治经济学话语体系。有人认为马克思《资本论》是分析资本主义的，其范畴基本上都是反映资本主义生产关系的。其实不然，既然承认中国特色社会主义政治经济学属于当代中国的马克思主义经济学，为什么其建立的经济学范畴都不用呢？最明显的例子是国有资本的概念，我们有相当长的时间不敢用国有资本的概念，试图用国有资产、国有资金的概念去替代，但总是不科学、不准确，最终还是使用了国有资本的概念。当然，国有资本的资本范畴不再具有雇佣劳动的性质规定。如果中国特色社会主义政治经济学中连马克思主义经济学中使用的范畴和原理都不敢用，何来当代中国的马克思主义政治经济学呢？关键是使用《资本论》中的相关概念时要赋予其生产关系方面的规定。

《资本论》中关于对中国特色社会主义政治经济学理论和话语体系建设涉及以下方面：①《资本论》中建立的系统的经济学范畴。尤其是关于生产关系的话语系统，包括公有制和私有制在内的各种所有制形式及其特征，各类经济规律，工资、地租、利息等分配范畴，是中国特色社会主义经济理论体系中的核心范畴。②《资本论》对未来社会的预见和规定。马克思对替代资本主义社会后的未来社会作出了合乎逻辑的预测，其中有对社会主义经济制度的规定，如公有制、按劳分配、按比例分配社会劳动等。③《资本论》阐述的市场经济的基本原理，成为社会主义市场经济的

话语体系，如商品货币理论、竞争理论、资本循环和周转理论、社会总产品实现条件理论、流通费用理论、地租理论、信用经济理论、虚拟资本理论、经济周期理论等。④以《资本论》原理说明中国特色社会主义经济，包括以生产力和生产关系的话语体系说明社会主义初级阶段及其基本经济制度；以商品经济和价值规律的话语体系说明社会主义市场经济；以生产关系和分配关系的话语体系说明社会主义初级阶段的分配制度；以解放、发展和保护生产力的话语体系说明新阶段的经济发展。除此之外，列宁的《帝国主义论》中的一些话语也可用于中国特色社会主义经济分析，如关于金融资本和垄断的话语。当然，上述话语体系进入中国特色社会主义政治经济学需要有一个中国化、时代化的过程，尤其是马克思当时使用的范畴和原理其所体现的生产关系规定需要时代化。

《资本论》不能穷尽真理。中国特色社会主义经济实践更为丰富多彩，相应的政治经济学话语体系需要在实践中创新：新的实践需要创新的话语，讲中国故事，需要新的理论概括、新的经济范畴，体现中国智慧。不可否认的是，有许多新范畴与《资本论》有着内在联系：如市场经济同商品生产和交换理论；产权制度同所有制理论；混合所有制同股份公司理论；虚拟经济同虚拟资本理论；资源配置同社会总劳动时间分配理论；金融制度同信用经济理论；生产要素参与分配同要素所有权理论；创新理论同科学及其应用理论；协调发展同社会再生产理论；等等。

在开放的世界，中国特色社会主义政治经济学不是封闭的而是开放的，包括向西方经济学的开放。当代中国经济学与当代西方经济学面对共同的经济背景，尤其是在经济全球化的背景下，中国要参与并且主导全球经济治理，需要有共同的话语让中国经济学“走出去”。面对市场经济，也会有共同的话语；发展中国家谋求发展，也会有共同的话语，知识无国界。因此，中国特色社会主义政治经济学需要批判地吸收世界上成熟的经济学理论，不仅用于比较和交流，还可推动中国经济学走向世界。

中国特色社会主义政治经济学完全排斥西方经济学的概念也是不现实的。现实的中国特色社会主义经济本身就包含了非公有制经济的混合，为什么作为其理论概括的中国特色社会主义政治经济学就不能有相应的理论的混合呢？在坚持社会主义核心价值观的前提下，中国特色社会主义政治经济学有选择地借鉴西方经济学理理论和范畴是建立在对自身的制度自信、道路自信和理论自信基础上的。目前，在中国特色社会主义政治经济学中使用较多的西方经济学理论包括：资源配置理论、二元结构理论、中等收入陷阱理论、全要素生产率理论、可持续发展理论、知识经济理论、国家创新体系理论、经济全球化理论等。当然，这些西方经济学的范畴和原理进入中国特色社会主义政治经济学需要有一个批判地吸收并与中国实际相结合的问题，特别是要在反映的制度性质和中国的基本国情方面进行中国化改造。

五、中国特色社会主义政治经济学的若干制度性课题

改革开放以来，社会主义经济理论的重大突破主要表现在 3 个方面：公有制为主体多种所有制经济共同发展的基本经济制度、社会主义市场经济和按劳分配为主体的多种分配方式并存的基本分配制度。党的十八届三中全会通过的全面深化改革的决定对这 3 个方面的制度表述又进了一步。中国特色社会主义政治经济学对这些新进展作出了进一步说明。

（一）混合所有制中公有制为主体的实现

公有制为主体多种所有制经济共同发展已被确认为社会主义初级阶段的基本经济制度。在基本经济制度框架内，所谓公有制为主体，不是指公有制企业为主体，而是指公有资本在社会总资本中占优势，国有经济控制国民经济命脉。社会主义公有制理论的这一重大突破，对发展非公有制经济和国有经济进行有进有退的战略性调整起到了重要作用。党的十八届三中全会进一步提出，国有资本、集体资本和私人资本相互融合所形成的混合所有制是基本经济制度的实现形式。这样，公有制企业与多种非公有制企业外部并存发展为在同一家企业中公有资本同非公有资本的内部融合，包括允许更多国有经济和其他所有制经济发展成为混合所有制经济。国有

资本投资项目允许非国有资本参股，而且鼓励发展非公有资本控股的混合所有制企业。与此相对应，对于基本经济制度中公有制为主体如何实现就面临新的课题。前一时期着力于研究公有制在多种所有制经济共同发展的框架内如何实现主体地位，现在则需要研究在混合所有制的框架内公有制为主体如何体现。

现在已将国有企业明确分为两类：一类是商业类；另一类是公益类。这样，对公有制在混合所有制中的主体地位需要区分两个层面进行分析。在不同类型的企业中，公有制的主体地位有不同的要求。

商业类企业主要身处竞争性领域，同其他所有制性质的资本一样，这里的公有资本追求价值增殖。哪里能增殖，资本就流向哪里。这意味着进入混合所有制企业的公有资本并不追求在所在企业中控股，但要追求所在企业的增殖能力。总体数量仍然较大的公有资本分布在增殖能力强的企业中，哪怕在所在企业不控股，总体上还是居于主体地位。

公益类企业要保证公共利益，一般都是公有制企业经营。但公有资本也不可能独霸天下，公益类国有企业也可建立混合所有制，允许非国有资本参股入股，公益性项目也要吸引非公有资本参与。公有制在这里的主体地位就表现为在混合所有制中的控股地位。只要保持公有资本在混合所有制经济中的控制力，实际上它所支配的资本就不只是自己的资本，还能支配参股和入股的非国有资本。其控制力和支配力不只在其控股地位，更重要的是以平等对待其他所有制经济并共享利益的吸引力。在这里，公有制的主体地位是显然的。

（二）市场决定资源配置的条件下政府如何更好地发挥作用

经济体制改革的核心问题是处理好政府和市场的关系。新自由主义理论把政府和市场对立起来，以为搞市场经济就不能有政府作用，政府作用强大就不会有充分作用的市场。已经建立的社会主义市场经济理论解决了社会主义经济制度同市场经济的结合问题。党的十八届三中全会又进一步确认了市场在资源配置中起决定性作用和更好地发挥政府作用。明确市场对资源配置的决定性作用，实际上是回归到了市场经济的本义。市场决定资源配置突出的是市场的自主性。这种自主性不仅表现为市场自主地决定资源配置的方向，同时也表现为市场调节信号即市场价格也是自主地在市场上形成，不受政府的不当干预。也就是说，凡是市场能做的，比政府做得更好的，都交给市场。现实中推进的大幅度减少和取消政府审批，有效地保证了市场的自主作用。

明确了市场对资源配置的决定性作用也就明确了在资源配置领域市场作用的“强”，但在社会主义经济中，不但不能像新自由主义认为的那样不要政府的作用，而且还要求更好地发挥政府的作用，需要进一步研究的问题是如何更好地发挥政府的作用。

在市场决定资源配置的条件下，政府经济功能的“强”主要表现在4个方面：

政府作用“强”在营造经济有效运行的环境。不仅需要政府提供法治化的营商环境，还需要政府强有力的宏观调控，使宏观经济运行处于合理区间。

政府作用“强”在配置公共资源。不能把市场决定资源配置放大到决定公共资源的配置，公共资源的配置不能由市场决定，原因是公共资源配置是要满足公共需求，遵循公平原则，只能由政府决定。

政府作用“强”在克服市场失灵。涉及国家安全和生态安全的，涉及环境保护方面的，涉及全国重大生产力布局、战略性资源开发和重大公共利益等项目，政府不只是进入，而且应该充分并且强有力地发挥作用。

政府作用“强”在推动发展。对于我们这样仍然处于社会主义初级阶段的发展中国家来说，发展仍然是硬道理。推动发展理应是政府的重要职能。如推动城乡发展一体化和城镇化、发展创新驱动型经济、经济结构调整、生态和环境建设、发展开放型经济等，都需要政府公共资源的配置来推动和实现。

在市场对资源配置起决定性作用后，政府的作用“更好”地体现在政府行为本身也要遵守市场秩序。政府发挥作用的基本路径是政府作用机制要同市场机制衔接，政府配置公共资源同市场配置市场资源应该结合进行。政府配置公共资源主要是政策路径，其中包括利用收入分配政策促进社会公平主义；通过产业政策和负面清单引导产业结构转型升级；通过财政和货币政策调节宏观经济运行。在这种协同中，政府的“强”不会限制市场的“强”。

（三）非劳动要素按贡献及供求参与收入分配的条件下如何体现按劳分配为主体

按劳分配是社会主义的分配原则。公有制为主体多种所有制经济共同发展的社会主义初级阶段基本经济制度确立以后，按劳分配为主体多种分配方式并存的基本分配制度也就得到了确认。确认多种分配方式实际上是承认生产要素参与收入分配。根据马克思主义的经典理论，收入分配是所有权的实现。生产要素参与收入分配是基于生产要素私人（或不同的所有者）所有的背景提出的。目的是要让一切劳动、知识、技术、管理、资本的活力竞相迸发，让一切创造社会财富的源泉充分涌流。

对于多种生产要素参与收入分配的认识是不断深入的。从党的十四大，到党的十六大明确提出确立劳动、资本、技术和管理等生产要素按贡献参与分配的原则。党的十七大报告和十八大报告都提出，健全劳动、资本、技术、管理等生产要素按贡献参与分配的制度。党的十八届三中全会在坚持上述生产要素按贡献参与分配的基础上，又提出各种生产要素的报酬由各自的生产要素市场决定。这些提法表明，包括劳动在内的各种生产要素参与收入分配不再完全按其投入分配，而是按各种要素的“贡献”分配，并且还要由各自要素市场的供求来决定。由此提出的问题是，按劳分配如何在这种收入分配体制中实现主体地位。

要素参与分配，从总体上说是符合发展社会生产力这个社会主义本质要求的。由于多种要素充分发挥作用而增加了社会财富，劳动者绝对收入也较以前有明显增加，这也是符合劳动者利益的。就要素市场供求对分配的影响来说，各个要素按贡献参与分配，资本、劳动力、技术、管理等生产要素的报酬分别在各自的生产要素市场上决定，各种要素的市场供求关系客观地体现在要素价格比例上。其效果是最稀缺的要素得到最节约的使用，并且能增加有效供给，最丰裕的要素得到最充分的使用。有效地配置和使用生产要素起的积极作用是十分明显的。问题是在发展中国家，非劳动生产要素总是比劳动要素更为稀缺。包括劳动在内的各种生产要素按贡献和供求来进行分配，不可避免地储蓄能力强的、技术水平高的、经营能力强的，其致富能力也强。再加上这些要素的叠加，非劳动要素收入和劳动报酬的差距明显扩大。因此提出的理论问题是，如何体现按劳分配为主体的原则。

首先要明确的是，所谓按劳分配为主体，指的是在可分配收入中劳动报酬在数量上为主体，还是在多种分配方式中收入的较大部分用于按劳分配？如果是前者，就没有讨论的必要，原因是劳动者收入数量加总起来的总和肯定是主体，我们需要讨论的是后者。

在确定当前阶段按劳分配为主体时需要明确的是，正如生产资料所有制可能混合一样，生产要素的所有也是混合的。也就是说，劳动投入不仅涉及直接生产过程中劳动者的劳动，也包括不在生产现场但对生产起作用的技术人员、管理人员的劳动，其中也包括企业经营者从事的经营活动，即使是直接劳动者，也不完全只是简单的劳动力支出，也可能拥有技术要素。通常讲的人力资本在马克思主义经济学中指的就是这种复杂劳动。基于这种考虑，坚持按劳分配为主体就要坚持 3 个原则，第一，从事技术和管理的复杂劳动得到更高的报酬，体现劳动贡献。第二，劳动报酬增长与劳动生产率提高同步，劳动生产率的提高不能忽视劳动的贡献。第三，根据马克思经济学原理，社会主义社会之所以实行按劳分配，是因为劳动还是谋生的手段。[①] 作为谋生手段，劳动报酬的增长不只是限于劳动者的劳动贡献，还应该包含体现谋生要求的内容。谋生的范围就是必要劳动的范围，必要劳动的范围有历史的和道德的因素。随着社会的进步、文化的发展，劳动者的必要劳动范围也相应地扩大，相应的劳动报酬也有增长的趋势。在企业的初次分配阶段遵循这三个原则，并配套相应的制度，按劳分

① ［德］马克思，恩格斯．马克思恩格斯选集（第 3 卷）［M］．北京：人民出版社，2012：365.

配为主体就能实现。

在现实中，不能把按劳分配为主体同缩小收入差距混为一谈。实际上，大家关注的是生产一线的劳动者的报酬在收入中所占比重呈明显的下降趋势的问题。严格来说，这主要不是坚持不坚持按劳分配的问题，而是体现社会公平正义的要求。从社会主义的公平观考虑，劳动收入的差距主要是由各自拥有的包括技术等方面的要素差异所致。因此，通过教育公平等途径缩小各个分配主体所拥有的要素差异，坚持机会的公平，分配结果的差距也可能缩小。

基于以上关于中国特色社会主义政治经济学重大进展的分析，可以发现中国特色社会主义事业在进行中，其理论也在发展中。新的实践产生新的理论，新的理论说明新的实践。由此形成的理论成果，是适应当代中国国情和时代特点的政治经济学，不仅有力地指导了我国经济发展的实践，而且开拓了马克思主义政治经济学的新境界。

习近平新时代中国特色社会主义政治经济学的理论阐释

任保平

摘　要：习近平新时代中国特色社会主义政治经济学是中国政治经济学的4.0版本。其方法论主要体现在坚持以人民为中心和以问题为中心的方法论。习近平新时代中国特色社会主义政治经济学从主要矛盾的变化出发，形成了理论体系的框架，包括：中国特色社会主义新时代理论、发展理念理论、体制改革理论、经济发展理论、经济运行理论、发展战略理论、现代化理论、宏观经济理论和开放发展理论。习近平新时代中国特色社会主义政治经济学主要围绕解决“强起来”的问题，丰富和发展了马克思主义政治经济学，其理论特色主要体现在：以时代问题为导向，把以人民为中心作为指导思想，以主要矛盾的变化为出发点，以现代化强国建设为主线，以“强起来”为核心内容，构建了新话语体系。

关键词：新时代；中国特色社会主义政治经济学；以人民为中心；“强起来”

作者简介：任保平，西北大学经济管理学院院长，教授，博士生导师。

习近平新时代中国特色社会主义政治经济学是中国政治经济学的4.0版本。以《资本论》和列宁的《帝国主义论》为核心的政治经济学是1.0版本。斯大林、毛泽东时期的政治经济学是2.0版本。邓小平时期的政治经济学是3.0版本。习近平新时代中国特色社会主义政治经济学是构建政治经济学的4.0版本。① 它是在经典马克思主义理论的基础上，更进一步发展出的新的马克思主义政治经济学理论，要用中国经验丰富和发展马克思主义政治经济学。因此，中国特色社会主义政治经济学是习近平新时代中国特色社会主义思想的组成部分。本文按照党的十八大以来习近平治国理政思想来总结和阐释习近平新时代中国特色社会主义政治经济学的理论框架与特色。

一、习近平新时代中国特色社会主义政治经济学的方法论

作为中国马克思主义政治经济学4.0版本的习近平新时代中国特色社会主义政治经济学是对马克思主义政治经济学的丰富和发展，其方法论主要体现在3个方面：

（一）历史唯物主义的方法论

习近平新时代中国特色社会主义政治经济学坚持了马克思主义历史唯物主义的方法论。习近平总书记指出，我们党运用历史唯物主义方法论分析了中国社会运动及其发展规律，不断把握规律、积极运用规律，推动党和人民事业不断取得胜利。因此，他认为只有坚持历史唯物主义方法论才能提高对中国特色社会主义规律的认识。从历史唯物主义的方法论出发，习近平总书记认为，只有把生产力和生产关系的矛盾运动、经济基础和上层建筑的矛盾运动结合起来，才能全面把握整个社会的发展方向。坚持和发展中国特色社会主义，必须适应社会生产力的水平调整生产关系，不断适应经济基础来完善上层建筑。因此，历史唯物主义方法论是习近平新时代中国特色社会主义政治经济学的方法论基础。

（二）坚持以人民为中心的方法论

坚持以人民为中心是习近平新时代中国特色社会主义政治经济学的基

① 任保平．“中国发展的政治经济学”理论体系构建研究［J］．中国高校社会科学，2016（6）．

本立场和方法论，这一方法论坚持了马克思主义的人民立场。以习近平总书记为核心的党中央提出以人民为中心的发展思想，坚持马克思主义人民主体地位的立场，体现了发展为人民的价值取向。2012年，习近平总书记在十八届中共中央政治局常委同中外记者见面时强调："人民对美好生活的向往，就是我们的奋斗目标。"① 充分体现了以人民为中心的思想。在接受俄罗斯媒体专访时表示，他本人的执政理念是"为人民服务，担当起该担当的责任"。在庆祝中国共产党成立95周年纪念大会上，习近平综述指出人民立场是中国共产党的根本政治立场，体现了党全心全意为人民服务的宗旨，体现了人民是推动发展的根本动力的唯物史观方法论。2016年，习近平总书记在主持召开中央财经领导小组第十四次会议的讲话中指出，坚持以人民为中心的发展思想，就是解决好人民群众普遍关心的突出问题。在党的十九大报告中，习近平把坚持以人民为中心作为新时代坚持和发展中国特色社会主义的重要内容。他强调，人民是历史的创造者，是决定党和国家前途命运的根本力量。必须坚持人民主体地位，把人民对美好生活的向往作为奋斗目标。这些重要论述充分彰显了我们党始终坚持以人民为中心的价值追求，为把新时代中国特色社会主义推向前进提供了价值遵循。总体来看，坚持以人民为中心就是要坚持发展为了人民，对人民负责、对历史负责，顺应民意、尊重民意。人民有所"呼"，我们就得有所"应"。习近平新时代中国特色社会主义政治经济学强调以人民为中心，其科学内涵概括起来就是：发展的最终目的是为了人民，发展的根本动力来自人民，发展的成果由人民共同享有，发展的战略和政策始终围绕人民。

（三）坚持问题导向的方法论

坚持以重大问题为导向、着力解决我国发展中的突出问题，是习近平新时代中国特色社会主义政治经济学独具特色的方法论。党的十八大以来，习近平总书记的一系列重要讲话贯穿着一个鲜明的思想方法，那就是

---

① 习近平．习近平谈治国理政：第一卷［M］. 北京：外文出版社，2017：3.

问题导向。问题是实践的起点、创新的起点，深刻体现在习近平新时代中国特色社会主义政治经济学理论中。2013 年 11 月 16 日，习近平在《中共中央关于全面深化改革若干重大问题的决定》的说明中指出："要有强烈的问题意识，以重大问题为导向，抓住关键问题进一步研究思考，着力推动解决我国发展面临的一系列突出矛盾和问题。我们中国共产党人干革命、搞建设、抓改革，从来都是为了解决中国的现实问题。可以说，改革是由问题倒逼而产生，又在不断解决问题中得以深化。"① 习近平总书记在哲学社会科学座谈会讲话中指出："坚持问题导向是马克思主义的鲜明特点。问题是创新的起点，也是创新的动力源。只有聆听时代的声音，回应时代的呼唤，认真研究解决重大而紧迫的问题，才能真正把握住历史脉络、找到发展规律，推动理论创新。"以问题为导向坚持和发展了马克思主义的辩证唯物主义和历史唯物主义方法论，马克思主义的辩证唯物主义和历史唯物主义认为问题是矛盾的外化，是事物内在矛盾运动的外在呈现。矛盾的存在和发展不以人的意志为转移，坚持以问题为导向就是正视矛盾。以问题为导向的方法论主要体现在：①以问题为导向形成新思想新理论。党的十八大以来，习近平总书记深刻把握我国经济社会发展中面临的重大问题，回答了新条件下坚持和发展中国特色社会主义的一系列重大理论和现实问题，形成了科学严谨、内涵丰富的习近平新时代中国特色社会主义政治经济学，成为马克思主义中国化的最新成果。②以问题为导向提出新战略、新举措。党的十八大以来，以习近平总书记为核心的党中央，坚持"五位一体"总体布局、"四个全面"战略布局、五大发展新理念，推进国家治理体系和治理能力现代化，推进供给侧结构性改革，推进"一带一路"建设，这些新举措新战略瞄准问题、解决问题，使中国特色社会主义不断取得新的重大成就。③以问题为导向完善新体制新机制。增强问题意识，强化问题导向，进而形成解决问题的新体制新机制，在解决问题中完善新体制新机制。④以问题为导向满足新需求。以习近平总书记

---

① 习近平．习近平谈治国理政：第一卷［M］．北京：外文出版社，2017：70.

为核心的党中央把握社会新需求的变化，着力解决与人民群众利益相关的教育、就业、收入分配、社会保障、医疗卫生、住房、环境等问题，使人民群众的生活不断迈上新台阶，有了更多的获得感。

二、习近平新时代中国特色社会主义政治经济学的理论框架

党的十九大报告指出，新时代我国社会的主要矛盾已经转化为人民日益增长的美好生活需要和不平衡不充分的发展之间的矛盾。由于社会主要矛盾的变化关系到全局，这个矛盾的变化应该是习近平新时代中国特色社会主义政治经济学的出发点。从社会主要矛盾的变化出发，形成了习近平新时代中国特色社会主义政治经济学的理论体系，这一理论体系的框架包括以下几个方面。

（一）中国特色社会主义新时代理论

生产方式和经济制度的变化是马克思划分时代的基本标准。[①] 马克思在《资本论》中指出："各种经济时代的区别，不在于生产什么，而在于怎样生产，用什么劳动资料生产。劳动资料不仅是人类劳动力发展的测量器，而且是劳动借以进行的社会关系的指示器。"[②] 党的十九大作出了中国特色社会主义进入了新时代的重大判断，深刻揭示了我国发展所处的新的历史方位，丰富和发展了马克思主义的时代理论。按照马克思的时代理论，时代的发展可以从生产力和生产关系两个方面展开，生产力是一个时代的基础，生产力与生产关系构成了一个时代的生产方式，一个时代的经济基础与上层建筑构成了社会形态。从生产关系方面来看，人类社会演进过程会经历不同的历史阶段，特点相似的阶段就可以认为是同一个时代。

时代是关于人类社会发展一定时期全球性、世界性重大问题的高度概

① 赵明义．马克思主义时代观和当前我们所处何时代问题研究［J］．中共石家庄市委党校学报，2009（2）．

② ［德］马克思，恩格斯．马克思恩格斯全集：第 23 卷［M］．北京：人民出版社，1992：257.

括，是对该时期世界的主要特征和发展趋势的揭示和反映。时代问题是全局性、根本性、稳定性的问题，是最高层次的战略判断。时代性质是由人类社会的基本矛盾决定的，人类社会的基本矛盾是生产力与生产关系、经济基础与上层建筑的矛盾。从根本上说，时代的性质是由一定的生产力的发展水平决定的，有什么样的生产力状况就有什么样的社会时代的性质，当生产力水平发生重大变化时，时代的性质会随之发生变化。时代主题，也就是时代的主要问题，是时代性质的集中表现，是由人类社会的基本矛盾具体化的主要矛盾规定的。中国特色社会主义的实践证明，能否准确把握时代的特点，并以积极的态度应对时代提出的新挑战，是社会主义能否顺利健康发展的决定性因素。

习近平中国特色社会主义新时代理论意味着近代以来久经磨难的中华民族迎来了从站起来、富起来到强起来的伟大飞跃，未来要从经济大国向经济强国转变、从科技大国向科技强国转变。从生产力发展水平来看，我国社会生产力进入了居于世界前列的时代。从社会制度完善程度来看，中国特色社会主义制度进入了更加成熟定型的时代。从中国发展对世界的影响看，我国进入了能够为人类做出较大贡献的时代，新时代理论是实现由富起来到强起来伟大飞跃的科学理论。正如习近平总书记在党的十九大报告中所指出的，“这个新时代，是承前启后、继往开来、在新的历史条件下继续夺取中国特色社会主义伟大胜利的时代，是决胜全面建成小康社会进而全面建设社会主义现代化强国的时代”。①

（二）新时代中国特色社会主义新发展理念理论

理念是发展行动的先导，发展理念从根本上决定着发展成效。党的十八届五中全会提出了创新、协调、绿色、开放、共享的五大发展理念，这是政治经济学理论的创新，也是习近平新时代中国特色社会主义政治经济学的理论智慧。② 第一，创新发展理念体现了中国特色社会主义政治经济

---

① 本书编写组．党的十九大报告辅导读本［M］．北京：人民出版社，2017：11.

② 洪银兴，任保平．新常态下发展理论的创新［M］．北京：经济科学出版社，2017：11.

学发展动力理论的创新。创新是引领发展的第一动力，发展动力决定了发展速度以及发展的可持续性。2013 年 10 月 21 日，习近平总书记在欧美同学会成立 100 周年庆祝大会上的讲话中指出：“创新是一个民族进步的灵魂，是一个国家兴旺发达的不竭动力，也是中华民族最深沉的民族禀赋。在激烈的国际竞争中，惟创新者进，惟创新者强，惟创新者胜。”2015 年 10 月 29 日，习近平总书记在党的十八届五中全会第二次全体会议上的讲话中进一步指出：“我们必须把创新作为引领发展的第一动力，把人才作为支撑发展的第一资源，把创新摆在国家发展全局的核心位置，不断推进理论创新、制度创新、科技创新、文化创新等各方面创新，让创新贯穿党和国家一切工作，让创新在全社会蔚然成风。”2016 年 1 月 18 日，习近平总书记在省部级主要领导干部专题研讨班开班式上的重要讲话中，把创新和发展结合起来，指出：“要着力实施创新驱动发展战略，抓住了创新，就抓住了牵动经济社会发展全局的‘牛鼻子’。抓创新就是抓发展，谋创新就是谋未来。”第二，协调发展理念体现了政治经济学发展结构理论的创新。协调发展强调转变当前经济发展中的失衡现象，在发展中更加注重经济发展的整体性和平衡性，促进经济结构的优化提升，同时还要补齐现阶段经济发展中的“短板”，为高质量的发展拓展空间并开发潜力。2016 年，习近平总书记指出，协调发展意味着要找到经济社会发展中存在的难题和“短板”，通过克服难题和补齐“短板”促进协调发展。习近平总书记指出要注重发展的统筹和协调。他指出，唯物辩证法认为事物是普遍联系的，事物及事物各要素之间相互影响、相互制约，整个世界是相互联系的整体，也是相互作用的系统。唯物辩证法要求我们必须从客观事物的内在联系去把握事物，去认识问题，去处理问题。如果我们违背了联系的普遍性和客观性，不注意协调好它们之间的关系，就会顾此失彼，导致发展失衡。强调协调发展，统筹兼顾，推进区域、经济社会、人与自然、国内和国外的协调发展。第三，绿色发展理念推动了政治经济学财富理论的创新。绿色发展意味着生态财富和物质财富共同构成中国特色社会主义的财富观，不仅强调了生态财富的重要性，更推动了中国特色社会主义政治经济学财富理论的创新。2013 年 9 月 7 日，习近平在哈萨克斯坦纳扎尔巴耶夫大学回答学生的问题时指出："我们既要绿水青山，也要金山银。宁要绿水青山，不要金山银山，而且绿水青山就是金山银山。"习近平总书记又提出了"保护生态环境就是保护生产力、改善生态环境就是发展生产力"的理念。将生产力的研究从解放生产力和发展生产力层面拓展到了保护生产力层面。绿色发展理念作为我国政治经济学财富观的拓展和创新，突出强调了生态财富的价值。这意味着我国在经济发展中不仅需要获取一定的物质财富，更要追求并维护生态财富的价值，致力于物质财富和生态财富共同的积累和进步，也是新时代背景下我国经济发展的新理念和新价值。第四，共享发展理念推动了中国特色社会主义政治经济学共同富裕理论的创新。习近平总书记在党的十八届五中全会上提出："坚持共享发展，必须坚持发展为了人民、发展依靠人民、发展成果由人民共享，作出更有效的制度安排，使全体人民在共建、共享发展中有更多获得感，增强发展动力，增进人民团结，朝着共同富裕方向稳步前进。"由此可见，共享发展理念从本质上要求要坚持以人民为中心的发展思想，根据习近平总书记的思想，共享发展理念涉及多方面的要求：一是生产出更多、更好的产品满足人民日益增长的物质文化生活需要。二是全面调动人的积极性和创造性，为各行业各方面的劳动者创造发挥作用的环境。三是在坚持社会主义基本经济制度的基础上，进一步完善社会主义的分配制度、社会保障制度和再分配调节机制，解决好收入差距问题，使人民共享经济发展的成果，使发展成果更多惠及全体人民。第五，开放发展推动了中国特色社会主义政治经济学全球化理论的创新。2013 年 1 月 28 日，习近平总书记在党的十八届中共中央政治局第三次集体学习时的讲话中指出："我们要坚持从我国实际出发，坚定不移走自己的路，同时我们要树立世界眼光，更好把国内发展与对外开放统一起来，把中国发展与世界发展联系起来。"在党的十八届五中全会上进一步提出："坚持开放发展，必须顺应我国经济深度融入世界经济的趋势，奉行互利共赢的开放战略，发展更高层次的开放型经济，积极参与全球经济治理和公共产品供给，提高我国在全球经济治理中的制度性话语权，构建广泛的利益共同体。”开放发展新理念体现了从参与全球化到主导全球化的理论创新。

（三）新时代中国特色社会主义体制改革理论

习近平总书记指出改革开放只有进行时，没有完成时。面对新形势、新任务，我们必须通过全面深化改革，解决我国发展面临的一系列矛盾和问题，推进我国社会主义制度的完善。因此，体制改革理论是习近平新时代中国特色社会主义政治经济学的重要组成部分。经济体制改革是全面深化改革的重点。围绕如何深化经济体制改革，习近平总书记作出了一系列重要论述，丰富和完善了中国特色社会主义经济体制改革的理论。总体来看，关于体制改革的思想主要有以下方面：一是坚持正确方向。习近平总书记指出，改革必须坚持正确方向，沿着正确道路推进。在方向问题上不能出现颠覆性错误。① 坚持正确方向就是要坚持和发展中国特色社会主义，不断推动社会主义制度自我完善和发展，走共同富裕道路。二是坚持正确的方法。就是坚持问题导向，把握全面深化改革的内在规律。以重大问题为导向，抓住关键问题，着力解决我国发展面临的一系列突出矛盾和问题。改革是由问题倒逼而产生的，又在不断解决问题中得以深化。三是处理好政府和市场的关系。习近平总书记认为经济体制改革的核心问题是处理好政府和市场的关系。习近平总书记强调，把市场在资源配置中的“基础性作用”修改为“决定性作用”，有利于树立关于政府和市场关系的正确观念，有利于转变政府职能。社会主义市场经济体制是社会主义制度与市场经济体制的有机结合，市场在资源配置中起决定性作用，并不是起全部作用。发展社会主义市场经济，既要发挥市场作用，也要发挥政府作用。

（四）新时代中国特色社会主义经济发展理论

以习近平总书记为核心的党中央把发展看成是解决一切问题的基础和

① 习近平．根本问题上不能出现颠覆性错误［N］．京华时报，2013－10－08.

关键，提出了一系列新的发展思想，开辟了中国特色社会主义经济发展理论的新境界。这些经济发展思想包括：一是确立了发展的新目标。习近平总书记提出的共享发展理念，把握住了中国特色社会主义经济发展的目标。体现了社会主义生产的目的。以人的全面发展为核心提出了发展生产力、增进人民福祉、共同富裕 3 个中国特色社会主义经济发展的目标。二是提出了新发展理念。新发展理念是对我国经济发展实践经验的总结，是中国特色社会主义政治经济学的开创性成果，也是我国经济发展的科学指南。三是对科学发展规律性的新认识。2014 年 7 月 29 日，习近平总书记在中央政治局会议上指出："发展必须是遵循经济规律的科学发展，必须是遵循自然规律的可持续发展，必须是遵循社会规律的包容性发展。"这是对我国经济发展新特征、新趋势的科学把握，是对推动科学发展思路的概括。四是经济发展动力理论。习近平总书记指出："对我国这么大体量的经济体来讲，如果动力问题解决不好，要实现经济持续健康发展和'两个翻番'是难以做到的。"改革开放以来，在市场化改革的推动下，市场需求成为我国经济增长的主要拉动力。进入新的经济发展阶段，供给结构与需求变化不适应成为我国经济发展中矛盾的主要方面。面对新的经济发展形势，以习近平总书记为核心的党中央，深入推进供给侧结构性改革，积极推进经济发展方式转变和经济结构升级，加快新动能的培育，把创新作为经济发展的新动能。创新是引领经济结构升级的动力，结构调整、提高全要素生产率等需要依靠创新才能实现。

（五）新时代中国特色社会主义经济运行理论

党的十八大以来，习近平总书记从把握和引领新常态入手，致力于解决中国经济当前和较长时期内的实际问题，形成了习近平新时代中国特色社会主义政治经济学的经济运行理论。主要表现在：一是经济发展方式转变的思想。习近平指出："加快推进经济结构战略性调整是大势所趋，刻不容缓。国际竞争历来就是时间和速度的竞争，谁动作快，谁就能抢占先机，掌控制高点和主动权；谁动作慢，谁就会丢失机会，被别人甩在后边。”二是推进产业结构调整和产业转型升级的思想。习近平总书记强调，要坚持通过市场竞争实现优胜劣汰。推动战略性新兴产业发展，支持服务业新型业态和新型产业发展，加快传统产业优化升级，扎实推进产业结构转型。三是创新驱动的思想。习近平总书记指出：“从全球范围看，科学技术越来越成为推动经济社会发展的主要力量，创新驱动是大势所趋。”四是推进新型城镇化。习近平总书记强调要走中国特色新型城镇化道路。中国特色新型城镇化道路，核心是以人为本，关键是提升质量，是坚持“四化同步”的城镇化。五是使经济运行处于合理区间的思想。习近平在国内讲话和对外宾介绍中国经济形势时，提出了很多重要观点，强调保持经济增长的合理速度，保持调控定力，使经济运行处于合理区间。

（六）新时代中国特色社会主义发展战略理论

发展战略是指关于经济发展中带有全局性、长远性、根本性的总的构想和总体规划。经济发展战略正确与否关系到我国社会主义现代化建设全局。习近平总书记认为“十三五”是重要战略机遇期，调结构、转方式、促创新是关键，必须制订科学的发展战略，从这一认识出发，形成了习近平新时代中国特色社会主义发展战略理论：一是“四个全面”的战略布局的思想。“四个全面”战略布局是我们党坚持和发展中国特色社会主义的新成果，是实现中华民族伟大复兴中国梦的重要引领，体现了马克思主义的立场、观点、方法。为推动改革开放和社会主义现代化建设迈上新台阶、开创新局面，提供了顶层设计和战略导引。二是“五位一体”的总体战略布局的思想。党的十八届三中全会对全面深化改革作出“五位一体”的战略布局，即经济建设、政治建设、文化建设、社会建设、生态文明建设“五位一体”总体布局。“五位一体”的布局科学把握了我国全面深化改革的时代特征，顺应了全面深化改革的时代要求。“五位一体”总体布局反映了对经济社会可持续发展规律、自然资源永续利用规律和生态环境保护规律认识的深化。“五位一体”的战略布局体现了改革的系统性、整体性和协同性，生产力决定生产关系，经济基础决定上层建筑。社会发展的这一基本规律决定了全面深化改革，必须要有政治、文化、社会、生态等体制改革的协同推进，没有政治、文化、社会、生态等体制改革协同，经济体制改革也难以推进。三是“两步走”的战略安排。党的十九大提出了中国特色社会主义现代化强国的“两步走”的战略安排。第一步是2020—2035年，在全面建成小康社会的基础上再奋斗15年，基本实现社会主义现代化。第二步是从2035年到21世纪中叶，再奋斗15年，把我国建成富强、民主、文明、和谐、美丽的社会主义现代化强国。“两步走”的战略安排都没有再提GDP翻番类的目标。在这一阶段，不是不要增长速度，而是通过质量、效率、动力“三个变革”来实现增长速度，着力解决不平衡、不充分的发展问题。不提GDP翻番目标，是为了更好地贯彻落实新发展理念，推动党和国家事业全面发展。四是创新驱动战略。自党的十八大报告提出实施创新驱动发展战略以来，在习近平总书记的公开讲话与文章中，“创新驱动发展战略”已出现近百次。习近平总书记把创新驱动发展作为面向未来的一项重大战略，推动以科技创新为核心的全面创新，形成新的增长动力源泉，推动经济持续、健康发展，加快从经济大国走向经济强国的步伐。2015年3月，习近平总书记在参加十二届全国人大三次会议上海代表团审议时说：“创新是引领发展的第一动力。抓创新就是抓发展，谋创新就是谋未来。”实施创新驱动发展战略的内涵是“推进以科技创新为核心的全面创新”，而最终要达到的效果是“让创新贯穿党和国家一切工作，让创新在全社会蔚然成风”。就实施创新驱动发展战略所面临的任务，习近平指出：“一方面要跟踪全球科技发展方向，力争缩小关键领域差距，形成比较优势；另一方面要坚持问题导向，通过创新突破我国发展的瓶颈制约。”五是乡村振兴战略。党的十九大报告指出了乡村振兴战略。习近平总书记在十九大报告中指出，乡村振兴战略要建立健全城乡融合发展体制机制，加快推进农业农村现代化。构建现代农业产业体系、生产体系、经营体系，发展多种形式适度规模经营，培育新型农业经营主体，健全农业社会化服务体系，推进农业现代化发展。

（七）新时代中国特色社会主义现代化理论

建成社会主义现代化国家就是中国人长期以来的奋斗目标。孙中山在《建国方略》中描绘了现代化的蓝图，新中国成立初期建成社会主义现代化工业国就是我们的奋斗目标，第四届全国人民代表大会上第一次明确提出要实现“四个现代化”。改革开放新时期，邓小平把实现“四个现代化”的目标称为“中国式的四个现代化”。习近平提出“到本世纪中叶，建成富强、民主、文明、和谐的社会主义现代化国家，实现中华民族伟大复兴”。这是中国梦的宏伟目标。围绕这一目标形成了习近平新时代中国特色社会主义政治经济学的现代化理论，这一理论包括：一是“两个百年”的现代化奋斗目标。就是到2020年全面建成小康社会；到21世纪中叶建成富强、民主、文明、和谐的社会主义现代化国家，实现中华民族的伟大复兴。二是提出了“四化同步协调发展”的现代化理论。党的十八大报告中提出“坚持走中国特色新型工业化、信息化、城镇化、农业现代化道路，推动信息化和工业化深度融合、工业化和城镇化良性互动、城镇化和农业现代化相互协调，促进工业化、信息化、城镇化、农业现代化同步发展”。因此，四化同步协调发展是指新型工业化、信息化、城镇化、农业现代化协调发展的道路。三是国家治理体系和治理能力现代化。党的十八届三中全会通过的《中共中央关于全面深化改革若干重大问题的决定》将“完善和发展中国特色社会主义制度，推进国家治理体系和治理能力现代化”作为全面深化改革的总目标，这被视为中国的“第五个现代化”。国家治理体系和治理能力现代化体现了社会主义现代化在制度层面的基本要求，要求我们必须更加注重治理能力的提升，努力把制度体系的优势转化为国家治理的实际效能。四是描绘了现代化强国建设的宏伟蓝图。在党的十九大报告中，习近平总书记描绘了我国现代化强国建设的宏伟蓝图：一方面，确立了现代化的新目标。习近平总书记提出，要在21世纪中叶“把我国建成富强、民主、文明、和谐、美丽的社会主义现代化强国”，现代化的目标从“现代化国家”变为“现代化强国”。同时，在现代化目标中加上了“美丽”二字。另一方面，提出了现代化的新内涵。从以 GDP 为中心转向以人的全面发展为中心，现代化的本质是人民的现代化，物质现代化服务于人民现代化。不仅给出了“基本实现社会主义现代化”和建成“社会主义现代化强国”的时间表、路线图，还描绘了“基本实现社会主义现代化”和建成“社会主义现代化强国”的蓝图。提出 2050 年中国现代化目标及指标体系，该体系包括经济、政治、社会、文化、生态文明、国防和军队现代化六大方面。

（八）新时代中国特色社会主义宏观经济理论

进入新时代，以习近平总书记为核心的党中央，进一步推动整个经济领域的改革和发展，提出了一系列新的宏观经济理论。第一，做出了新常态的重大判断。2014 年 5 月 9 日至 10 日，习近平总书记在河南考察工作时指出：“我国发展仍处于重要战略机遇期，我们要增强信心，从当前我国经济发展的阶段性特征出发，适应新常态，保持战略上的平常心态。”2014 年 11 月 9 日，习近平总书记在亚太经合组织工商领导人峰会开幕式上的演讲分析了新常态的特点：“中国经济呈现出新常态，有几个主要特点。一是从高速增长转为中高速增长。二是经济结构不断优化升级，第三产业、消费需求逐步成为主体，城乡区域差距逐步缩小，发展成果惠及更广大民众。三是从要素驱动、投资驱动转向创新驱动。”① 2015 年 12 月 18 日至 21 日，中央经济工作会议指出：“认识新常态、适应新常态、引领新常态，是当前和今后一个时期我国经济发展的大逻辑，这是我们综合分析世界经济长周期和我国发展阶段性特征及其相互作用作出的重大判断。”②第二，提出了供给侧结构性改革的宏观调控新指向。2015 年 11 月 10 日，习近平总书记在中央财经领导小组第十一次会议上首次提出了供给侧结构改革，即“适度扩大总需求的同时，着力加强供给侧结构性改革，着力提

① 习近平．谋求持久发展，共筑亚太梦想［N］．人民日报，2014－11－10.

② 中共中央文献研究室．十八大以来重要文献选编［M］．北京：中央文献出版社，2016：245.

高供给体系质量和效率，增强经济持续增长动力，推动我国社会生产力水平实现整体跃升”。2015 年 12 月 14 日，习近平总书记在政治局会议上研究 2016 年经济工作时进一步强调了供给侧结构性改革，即“着力加强结构性改革，在适度扩大总需求的同时，提高供给体系质量和效率，提高投资有效性”。2016 年 1 月 4 日至 6 日，习近平总书记在重庆调研时强调“要加大供给侧结构性改革力度，重点是促进产能过剩有效化解，促进产业优化重组，降低企业成本，发展战略性新兴产业和现代服务业，增加公共产品和服务供给，着力提高供给体系质量和效益，更好地满足人民需要，推动我国社会生产力水平实现整体跃升，增强经济持续增长动力”。第三，提高经济增长的质量和效益。2013 年 10 月 7 日，习近平总书记在亚太经合组织工商领导人峰会上的演讲中指出：“中国经济发展正在从以往过于依赖投资和出口拉动向更多依靠国内需求拉动转变。我们不再简单以国内生产总值增长率‘论英雄’，而是强调以提高经济增长质量和效益为立足点。”2013 年 11 月 3 日至 5 日，习近平总书记在湖南考察时指出要把经济增长的速度控制在合理范围内，“转方式、调结构是我们发展历程必须迈过的坎，要转要调就要把速度控制在合理范围内，否则资源、资金、市场等各种关系都绷得很紧，就转不过来、调不过来。各级都要追求实实在在、没有水分的生产总值，追求有效益、有质量、可持续的经济发展”。第四，宏观经济新政策。一方面，奠定了宏观调控政策的基调。2015 年 11 月，习近平总书记主持召开了中央财经领导小组第十一次会议，提出了五类政策“要求”，奠定了宏观调控政策的基调，“坚持稳中求进，坚持改革开放，实行宏观政策要稳、产业政策要准、微观政策要活、改革政策要实、社会政策要托底的政策”，特别针对五类政策分别提出 5 个要求，即“稳”“准”“活”“实”“托底”。另一方面，健全货币政策和宏观审慎政策双支柱调控框架。“健全货币政策和宏观审慎政策双支柱调控框架”，是十九大报告较十八大报告全新增加的内容，“货币政策 + 宏观审慎政策双支柱框架”是我国在金融宏观调控政策框架实践方面取得的重要成果，稳健的货币政策为供给侧结构性改革创造了良好的货币金融环境，宏观审慎政策为稳健货币政策的实施和传导提供了有力支持，"双支柱"互相协调增强了金融宏观调控的前瞻性、有效性，较好地维护了金融稳定。

（九）新时代中国特色社会主义开放发展理论

从理论上来看，开放发展理论是习近平新时代中国特色社会主义政治经济学的重要组成部分。从时间上来看，对外开放是实现中华民族伟大复兴的选择。党的十八大以后，习近平总书记到广东考察，在我国改革开放先行地提出"改革不停顿、开放不止步"，发出了扩大开放的信号。进一步强调："我们将实行更加积极主动的开放战略，完善互利共赢、多元平衡、安全高效的开放型经济体系，促进沿海内陆沿边开放优势互补，形成引领国际经济合作和竞争的开放区域，培育带动区域发展的开放高地。"这些论述形成了习近平新时代中国特色社会主义政治经济学的开放发展理论：一是对外开放必须坚定不移地走中国特色社会主义道路。坚定不移地走中国特色社会主义道路，对于确保改革开放全面深入推进、不偏离社会主义轨道具有根本指导作用。二是打造命运共同体，实现互利共赢。习近平总书记准确把握当今和平、发展、合作、共赢的时代潮流和国际大势，在推动我国全方位对外开放过程中，创造性地提出了打造命运共同体、实现互利共赢、谋求共同发展的对外开放新思想。三是建设"一带一路"。面对国际区域经济一体化的新趋势，以及重塑国际经贸规则的重大变化，习近平总书记果断提出加快推进"丝绸之路经济带"和"21 世纪海上丝绸之路"建设，设立自由贸易试验区，形成了新时代中国走向世界的对外开放新格局。四是构建开放型经济新体制。设立自贸区的目的是建立以开放促改革的试验区，通过自主创新、体制创新而非政策优惠，让市场在资源配置中起决定性作用，不断完善社会主义市场经济体制。五是推动形成全面开放新格局。加强创新能力开放合作，形成新开放格局。积极培育贸易新业态、新模式，推进贸易强国建设。加快培育国际经济合作的竞争新优势。开放新格局包含了新模式、新平台、新业态、新领域、新优势等深刻内涵，推动形成全面开放新格局也需要在这些方面发力。

三、习近平新时代中国特色社会主义政治经济学的理论特色

习近平总书记在几次重要讲话中均提出了关于构建中国特色社会主义政治经济学的要求。这些要求有：一是要开拓马克思主义政治经济学的新境界；二是把实践经验上升为系统化的经济学说；三是要为马克思主义政治经济学创新发展贡献中国智慧；四是要立足于中国国情探索中国特色社会主义经济发展规律；五是构建中国特色社会主义政治经济学的理论体系、话语体系、学科体系，形成具有中国特色、中国风格、中国气派、中国话语体系的政治经济学。新时代中国特色社会主义政治经济学正是依据上述要求，体现出了时代感，主要围绕解决强起来的问题，丰富和发展了马克思主义政治经济学，其理论特色主要体现在以下几个方面。

（一）以新时代问题为导向

习近平总书记在哲学社会科学座谈会的讲话中指出："坚持问题导向是马克思主义的鲜明特点。问题是创新的起点，也是创新的动力源。只有聆听时代的声音，回应时代的呼唤，认真研究解决重大而紧迫的问题，才能真正把握住历史脉络、找到发展规律，推动理论创新。"① 按照习近平总书记所讲的问题导向精神，时代问题导向应该放在新时代背景下来研究。习近平中国特色社会主义新时代是"强起来的时代"。习近平新时代中国特色社会主义政治经济学是"强起来"的政治经济学，解决的是发展起来以后的问题。"强起来"的政治经济学要研究现代化强国建设，为现代化强国建设提供理论指导。

（二）把以人民为中心作为指导思想

坚持以人民为中心的思想是习近平新时代中国特色社会主义政治经济学的价值导向。党的十九大报告强调要坚持以人民为中心的思想，坚持以人民为中心就是要坚持发展为了人民、对人民负责、顺应民意、尊重民

① 习近平．在哲学社会科学工作座谈会上的讲话［N］．人民日报，2016－05－19.

意。人民向往美好的生活，我们就要顺应人民的期待，以实现最大多数人的利益为目标，以保障和改善民生为重点，使群众有更多的获得感。习近平新时代中国特色社会主义政治经济学坚持以人民为中心的思想包含两层含义：一是把人民生活的提高和幸福安康贯穿于现代化的“两步走”战略。现代化第一阶段是人民生活更为宽裕，全体人民共同富裕迈出坚实步伐。第二阶段是“全体人民共同富裕基本实现，我国人民将享有更加幸福安康的生活”。二是体现共同富裕。党的十九大报告指出：“到2035年基本实现社会主义现代化时，全体人民共同富裕迈出坚实步伐，到本世纪中叶把我国建成富强、民主、文明、和谐、美丽的社会主义现代化强国时，全体人民共同富裕基本实现。”“富起来”的政治经济学强调效率优先、兼顾公平。“强起来”的政治经济学强调共同富裕，让改革发展成果更多、更公平地惠及全体人民。

（三）以主要矛盾的变化为出发点

习近平新时代中国特色社会主义政治经济学的出发点应该是主要矛盾的变化，“对主要矛盾变化的判断是我们党对中国特色社会主义政治经济学的理论创新”①。党的十九大报告指出我国社会的主要矛盾已经转化为人民日益增长的美好生活需要和不平衡、不充分的发展之间的矛盾，这个矛盾的变化应该是习近平新时代中国特色社会主义政治经济学的出发点。新时代主要矛盾变化的原因在于：一是经过改革开放以来的发展，我国社会生产力水平明显提高，过去对主要矛盾的表述“落后的社会生产”已经不能反映我国经济社会发展的实际。二是进入中等收入国家行列，人民生活水平显著改善，对美好生活的向往更加强烈，不仅局限于对物质文化生活的需要，而且高层次美好需要日益增长，当前人民群众的需要已经不再是“物质文化需要”，人民群众的愿望和需求已经上升为高层次的美好需要。三是影响满足人民美好生活需要的关键因素是发展不平衡、不充分。主要

---

① 卫兴华．解读十九大报告：中国特色社会主义政治经济学的创新与发展［N］．光明日报，2017－10－19.

矛盾的变化说明我们在新时代的经济发展中要着力解决好发展不平衡、不充分的问题，实现从高速发展向高质量发展的转变，以更好地满足人民群众对美好生活的需要。

（四）以现代化强国建设为主线

习近平新时代中国特色社会主义政治经济学以现代化强国建设为主线。习近平总书记在党的十九大报告中一个引人注目的新提法是到 21 世纪中叶，建成富强、民主、文明、和谐、美丽的社会主义现代化强国。为此，习近平新时代中国特色社会主义政治经济学以实现社会主义现代化为主线，针对的是发展起来以后的问题，解决的是“强起来”的问题。新时代的现代化不是过去的追赶式现代化，而是超越型现代化，需要紧抓第三次科技革命的趋势，使我国实现超越，进入现代化强国的行列。

（五）以“强起来”为核心内容

习近平新时代中国特色社会主义政治经济学以“强起来”为主要内容，是对“富起来”的政治经济学进行扬弃。围绕“强起来”的问题形成其理论特征。“强起来”体现在要坚持科学发展、创新驱动和五大发展理念，建立现代化的经济体系，提高全要素生产率。“强起来”体现在发展更重质量的经济，寻求更有质量的增长，推动经济发展质量变革、效率变革、动力变革“三大变革”。“强起来”体现在推动了经济结构和发展动力的转变，技术要素和创新要素逐步成为经济发展的新动力。“强起来”体现在民生的改善和社会福利的提升，民生领域的公共服务覆盖面和质量进一步提高。“强起来”体现在实施绿色发展、改善生态环境、提升资源利用效率，生态治理和环境保护力度增强，环境质量得到改善。

（六）构建了新话语体系

习近平新时代中国特色社会主义政治经济学强调研究中国的新问题、新情况、新材料，着力形成具有中国风格、中国气派、中国智慧的政治经济学话语体系。以马克思主义经济理论为基础，坚持了马克思主义政治经济学的人民立场、理论传统、价值导向，在话语体系上构建“中国的政治经济学”，打造政治经济学的新概念、新范畴、新表述，建构政治经济学中国理论，[①] 对内提升马克思主义主流意识形态话语权，对外提升中国在国际上的话语权和话语能力，实现了马克思主义政治经济学中国化的新飞跃。

① 刘玉梅. 习近平新时代中国特色社会主义思想：引领从富起来到强起来的伟大飞跃——访中央党校校委委员、中央党校副教育长韩庆祥 [N]. 河南日报，2017－11－15.

中国特色社会主义政治经济学的方法论

唐超峰　宋　宇

摘　要：中国特色社会主义政治经济学是对马克思政治经济学的继承与发展，是当代中国化的马克思政治经济学。为构建中国特色的社会主义政治经济学，学好用好政治经济学，关键是需要掌握正确、科学的方法论。本文首先对经典马克思政治经济学方法论进行了介绍，以此阐释马克思政治经济学方法论的科学性。其次，在对西方经济学方法论剖析的基础上，说明了西方经济学方法论的非科学性，即西方经济学方法论虽然使经济学变得更加严密化、精细化，但对问题的分析仅停留在表面，缺少对实质的揭示。最后，从分析当前研究存在的方法论问题入手，提出了中国特色社会主义政治经济方法论创新思路，即继承马克思政治经济学方法论，以马克思政治经济学方法论为根本，同时在继承的基础上，发展马克思政治经济学方法论，通过借鉴西方经济学方法论的合理因素，融合中国传统文化之精华，立足于中国实践、中国国情，实现方法论创新。

关键词：中国特色社会主义政治经济学的方法论；马克思政治经济学方法论；西方经济学方法论；方法论创新

作者简介：唐超峰，西北大学经济管理学院2016级硕士研究生；宋宇，西北大学经济管理学院教授，博士生导师。

中国特色社会主义政治经济学是当代中国马克思政治经济学，是对马克思政治经济学的继承与发展，是在马克思政治经济学原理的指导下，运用其方法论，与中国国情与发展实践相结合，研究中国特色社会主义经济本质与运行规律的学说，是当代化、中国化的马克思政治经济学的成果。2015 年 11 月 23 日，在中共中央政治局第二十八次集体学习会议上，习近平总书记强调要把握发现新规律新特点，立足中国国情与发展实践，提炼与概括中国特色社会主义经济建设的实践，上升为系统化的学说，不断开拓当代中国马克思主义政治经济学新境界。因此，为构建中国特色社会主义政治经济学理论体系，学好用好政治经济学，以为新时代的中国特色社会主义经济建设提供理论上的指导，就必须要坚持马克思政治经济学的方法论，运用马克思政治经济学方法论来研究中国特色的社会主义经济。同时，在继承的基础上，更需要发展马克思政治经济学方法论，通过借鉴西方经济学方法论的合理因素，融合中国传统文化之精华，深深立足于中国实践、中国国情，以此形成具有中国特色、中国风格和中国气派的中国特色社会主义政治经济学方法论。

一、经典马克思政治经济学方法论

经济学方法论是研究经济问题所采取的各种方法的理论，是掌握经济学的关键。一个完整的经济理论体系，其理论与方法必然是紧密联系在一起的。马克思十分注重一个理论体系中方法的构建。恩格斯曾说过“马克思的整个世界观不是教义，而是方法。它提供的不是现成的教条，而是进一步研究的出发点和供这种研究使用的方法”①。从恩格斯的这句话可以看出，在马克思政治经济学中，相比于基本的理论，更重要的是方法，方法才是马克思政治经济学的灵魂，马克思政治经济学的科学性就在于其方法的正确性与科学性。因此，在构建中国特色社会主义政治经济学中，马克思政治经济学方法论是必须要始终贯彻的根本方法论，进行方法论的创新

① ［德］马克思，恩格斯．马克思恩格斯全集：第 39 卷［M］．北京：人民出版社，1974：406.

也要始终以马克思政治经济学方法论为基础，只有这样，理论才不会偏离科学性的轨道，才能保证理论的创新一直沿着科学的方向前进。

（一）唯物辩证法

对于任何经济学家而言，其理论的研究都必然建立在一定的哲学思维方式基础之上，一个理论必然是其世界观的具体体现，这对于马克思研究经济现象的时候也是一样的。马克思政治经济学就是在马克思主义哲学基础上，利用马克思主义哲学的原理来研究资本主义社会的生产方式，总结其发展规律，而马克思主义是辩证唯物主义与历史唯物主义的统一，马克思政治经济学是其唯物辩证法与历史唯物主义思想的深刻体现，是唯物辩证法与历史唯物主义的世界观与方法论下的具体产物。就历史唯物主义的产生而言，就是马克思与恩格斯利用唯物辩证法来研究人类社会历史、用唯物辩证法的思想揭示社会发展规律所创立的。因此，唯物辩证法是马克思政治经济学最根本的研究方法。科学抽象法、归纳与演绎法、分析与综合法、逻辑和历史法、数学方法，其实质都是唯物辩证法的具体运用。

以往学者否认人类社会发展的客观规律性，认为人类社会的发展是由偶然事件造成的，用人的意识的东西来解释人类社会，不免落入了历史唯心主义的泥潭。马克思、恩格斯则将唯物辩证法思想运用于人类社会历史的研究，创立了历史唯物主义，发现人类社会与自然界是一样的，同样存在不以人的意识为转移的客观规律，即生产力决定产生关系，经济基础决定上层建筑，有什么样的生产力就需要什么样的生产关系与之相对应，上层建筑也需要与经济基础相适应，生产关系和上层建筑也会分别反作用于生产力和经济基础的规律。同时，人类社会是不断变化发展的，正是由于生产力与生产关系、经济基础与上层建筑之间的矛盾运动，不断推动着人类社会从低级社会向高级社会演进，人类社会依次经历原始社会、奴隶社会、封建社会、资本主义社会、共产主义社会 5 种社会形态的变化。运用历史唯物主义的观点，马克思在《资本论》中研究了资本主义社会的发展规律与生产方式，阐明资本主义社会也只是人类社会演进过程中的一个社会形态，在两对基本矛盾的运动下，必然会经历产生、发展、死亡的过程，人类社会也将进入更高级的社会形态，即共产主义社会。马克思正是在分析资本主义社会生产力与生产关系、经济基础与上层建筑之间的矛盾运动，揭示资本主义发展规律的基础上，建立了科学的政治经济学体系，而其分析方法的基础就是唯物辩证法。

（二）科学抽象法

马克思说过，“分析经济形式，既不能用显微镜，也不能用化学剂，二者都必须用抽象力来代替”[①]。自然科学与经济学性质不同，因此，自然科学的研究方式不能适用于经济学的研究，我们既不能通过显微镜来查看经济细胞的组成，也不能用化学试剂分析经济的影响因素，只能通过抽象的方式研究社会经济现象，抽象掉表象，才能透过现象看本质，揭示出经济现象的本质特征。我们需要对经济现象进行剖析，抽离掉其中非本质的因素，找到现象中最基础、最简单的东西，用抽象力抽象出其中最一般的属性。这就是从具体到抽象的研究方法，这是科学抽象法的第一个环节。由抽象上升到具体的叙述方法是科学抽象法的第二个环节[②]，即从最本质、最简单的范畴出发，逐步加入原来抽象掉的各种因素和复杂关系，这样才能达到对由许多具体规定和关系构成的经济形式的科学认识。我们在经过从具体到抽象，再从抽象上升为具体这两个阶段后，这时候的具体已不再是研究开始那个未被认识的具体，而是已经上升为可认识、可理解、可阐明的具体，从感性的具体升华为思维的具体。马克思的分析正是从商品这个最简单、最本质的范畴和概念出发，逐步上升到复杂、现实的具体，一步一步地把资本主义社会真实地展现在人们面前，描绘出一幅生动的资本主义社会图景。

（三）归纳法与演绎法

归纳是从研究个别经济现象中概括出一般原理，演绎是由一般原理推

---

① ［德］马克思，恩格斯．马克思恩格斯全集：第 37 卷［M］．北京：人民出版社，1972：206.

② 马克思在《〈政治经济学批判〉导言》中把政治经济学的方法总结为“由具体到抽象”和“由抽象到具体”两条道路。

演出个别经济现象，两者是两种相反的思维途径，归纳是从个别到一般，演绎是从一般到个别。归纳法与演绎法各有利弊。只进行归纳不进行演绎，就会成为没有条理的、需要“被一把火烧掉”的事实堆砌，结果总是在庞杂的事实中迷失，不能进行理论抽象，进而否认经济生活的客观规律性（德国历史学派就是一例）。而只演绎不归纳，就会沉溺于形式化的游戏式推理，找不到理论分析与现实的接口，会得出不相干甚至荒谬的结论。以归纳法为例，西方经济学总是采取形式逻辑的归纳法，其归纳是有缺陷的。而马克思政治经济学总是采取辩证逻辑的归纳法，并从“亲缘关系”上去揭示其历史起源，不随意假定所谓固定的、不变的、永恒的前提，而是在个别和特殊的事物中发现本质和历史源泉，并以矛盾或对立统一关系加以阐释。同样，至于演绎法，西方经济学也是运用形式逻辑去说明和解释具体经济事物。然而马克思政治经济学演绎侧重于深层次的、普遍存在的经济关系及其矛盾运动。可见，马克思在研究经济现象时，在方法上实现了归纳与演绎的辩证统一，这使得马克思政治经济学的研究方法远远超越了西方经济学的形式逻辑方法。基于对立统一规律，归纳与演绎的辩证统一关系在马克思的《资本论》中有深刻的体现。

（四）分析法与综合法

分析法是在思维的过程中，把认识的对象分为不同的部分分别进行研究的思维方法。通过分析，从经济现象表现出来的各种形式中，辨别出其本质。综合法则是与分析相反的思维方式，是在把认识对象分解为各个部分的基础上，将各个部分联合起来，组成一个整体的思维方法。综合并不是对组成部分机械地拼凑，而是在思维中将各个本质在把握其联系的基础上有机组合成为统一的整体。分析与综合同样各有利弊。只分析而不综合，容易导致片面、机械、钻牛角尖式地看问题，“只见树木不见森林”“捡了芝麻丢了西瓜”；只综合而不分析，容易被次要矛盾困惑而缺乏洞察力，难以从客观复杂性中去伪存真、去粗取精，不能抓住主要矛盾和获得真知。因此，对经济现象的分析应当将分析与综合相结合，在研究方法上实现分析与综合的辩证统一。马克思的《资本论》中，体现的就是辩证分析与辩证综合的思维方式。对资本主义进行分析时，并不是简单、机械地把资本主义社会分解成各个部分，而是在对资本主义社会整体考量的基础上，厘清现象产生的基础，并在此基础上通过对资本主义社会进行层层分析，从多样、复杂的现象中把握资本主义的本质，一层一层地从现象深入本质，揭示出资本主义社会最基本的经济规律。对资本主义社会进行整体综合时，把资本主义社会各个本质方面按其内在固有联系有机地综合成为一个统一的整体。

（五）逻辑法和历史法

马克思政治经济学十分重视逻辑与历史相统一的方法。逻辑的方法遵循经济范畴的逻辑架构，始于比较简单的思维情形，通过放松假定上升到比较复杂完善的原理和规律，以更多、更好地解释社会经济现实。而历史的方法是依据历史发展的事实进程，来研究社会历史发展规律。逻辑的方法更关注事物的本质联系、普遍联系，依据逻辑次序展开经济事物的内在结构与内在逻辑，把握经济规律，而历史的方法容易被偶然的、不必要的、模糊不清的次要因素所困惑。因此，只有抛开这些偶然的、非必要、模糊的因素，才能揭示出真正的历史发展规律，对历史形成正确的认识。另外，运用逻辑的思维方法研究经济现象时，必须使思维的进程与社会经济历史的进程相符，不依赖于历史发展过程的思维过程，是唯心主义的思想。因此，对经济现象的研究，应当将逻辑与历史相结合，运用逻辑与历史相统一的方法研究经济问题。

（六）数学方法

数学是研究数量关系变化规律的学科，是经济学研究的重要方法之一。马克思在政治经济学的研究中也十分重视数学方法的使用。马克思曾说过，“一种科学只有在成功地运用数学时，才算达到真正完善的地步”①。对经济现象的研究，不仅要研究其质的变化，还需要分析其量的变化。只

---

① ［法］保尔·拉法格，等．回忆马克思和恩格斯［M］．北京：人民出版社，1973.

有将对经济现象质与量的研究结合起来，才能达到对经济现象完整的认识。因此，需要借助数学的方法来研究经济现象量的变化。

二、西方经济学方法论[①]

西方经济学强调演绎的方式，主张在经济学领域采用类似于自然科学的研究方法，以定量化、形式化研究问题，利用数学、符号表达，使经济学更加精准化、严密化。但是由于过于强调自然科学的方法，经济学研究被束缚于形式化研究中，导致客观现实的因果关系分析难以进行。西方经济学的研究对象与范围仅仅局限于外在相关，或者经济生活中可观察的外表，不能分析内在的经济关联，不能揭示经济社会的本质规律。虽然西方经济学存在重要缺陷，但是其合理成分仍值得借鉴，是中国特色社会主义政治经济学的借鉴之镜。

（一）西方经济学方法论的主要内容

西方经济学把经济现象视为一系列经验客体，是客观而独立存在的自然之意识性反映。实际的事件与人们的经验、感知、智识共存，从而实在被认为是可感知到的。实际上，因其理论本体论的取向，加之功能主义哲学观的影响，西方经济学在资本主义工具理性和各种商品货币“拜物教”思想的影响下，把功利主义和实用主义紧密结合在一起，把研究的重点定位于探究事件之间的规律性关联上，尤其是关注事件之间所存在的稳定的联系模式。对此，约翰·穆勒进一步强调，经济学的基础是处于完善与修改过程中的经验事实，经济学的规律和公理使经济趋势分析成为对经济现象的最好理解。

因此，西方经济学在方法论上强调对演绎主义等特定解释方式的推进。演绎法是经济学领域居于统领地位的解释方法，其解释现实现象立足于已有的初始条件、假设及公理等，或者各种事件的常态关联中派生，经过逻辑推理推断出某种观点结论。遵循演绎主义的方式，抽象演绎的研究路径

① 本部分探讨的西方经济学方法论只涉及西方主流经济学方法论。

作为方法论实践，表现为概念的界定、命题的确立、形式理性、普遍性的超时空一般化理论等，作为思维之眼（Mind's Eye）的抽象演绎的任务在于揭示不证自明但通过思维得以确信的原理，进而解释更多的特定事实。

定量化、形式化也是西方经济学研究的重要方式。定量化、形式化要求把经济事务内容诸要素统一起来的结构或表现内容的方式，同一形式可以容纳多种内容，经济学的形式化就是寻找适合最广泛经济内容的、具有相对稳定性的普遍形式。以此为指导，新古典经济学立足于稀缺性和资源配置这一理论基石，更是将经济学理论转变为数学的形式化表述，以数学与逻辑的运用及改造，以强调社会科学能够且应使用与自然科学相同的方法为特征。

量作为事物的一种内在规定性，度量、计算、测量等具体方法的发展与运用是极其重要的。作为“纯粹”形态研究量的科学，经济学中数学的启发功能使它成为一种有用的智力工具，使人们可以更严格一致地思考外在功能关系，以精准的模式定量化、符号化表达，甚至使之成为自在运转的模型，进而成为演绎主义解释方式的主体而洋洋大观。与奎因的改良自然主义对应，在“存在的即是合理的”这一信念下，派生出了大量实证主义与计量应用。

（二）对西方经济学方法论的评价

虽然西方经济学方法论强调在经济学领域使用类似于自然科学的方法，追求精准化、严密化，但是自然科学的方法也限制了人的思考。例如，演绎主义最终导致对严格的数学形式描述经济行为方法的滥用，当这种方法被误置施用于根本不适合的研究对象时，可能会产生更多的不良影响。如把模型与理论混为一谈，结果在理论的发展中带来同义反复等致命的缺陷①。不无讽刺的是，“现代人探究模型特征的偏好，要远甚于探究现实特征”，以自己选择的假设为基础，展示数学的威力以炫耀②，在严谨之

① 理论是关于真实世界的信仰体系，尽管其中有假设成分，模型是能够清晰阐述理论中各部分逻辑关系的数学构造，一般不包含理论的整体。参见莱永胡武德的《历史的价值》。

② ［英］杰弗里·M. 霍奇逊. 演化与制度［M］. 北京：中国人民大学出版社，2007：3.

中，经济学变得与现实无关！

为了满足形式化建模的需要，新古典主流经济学在其理论框架中采取两种封闭或研究志趣。内在条件是指一种原因总会导致同样的结果，意即现象的结构是恒定如一的；外在条件封闭是指一种结果总是源于同样的原因，意即在既定的约束和行动中，只有一种结果是可能的。进而西方经济学提出所谓的分离法，综合以上两种条件，基于一种封闭系统的思维方式，演绎事件层面对经济现象的决定论解释[①]。因此，杰文斯以边沁的功利主义哲学为基础，企图建立一套推理的规律，他主张“类似物的替代”，即逻辑中的代替完全可以像在代数中一样，以方程式的方式表达命题，把经济学变为逻辑与数学的等同物。瓦尔拉斯、帕内托等指出数理方法是经济学研究使用的独一方法，并尝试完整构建微观经济学和一般均衡理论的严格框架。

功能性、形式化分析的数理经济学逐步主导了经济学研究，其发展立足于大数定理等以消除复杂社会过程的随机性与不确定性，坚持哲学上的实用主义倾向、经验主义和工具主义，注重“以最有效的手段来达到目的”的工具理性。其中，费里德曼倡导的芝加哥方法就是一个典型。在阐述经济科学时，“芝加哥”象征着一种方法，该方法试图将经济理论的运用作为分析相当广泛具体问题的一种工具，为摆脱前述抽象的数学结构的纯粹演绎，该方法又坚持对理论概括进行经验检验，以拒绝没有理论的事实和没有事实的理论。

一方面，在封闭体系理论本体中框架关系是恒定的，因此能够使用数学关系表达。另一方面，客观经济生活的多样性、异质性，与特定经济事物相联系的、对它的存在和发展发生作用的要素复杂众多，决定了理论分析需要经验验证，以查明经济规律的条件。一种理论若可被诸多生动而具体的实践活动所证明，则该理论就能够被大家接纳并享有科学规律的地位，否则该理论就会被批驳[②]。一种理论若不能被经验证据所支撑，就无

---

① 贾根良．新政治经济学：范式革命与异端的综合［J］．天津社会科学，2004（2）：82－89.

② 陈孝兵．经济学的历史性与科学性耦合及其前景［J］．当代经济研究，2014（8）：2，35－42，97.

科学价值且应被反驳。基于此，与观察的或实验的数据匹配是统领任何学科的最高规则。而且历经实证检验，科学的知识体系必然具备日益提升的理论解释力。在这一信念下，经济计量学是检验西方经济学基本假说和原理的工具，尽管这种检验主要是相关性的而不是因果性的，但作为一种方法而被不断推进。

尽管西方经济学中的形式主义认识论和知识论，以逻辑实证论为指导，强调理论特质和理论本身的逻辑结构形式，以及经验验证程序上的证实、验证、否证；强调理论应该是一种经得起检验的且具有逻辑上一致性的知识整体。但是，这种检验是有局限的，因为依据功能主义和实用主义，西方经济学对经济现象的外在表现和现象相互之间的功能性关联加以解析。但西方经济学过度坚持形式主义的方法并忽视对象的本质，导致对于理论本体的屈从，从而失去了推导因果关系、动力机制及本质等存在的逻辑根基。例如，相关分析以经济系统是封闭为前提，探索现象之间是否具有某种依存关系，并对存在依存关系的现象考察其相关方向和相关程度，它与因果分析有着巨大差别。类似的，计量经济学在很大程度上只是检验或预期其相关性，只有在极其个别情况下才能说明因果关系。[①]

总体而言，西方经济学虽然也表示，科学理论要合乎逻辑与具有检验内容，但其所隐含的内在矛盾[②]，使其经常必须迁就理性、思维与主观，而牺牲经验、存在与客体。尽管有时也似乎坚持因果观基础上的经济规律的假说，但更强调经济学的形式化、话语的命题性质、概念与概念的同义反复关系扩展理论的内容。在新古典经济学中，以瓦尔拉斯的《纯粹政治经济学纲要》和马歇尔的《经济学原理》等著作为典型代表，严密的逻辑体系一度令人震撼。但是，由于过于强调概念与理论的形式化、一般化，导致客观现实的因果关系分析难以进行。由于它所强调的其实只是相关关系或现象性而非本质性因果关系，强调在封闭系统中可重复度量、量化逻辑关系

---

① 由于把经济现象视为一个经验客体，是客观而独立自在之物，构成其研究对象，也就自然不会关注现状形成的制度基础、伦理环境、历史逻辑以及诸多事物的内在联系。

② 如主体认知结构与外部对象何以具有一致性等。

的检验等，因而其研究对象与范围仅仅局限于外在相关或者经济生活中可观察的外表，不能分析内在的经济关联，不能揭示经济社会的本质！

三、中国特色社会主义政治经济学方法论创新

中国特色社会主义政治经济学是当代中国的马克思政治经济学，是马克思政治经济学与当代中国实际相结合的产物。中国特色社会主义政治经济学继承了马克思政治经济学的理论范式，这种继承不仅体现在对基本结构、功能、范畴的继承，更重要的是体现在对方法的继承。方法才是马克思政治经济学的灵魂所在，马克思政治经济学的方法论是科学的方法论，只有用正确的方法才能得出正确的结论。同时，马克思政治经济学也是具有包容性与开放性的学科，为推动马克思政治经济学理论的创新、构建中国特色社会主义政治经济学理论体系，我们首先做的应该是进行方法的创新。对于一种理论来说，它是与方法紧密结合在一起的，要想实现理论上的创新，就应当先进行方法上的创新，即方法先行。为此，我们可以借鉴西方经济学范式研究方法中的合理成分，“取其精华”“为我所用”。此外，中国特色主义政治经济学是当代中国化的马克思政治经济学，那么其方法论的创新必然深深扎根于中国的实践，融合中国优秀传统文化，实现具有中国特色、中国风格、中国气派的中国特色社会主义政治经济学方法论体系。

（一）目前国内政治经济学研究中存在的方法论问题

目前国内政治经济学方法论研究中存在很多问题，可以归结为如下两方面：

第一，随着改革开放，尤其是在20世纪90年代，我国开始大规模引入西方经济学理论，越来越多的高校开设了西方经济学课程，西方经济学被人们盲目推崇，对西方经济学的研究方法不考虑其科学性与正确性，而是全部照搬使用。在西方经济学的猛烈攻击下，中国经济学的整体学术氛围表现为使用西方经济学范式的研究方法，中国政治经济学的研究方法也出现了偏离马克思政治经济学方法论的倾向。实际上，西方经济学在方法

上存在很多的缺陷。西方经济学界认为经济学像自然科学一样，有着严密的逻辑形式，在这种认识下，经济学逐渐被“形式化”与“实证化”，经济理论越来越成为一种形式化的理论，导致缺乏对经济现象本质的解释。在对数学方法的使用上，出现了数学方法被滥用的问题，经济学越来越表现为数学的分支。运用数学方法的出发点本应当是更好地揭示经济现象的本质，而西方经济学运用数学方法却出现了本末倒置的情况，数学的方法拘泥于形式，分析停留在现象的表面，常常解释一些众所周知的问题，把简单问题复杂化，缺乏对经济现象背后本质的揭示。因此，西方经济学方法论固然有其可取之处，但是这种不加思考、不考虑西方经济学的缺陷，全盘吸收、滥用西方经济学方法论的做法，导致了中国政治经济学在方法上偏离了马克思政治经济学方法论，不能坚持马克思政治经济学科学的方法论，使得中国政治经济学的研究缺乏对经济现象问题的解释力，不能揭示经济现象的本质。

第二，政治经济学体系出现僵化趋势，研究上出现“教条主义”的倾向。目前在政治经济学的研究上，由于我们把马克思主义意识形态的东西摆放在首要位置，政治经济学与其说是一门经济学科，不如说是一门政治学科，表现出强烈的政治倾向。在研究过程中，由于不能把这种政治倾向与学术研究相区分，难以对经济问题提出大胆创新的看法，局限于政治话语中，往往从教科书式的原理出发，没有与中国现实结合，缺少一种问题意识，不带着问题搞研究，束缚于官话、套话中，不去真正发掘经济现象的本质、看清背后的矛盾运动，这种研究方式丧失了研究的意义。

可以看出，目前国内政治经济学方法论研究中存在的问题，最根本的原因就是对马克思政治经济学方法论的偏离，没有坚持马克思政治经济学，过度崇拜西方经济学方法论，盲目追随西方经济学，因此，为构建中国特色社会主义政治经济学，我们需要回到马克思，坚持马克思政治经济学方法论。同时，在坚持马克思政治经济学方法论的同时，更要实现方法论上的创新，我们在坚持与继承马克思政治经济学的方法论时，可以借鉴西方经济学范式方法论，对其大胆吸收、大胆扬弃，实现马克思政治经济学方法论与西方政治经济学方法论的对话。此外，还需要融合中国优秀的传统文化，尤其是中国古代哲学思想的精髓，汲取古人智慧。马克思主义、西方经济学、中国传统文化，三者的交汇点为中国实践，我们需要立足于中国实践，从国情出发，以解决中国问题为导向，以实践为基础，探讨方法论的创新。

（二）实现中国特色社会主义政治经济学方法论创新

（1）既要以马克思政治经济学方法论为根本，又要对马克思政治经济学方法论进行创新

马克思政治经济学的科学性就在于其研究方法的科学性，马克思政治经济学研究方法首先是哲学革命的产物，马克思政治经济学研究方法的变革是由其哲学思维方式变革带来的。一门学科的进步，离不开哲学上的创新。马克思正是首先完成了哲学上的革命，提出了辩证唯物主义与历史唯物主义科学的世界观与方法论，然后把其哲学革命的成果运用到资本主义社会生产关系的研究中，创建了马克思政治经济学理论体系。因此，马克思政治经济学方法论就是其哲学思想、思维方式在政治经济学研究中的再现，辩证唯物主义是马克思政治经济学最根本的研究方法。

马克思政治经济学方法论是科学的方法论，因此，马克思能够正确揭示出资本主义社会基本规律，发掘出经济现象背后的本质。为科学认识当今资本主义经济和社会主义经济的运动规律，真正地搞清楚现象背后的本质，厘清经济运行的过程与趋势，为中国特色社会主义经济建设提供正确、科学的理论指导，我们需要“回到马克思”，坚持与继承马克思政治经济学方法论，以马克思政治经济学方法论为根本，运用马克思政治经济学科学的研究方法来研究中国特色社会主义。

实际上，我们已经运用马克思政治经济学的方法取得了一系列理论成果。例如，关于社会主义本质理论，社会主义初级阶段基本经济制度，社会主义市场经济理论，创新、协调、绿色、开放、共享的发展理念等，这

些都是马克思政治经济学方法论与中国实际相结合的理论成果，坚持与继承马克思政治经济学方法论，为中国经济发展提供了有力的指导。

同时，马克思政治经济学是开放的、包容的，也是不断发展的，发展与创新是马克思政治经济学的内在要求。马克思政治经济学，就是在批判前人成果以及自我批评中创立的。一个理论能够一直保持生机，对现实充满强有力的解释力，就需要不断实现自我完善、自我发展。因此，要想实现马克思政治经济学的发展与进步，就必须要主动适应不断变化的客观实际，不断自我否定。马克思政治经济学方法论是贯穿在马克思政治经济学中的“一根线”，是马克思政治经济学的重要组成部分，同样需要不断适应时代变革的需要，海纳百川，推陈出新，兼收并蓄，实现自我向前发展，这既是马克思政治经济学发展的需要，也是构建中国特色社会主义政治经济学的关键。

（2）批判、吸收、借鉴西方经济学方法论实现创新

要想发展马克思政治经济学方法论，实现马克思政治经济学方法论的创新，形成中国特色社会主义政治经济学方法论，我们需要对西方经济学在批判的基础上进行吸收与综合。在西方经济学中，盛行理性形式主义，理性形式主义主要是从数量与形式方面去把握，忽视内容与本质，这是因为内容和实质被看作是非理性的、难以把握的因素。在理性形式主义下，要求根据所谓不变的公理、公设去透视外部世界，这种方法难以考虑研究对象的具体特性和客观基础。这样的经济学实际上成为数学、统计学等的推广应用，难以把握客观经济事物的本质，因此，这样的经济学必定是昙花一现的。根本原因正是在于，实用主义①成为其目的与标准，经济学作

① 冯友兰总结的实用主义主要观点最为简洁明了。在《三松堂自序》中，冯友兰说：“实用主义的特点在于它的真理论。它的真理论实际是一种不可知论。认识来源于经验，人们所能认识的，只限于经验，至于经验的背后还有什么东西，那是不可知的，也不必问这个问题。这个问题是没有意义的，因为无论怎么说，人们总是不能走出经验范围之外而有什么认识。要解决这个问题，还得靠经验。所谓真理，无非就是对于经验的一种解释，对于复杂的经验解释得通。如果解释得通，它就是真理，对于我们有用，即有用就是真理，忽略所谓客观的真理。”如此说得之，实用二字昭然若揭。

为数学、统计学的应用部分之一，虽然获得了一定的可操作性，但始终限于经济生活的表象领域，难以形成从现象到本质、从局部到整体、从静态到动态的发展路径①。此外，尽管马克思政治经济学与西方主流经济学都是在假设前提的基础上进行讨论，但是马克思政治经济学基于辩证唯物主义与历史唯物主义，其方法论体现了事物的本质，因而具有现实性和可实现性。而西方经济学的方法论，有时出于解释的方便而随意假设，有时仅是逻辑游戏过程本身而不关注其结论的意义，其内容中混杂了诸多唯心史观不科学的成分②。

但是，研究对象的交集等因素决定了二者在方法上仍可沟通。例如，马克思采取实证的方法研究价值问题，在唯物辩证法的指导下，马克思既继承了李嘉图劳动价值理论中的一些科学因素，同时也能够摆脱和扬弃古典经济学理论的错误，因此，劳动价值学说“就其要点来说是斯密—李嘉图学说的必然的发展”。另外，马克思深刻理解数学作为辩证思维的辅助工具所具有的巨大意义，在对数学工具的运用中，精确、简洁地表达了经济规律。这为重视数学与自然科学方法的引入，增强马克思政治经济学的解释力和科学性树立了典范。

正如人们一再强调的，将唯物辩证法运用于人类社会历史研究所产生的历史唯物主义是马克思政治经济学的理论灵魂，决定了其体系结构的基本内容和格局，从方法论上完成了对西方主流经济学的超越。但也应看到，马克思政治经济学强调整体分析与局部分析的统一，并不绝对排斥个人主义方法③。尽管个人主义方法的异化成为西方主流经济学中的现象描述法之渊薮，由于只认可感官能够把握的个体对象和人类知识源于感官经

---

① 孙伯鍨，张一兵．走进马克思［M］．南京：江苏人民出版社，2008.

② 张俊山．经济学中唯物史观与唯心史观的分歧及其评述［J］．天津行政学院学报，1999（4）：18－24.

③ 如何对社会生活作出解释？这是整体主义和个体主义分歧的根本所在。个体主义认为，对社会生活的解释，只能依据该社会中个体的行为及其结果来进行。整体主义则强调，社会科学只能从“整体”的视角看待和解释社会生活。方法论的整体主义笃守社会生活的整体性和解释的整体原则，而方法论的个体主义则执着于社会生活的个体性和解释的个体原则。

验，进而蜕变成为庸俗经济学的基础，但是个人主义方法论毕竟可以反映人们日常经济活动中的思维方式和直观感觉，因而具有较容易为人们所理解与接受等优点。马克思政治经济学的超越之处在于，坚持认为任何经济现象都不能脱离一定的社会经济条件及其经济意识，必须从客观历史经济环境这一经验的来源和客观内容出发，在此基础上分析个人的经济行为并体现其主观能动性，研究解决经济问题。因此，承认人们在社会生产中必然发生一定的交往关系，但这种关系又不是根据理性原则由个人自由选择决定的。强调因果关系体系与规律的历史性，强调个人嵌套于物质关系决定的社会经济关系中，这为从现象到本质的分析路径作了必要准备，这种研究路径也可以与现代社会科学中的情景分析等方法相沟通。另一种值得关注的研究是所谓分析马克思主义，曾经有一些西方主流经济学者在否定马克思劳动价值论的一面之外，又应用在西方经济学界率先发展的分析工具和研究方法①倡导数理分析方法，这对于推进马克思政治经济学朝精确化、严密化和科学化的方向发展，在客观上是有所助益的。与此相关，分析马克思主义从个人理性选择角度解释生产力、具体的生产关系、阶级以及剥削，尽管这种分析仍然是非历史的，但因其更关注普遍性、严格性，也具有对马克思政治经济学产生有益影响的潜在可能。

马克思政治经济学强调区分经济过程和经济范畴的物质内容与社会形式，而西方经济学更侧重于经济现象的描述，如果说关注社会经济生活的物质内容与社会形式都是构建中国特色社会主义政治经济学的任务，那么二者存在可沟通性、借鉴性、吸收性，甚至是某种学习性。这种学习性尤其体现在方法论中，通过批判西方经济学方法论，借鉴吸收其合理因素，实现马克思政治经济学方法论与西方经济学方法论的对话，丰富与发展马克思政治经济学方法论，形成中国特色主义政治经济学方法论。只有这样，在分析生产关系以及相应的资源配置方式时才不至于局限于空洞的社会形式，才有可能实现物质内容与社会形式的有机统一。

---

① 如森岛通夫的《马克思的经济学》一书。

（3）融合中国优秀传统文化实现创新

中华文化源远流长，博大精深，是中华民族在漫长的历史长河中孕育出的璀璨明珠，是凝聚着中华民族5000年来智慧与实践经验的结晶，并被后人们代代相传，生生不息，流传至今，5000年来从未间断，并将在今后继续展现其强大的生命力，是中华民族的精神命脉。“求木之长者，必固其根本；欲流之远者，必浚其泉源”，中国优秀传统文化是民族之根，为发展中国特色社会主义政治经济学方法论，创新马克思政治经济学方法论，使中国特色社会主义政治经济学真正体现中国特色、中国风格、中国气派，就必须要重视中国优秀传统文化，坚持古为今用、推陈出新，融合中国优秀传统文化，寻求与马克思政治经济学的结合点，为中国特色社会主义政治经济学方法论提供文化底蕴，植入中国元素。

中国哲学作为中华文化的精华，体现了中华民族卓越的智慧，对当代人构建具有中国特色的方法论体系、创新马克思政治经济学方法论，具有重要的启发意义。

第一，中国哲学蕴含着丰富的辩证法思想。辩证的思想出现于中国哲学的方方面面，可谓贯穿中国哲学的始终，是中国哲学重要的思想方法，体现在不少哲学家的思想中。例如，在《易经》中，八卦和以两卦相叠演的六十四卦的学说，人们运用阴阳相互转化的卦象分析有关现象和问题，蕴含着丰富的朴素辩证法思想。再如，在《老子》中，老子认为事物存在彼此对立的两面，而这两个方面又互相联系、互相依存。他说“有无之相生也，难易之相成也，长短之相刑也，高下之相盈也，音声之相和也，先后之相随，恒也”。他还进一步提出一切事物都要向它的反面转化的观点。“祸兮，福之所倚”“福兮，祸之所伏”“曲则全，枉则直”“物壮则老”等。辩证的思想在《孙子兵法》中也有所体现，如《势篇》中的“乱生于治，怯生于勇，弱生于强”，是说乱与治、怯与勇、弱与强在一定条件下可以相互转化。中国哲学中体现出丰富的辩证法思想，虽然并非完全科学，存在许多不足，但是其凝聚着中国智慧，与马克思唯物辩证法有相通之处。并且，中国哲学辩证的思想，更多地表现为中庸之道，提倡“贵和”的思想。《淮南子·氾论训》中说：“地之气，莫大于和。和者，阴阳调。阴阳相接，乃能成和。”是说阴阳和合，万物自生，阴阳二气相互协调，就是“和”；阴阳二气相接化物，才能达到“和”的境界。这种“贵和”传统深深根植于中华文化之中。中国自古以来主张“以和为贵”，这对于今天建设社会主义和谐社会也有重要意义。因此，中国辩证法思想对于创新马克思政治经济学方法论有着重要意义，汲取中国辩证的思想，尤其是“贵和”的思想，可以使我们在看待问题、现象的时候，在关注事物对立性的同时，更加注重事物的统一性，这对解决当下各种矛盾冲突、协调各方利益、促进社会和谐、保持社会秩序起着重要作用。

第二，中国哲学贯穿着可贵的民本思想。中国实行了2000年的君主专制的封建制度，因此，中国很多哲学思想体现的都是统治者的专制理念，为封建统治阶级所服务，但其中不乏许多民本思想，意识到了人民群众的重要性，看到了人民群众的作用，这些思想在当时的历史条件下出现，可谓难能可贵。例如，孔子提出了“节用而爱人，使民以时”的思想，孟子曾提出“民为贵，社稷次之，君为轻”，主张“民贵君轻”，这是其“仁政”思想的深刻体现，告诫统治者要视民如子，不可过度剥削人民，提倡轻刑薄赋、听政于民、与民同乐。再者，荀子在《王制》中提到“君者，舟也，庶人者，水也，水则载舟，水则覆舟”，其把君主比喻成船，把人民群众比喻成水，水不仅能载船行走，而且还能将船淹没，以此说明人民群众的重要性，认为作为君主来说，得到天下、治理天下，都需要依靠人民的力量。马克思的唯物历史观认为，历史是人民群众创造与推动的，需要站在人民群众的立场上，坚持“一切从群众中来，到群众中去”的思想，这与中国传统的民本思想有相同的地方。虽然中国古代的民本思想有其局限性，即是站在封建统治阶级的立场上，出发点是为统治阶级如何更好地治理国家、管理百姓出谋划策，有强烈的阶级立场，但是其最重要的价值是看到了人民群众的重要性，这也是中国民本思想与马克思政治经济学能够融合的重要切入点。我们应当继续传承中国古代流传下来的民本思想，坚持一切出发点是为了人民，从人民群众的角度看待问题，通过融合中国传统的民本思想，使马克思政治经济学方法论更加中国化，有利于我们研究问题时更加符合中国传统，贴近中国实际，解决中国问题，使中国特色社会主义政治经济学方法论得到新发展。

我们在创新马克思政治经济学方法论的过程中，如果只重视西方经济学那套方法论，而忽视中国传统文化这个民族之本、民族之命脉，忽略民族精神，那么我们就只是在搬运西方经济学的理论，而没有自我创新，方法论没有体现出中国特色。因此，我们应当充分重视中国传统文化，为马克思政治经济学方法论注入中国文化的基因，形成具有中国特色的政治经济学方法论。

（4）在中国实践基础上实现创新

中国特色社会主义政治经济学的产生与发展就来自于中国改革开放的伟大实践中。[①] 毛泽东曾说过要遵循“通过实践而发现真理，又通过实践而证实真理和发展真理”[②]。我们对事物本质的认识并不是一开始就有的，而是不断经过实践得来的，通过实践这个必不可少的中介环节，我们才能认识世界，发现社会运行的规律，才能从经济现象的表面背后揭示本质。重视实践，强调实践，这是我党一贯坚持的主张，中国共产党始终坚持立足于实践、从实践出发。习近平也曾多次强调要立足于中国国情与中国实际，总结实践经验，把经验上升为理论。任何理论都不是凭空诞生的，必定需要经历过实践这一过程，在实践中发挥人的主观能动性，揭示经济规律与内在运行机制，最终以理论的形式表现。因此，中国特色社会主义政治经济学来自实践，也必定随实践的发展而发展，中国改革开放近40年的实践经验，为中国特色社会主义政治经济学提供了丰富的理论素材。

立足于实践，深深扎根于中国国情，理论才能符合中国实际，才能解决中国问题，实践是实现理论创新的重要来源。作为理论创新的重要环节——方法论的创新，也必须建立在坚持中国实践的基础上，以马克思政

---

① 张宇．中国特色社会主义政治经济学［M］．北京：中国人民大学出版社，2016：52.

② 毛泽东：毛泽东选集：第1卷［M］．北京：人民出版社，1991：296.

治经济学方法论为根本，吸收借鉴西方经济学方法论的合理成分，融合中国优秀传统文化，以实践为三者交汇的立足点。也正是因为实践的需要，我们才需要不断对方法论进行创新，以创新的方法论来研究实践中遇到的难题。坚持一切从实践出发，这是我们研究问题时需要贯彻的基本原则与基本学风。在实践中不断学习，从实践中不断地创新，推动中国特色社会主义政治经济学方法论的发展，形成具有中国特色、中国风格和中国气派的中国特色社会主义政治经济学方法论体系。

参考文献

[1]卫兴华．辩明中国特色社会主义政治经济学的马克思主义理论之源[J]．毛泽东邓小平理论研究,2017(5):13－18,107.

[2]程恩富,何干强．论推进中国经济学现代化的学术原则——主析“马学”“西学”与“国学”之关系[J]．马克思主义研究,2009(4):5－16,159.

[3]董瑞华．马克思主义政治经济学方法论及其在中国的实践与发展[J]．上海商学院学报,2016,17(2):18－25.

[4]李建平,张华荣,黄茂兴．马克思主义经济学方法论的理论演进与变革趋向[J]．当代经济研究,2007(5):1－6,73.

[5]王立胜,刘岳,姚宇．建构中国特色社会主义政治经济学的意义和方法——关于学习习近平“5·17讲话”精神的对话[J]．学习与探索,2017(6):1－15,173.

专题二

发展的政治经济学研究

中国特色新经济道路的政治经济学分析①

师 博 张冰瑶

摘 要：新时代背景下，中国特色新经济是由新产业革命和供给侧结构性改革所生成的新经济形态。大力发展中国特色新经济是适应我国生产力发展的必然要求，是由现阶段我国的主要矛盾决定的，符合习近平新时代中国特色社会主义新发展理念的根本要求。在社会主义发展进入新时代、经济发展步入新常态的背景下，完善中国特色新经济必然需要走供给侧结构改革与高质量发展、全面深化改革开放以及工业化和信息化融合的发展道路。

关键词：新时代；中国特色社会主义；新经济

作者简介：师博，西北大学经济管理学院副教授，硕士生导师；张冰瑶，西北大学经济管理学院2016级硕士研究生。

习近平总书记在党的十九大报告中指出："我国经济已由高速增长阶段转向高质量发展阶段，正处在转变发展方式、优化经济结构、转换增长动力的攻关期。"我国的现代化进程已经步入工业化后期阶段，经济从高速增长转向中高速增长的"新常态"特征日益显著。新常态背景下，中国经济发展面临的突出矛盾是发展不平衡、不充分的结构性问题，而结构性

① 基金项目：本文获得教育部人文社科基金项目（17XJA790004）和国家自然科学基金项目（项目编号：71203179）、西北大学仲英青年学者项目的资助。

矛盾需要通过推进供给侧结构性改革来化解。在供给侧结构性改革的过程中，既需要深化改革开放以释放市场活力，优化资源配置，更需要创新驱动、转变动力机制和提高全要素生产率。这必将导致经济结构与形态的升级。当前，在世界科技发展酝酿欲待突破的背景下，世界经济发展进入转型期，由新一轮科技革命和产业革命所引致的新经济，与中国建设现代化经济体系的高质量发展阶段高度契合。因此，大力发展中国特色新经济既是积极应对新一轮科技革命和产业变革的战略选择，更是中国通过供给侧结构性改革来提高经济发展质量和效益的本质要求。

面对世界经济增长乏力、国际市场需求低迷、贸易保护主义抬头的外部环境，面对我国社会发展进入新时代、经济发展步入新常态、社会主要矛盾业已转变等一系列深刻变化，新经济将成为我国经济发展的重要力量和目标导向。作为一种新的经济形态，深化对新经济的理解和认识，有助于我们在经济发展中更好地遵循经济规律，顺势而为。基于此，本文拟从新经济的基本内涵特征、理论依据及发展道路作一初步解读。

一、中国特色新经济的内涵及特征

（一）中国特色新经济的内涵

新经济的概念首次于2016年被写入政府工作报告，作为一种新的经济形态被提出后，首先涉及对新经济的理解。新经济具有典型的时代特征，不同时期的新经济内涵是有差异的。美国最初提出的新经济是从宏观视角定义的，即新经济是由于信息技术的迅猛发展引致美国经济高增长、低通胀、低失业率的一种经济发展状态。中国学者更多的是从微观、结构与形态上加以理解。黄征学（2016）从微观视角认为，新经济是以新产业、新业态、新模式为表现形式，以新技术、新市场主体为支撑力量的经济现象。[①] 白津夫（2015）基于“四新”经济的角度提出，所谓新经济主要是

① 黄征学．到底什么是新经济［J］．中国经贸导刊，2016（31）：41－43.

指基于现代信息技术的新产业、新服务和新业态。[①] 黄群慧（2016）从新经济的本质出发，认为“新经济”是由新一轮科技和产业革命带动的新的生产、交换、消费、分配活动，这些活动表现为人类生产方式进步和经济结构变迁、新经济模式对旧经济模式的替代。[②] 李国杰和徐志伟（2017）则从信息技术的发展角度出发，认为新经济在本质上是工业经济向信息经济（数字经济）的过渡。[③]

从以上不同学者的界定来看，新经济是与既有经济相对应的概念，其基本的标志在于新要素、新产业与新经济运行形态的出现。新要素主要是指新的技术出现所创造、焕发的具体的新型生产要素，例如，“互联网 +”的高级生产要素；新产业是指新的生产要素与新的商业模式组合所出现的新的产业业态，如生产性服务业；新的经济运行形态是指在新的产业基础上所出现的更为良好的高质量经济运行，即高增长、低通胀、低失业。中国经济经过高速发展之后进入了中高速发展的新常态，增长动力、产业结构及宏观经济运行都出现了一些亟待转换的问题，需要借助于某一动力机制和“药方”促使传统经济向新的经济形态转变。而第三次工业革命和全球范围内的再工业化成为中国经济转换的驱动力，新发展理念和供给侧结构性改革成为经济再发展的制度保障。因此，从广义上讲，在新的技术革命的环境下，由新的产业革命与供给侧结构性改革所生成的新的经济形态称为中国特色新经济。进而在新常态背景下，新经济作为中国经济结构转型升级过程中所催生的新型经济形态，正引领中国经济的高端转型和高端升级。2017 年上半年，高技术制造业和装备制造业同比分别增长 13.1% 和 11.5%，增速分别高于规模以上工业 6.2 个和 4.6 个百分点，全国实物商品网上零售额同比增长 28.6%，增速快于全国社会消费品零售额 18.2 个

① 白津夫. 以新经济引领新常态　只有新经济才能强中国 [J]. 中国经济周刊，2015（14）：22－23.

② 黄群慧. “新经济”基本特征与企业管理变革方向 [J]. 辽宁大学学报（哲学社会科学版），2016（5）：1－7.

③ 李国杰，徐志伟. 从信息技术的发展态势看新经济 [J]. 中国科学院院刊，2017（3）：233－238.

百分点，战略性新兴产业同比增长 10.8%，增速高于规模以上工业 3.9 个百分点①。

基于上述分析，我们认为，从新经济的实际发展情况来看，以下 3 个层面都属于新经济的范畴：第一，以信息技术、智能制造技术、新材料技术、清洁能源技术和生物技术等为代表的新技术革命直接催生的产业化；第二，由传统产业与新技术相互融合发展而产生的新兴业态；第三，基于新技术的新服务和新业态以及新的商业模式和组织形态。当然，新经济的概念具有动态演进的特点，其概念与内涵还处于不断发展之中。以新一代信息技术、新能源、新材料和生物技术相互融合等为主要特点的新一轮科技革命正在不断发展，各种新技术不断涌现，新业态、新产业、新模式层出不穷，所以现阶段新经济的内涵还没有“定型”。随着新一轮科技革命和工业革命的不断演进，新经济的内涵和外延将不断拓展。

（二）中国特色新经济的基本特征

新经济是世界范围内的新一轮科技革命和产业革命所驱动的经济活动与经济形态，与既有的经济活动与经济形态相比，新经济表现出一系列独有的特征。

第一，以信息技术为核心的高新技术构成了支撑新经济发展的技术基础。20 世纪下半叶以来，计算机芯片处理技术、数据存储技术、网络通信技术和分析计算技术取得了重大突破，社会生产中出现了信息化和工业化深度融合的趋势，使新经济下社会生产力出现革命性发展成为可能。

第二，数据成为新经济的核心生产要素。随着大数据和云计算等技术的不断发展，数据的挖掘分析和存储利用成本不断降低，使其成为继土地、劳动、资本、技术和制度后的又一独立生产要素。在新经济下，通过将数据投入设计、生产、销售、流通、服务等环节，不仅可以提高生产效率，还可以降低交易成本。

---

① 国家统计局．国家统计局新闻发言人就 2017 年上半年国民经济运行情况答记者问［EB/OL］. 国家统计局网站，www.stats.gov.cn/tjsj/sjjd/20170717_1513669.html，2017－07－17.

第三，以消费者为中心的个性化智能制造是新经济的生产范式。新技术的发展突破了福特模式下的无差异大规模生产，使消费者逐渐掌握了生产和消费的自主权。新经济下的柔性生产可以更好地满足消费者的需求，而不断细化的社会分工可以为消费者提供更好的服务。

第四，第一、第二、第三产业逐步融合是新经济的产业体系特征。新经济对产业形态产生了革命性影响，现代产业体系的内涵发生了深刻变化。产业间的利益格局出现了变化，各个产业间的利益由边界截然分明转变为利益交织、相互依存，出现了第一、第二、第三产业逐步融合的趋势。

二、中国特色新经济的理论依据及现实意义

我国与西方发达国家所处的历史发展阶段不同，并且在经济体制和发展战略上存在显著差异，因而中国的新经济发展拥有自身特殊的时代背景。与此同时，中国的新经济发展面临一系列现实的国情问题。譬如与发达国家服务化产能过剩导致的产业空心化情况相反，我国存在产业化产能过剩而服务化发展不足的问题（姜奇平，2017）。① 另外，发达国家发展新经济的本质是信息化与“再工业化”深度融合，而我国发展新经济则是工业化和信息化深度融合（黄群慧，2016）。② 所以，我国发展新经济不能照搬发达国家的发展模式，要符合我国国情的内在要求，统筹考虑我国的现实情况，走具有中国特色的新经济发展道路。

（一）中国特色新经济的现实背景

习近平总书记指出：“我国发展仍处于重要战略机遇期，我们要增强信心，从当前我国经济发展的阶段性特征出发，适应新常态，保持战略上的平常心。”新常态是当前中国经济的阶段性特征。2008 年以来我国受国际金融危机的冲击，经济增速逐渐放缓，表现出从高速增长转变为中高速

---

① 姜奇平．重新认识新经济内涵［J］．中国信息化，2017（3）：12－14.

② 黄群慧．以智能制造作为新经济主攻方向［J］．新经济导刊，2016（12）：79－82.

增长的特征。更为重要的是，新常态不仅是我国经济增长速度的换挡期，更是我国经济结构调整的关键期。第二产业自 2010 年开始对 GDP 的贡献率逐年下降，而第三产业对 GDP 的贡献率逐渐上升，并且在 2015 年第二产业占 GDP 的比重首次超过第三产业。在经济增速放缓、产业结构调整的现实背景下，我国必然需要发展新经济、迎接新挑战、创造新动能。

自 2012 年中国进入新常态以来，经济发展呈现出一系列新的特点：新技术、新产业、新产品、新业态不断涌现，经济增长更加注重质量效益。在当前经济增长动力转换、发展方式转变和经济结构调整的重任下，发展新经济、培育新动能，是冲破国内结构性矛盾的制约和实现经济发展“双中高”目标的必然选择，尤其值得注意的是，党的十八大以来中国经济进入了新时代，经济已由高速增长阶段向高质量发展阶段转变，新经济的发展则是推动质量变革、效率变革和动力变革的关键所在。

（二）中国特色新经济的理论依据

从中国特色社会主义政治经济学的视角看，发展中国特色新经济既是对中国经济形势的正确判断，更是对马克思主义政治经济学与中国具体经济建设相结合的探索，中国特色新经济具有其时代和现实的理论依据。

（1）发展中国特色新经济是适应我国生产力发展的必然要求。“生产力的发展水平不同，生产关系和支配生产关系的规律也就不同。”① 马克思的唯物史观认为，生产力与生产关系的矛盾运动是社会发展的根本动力，解放和发展社会生产力，是社会主义的本质要求。经过改革开放以来的快速发展，中国已经成为全球第二大经济体。然而，这种发展是在粗放化的发展方式下完成的，在高投入、高消耗和高增长的背后，经济结构失衡和创新驱动不足等增长质量问题日益凸显，缺乏质量的经济增长严重制约了经济的转型升级，正在侵蚀着我国经济发展的潜力。所以现阶段提高经济发展的质量和经济发展的效益是深化生产力发展的根本要求（汪连杰，

① ［德］马克思．资本论：第 1 卷［M］．北京：人民出版社，2004：21.

2017）。[①] 新经济是当前生产力发展的新方向，是稳增长之必需、调结构之必然。发展中国特色新经济就是努力实现更高质量、更有效率、更加公平、更可持续的发展，使中国经济迈上新台阶。因此，马克思的历史唯物论是中国特色新经济发展的基本遵循。

（2）发展中国特色新经济是由我国的主要矛盾决定的。习近平总书记在十九大报告中提出当前我国社会的主要矛盾是“人民日益增长的美好生活需要和不平衡不充分发展之间的矛盾”。对主要矛盾的重新界定是对我国经济在高速增长成为世界第二大经济体之后，对我国经济发展运行过程中供给与需求的具体情况作出的客观判断。这一科学结论是指导我国特色新经济的根本指南。这就是说，中国经济发展进入新时代之后，经济由高速增长转向高质量发展是由社会发展的主要矛盾决定的，新经济发展的主要任务就是解决这一矛盾。之前低成本的工业化造成了能源过度消耗、环境质量恶化、生态系统退化、收入差距拉大，导致了发展的不平衡、不充分，产业结构的同质化与低端化、发展质量和效益的低下，影响了人民的美好生活。解决好人民日益增长的美好生活不仅需要经济数量型的增长，更需要保持经济增长质量的稳健提升。

（3）发展中国特色新经济是遵循工业革命规律的必然要求。工业革命遵循机械化、电气化、自动化和智能化的发展顺序。第一次工业革命用蒸汽机实现了机械化，第二次工业革命用电力实现了电气化，第三次工业革命用电子信息技术实现了生产的自动化，而新经济则是要通过工业智能化实现产业革命。从国际经验来看，发达工业国家正重新审视制造业的发展理念，积极推进“再工业化”战略，美国启动了国家制造业创新网络计划，日本正在转向以科技创新为主导的经济增长模式，德国也提出了“工业4.0”的概念。因此，发展具有中国特色的新经济既是顺应全球新技术革命的大趋势，更是牢牢把握新一轮全球科技革命的发展契机。

（4）发展中国特色经济是遵循习近平新时代中国特色社会主义新发展

① 汪连杰．经济新常态下对中国“新经济”的考察研究［J］．求实，2017（5）：34－43.

理念的根本要求。中国特色社会主义进入新时代之后，经济发展也必然从传统的发展观转向新发展理念。新经济是创新经济、绿色经济、共享经济，创新、协调、绿色、开放、共享的新发展理念必将贯穿于发展的始终。

第一，新经济倡导创新的发展理念。习近平总书记指出，把创新摆在第一位，因为创新是引领发展的第一动力。改革开放以来，我国经济的高速增长主要依靠低成本要素驱动。但是由于我国人口红利的消退、资源约束的趋紧以及企业生产成本的上升，出现了要素收益递减的趋势，建立在初级生产要素基础上的经济发展模式不可持续。而创新是现阶段经济发展的核心所在，通过创新可以化解我国经济发展中的瓶颈和深层次矛盾，保障经济更可持续、更有效率地发展。在新经济下，新技术是新经济的基础，新主体是新经济的支撑，新产业是新经济的引擎，新业态是新经济的亮点，新模式是新经济的重点，新产品是新经济的成果，各种创新因素与劳动资料、劳动对象和劳动者相结合，不仅极大地提高了生产效率，还丰富了劳动资料的内容，提高了劳动者的技能，扩大了劳动对象的范围。

第二，新经济倡导绿色的发展理念。传统的生产方式对生态环境造成了一定的伤害：生产者为了个体利益不断地开采资源、制造商品，会造成资源的浪费；消费者在商品使用周期结束后会丢弃丧失价值的商品，造成环境的污染。而生态环境领域是新一轮科技革命和产业革命技术创新的关键领域（黄茂兴，2017），[①] 绿色发展是新经济下的重要内容。新经济可以通过循环生产的方式来实现绿色发展，在生产方面选择可持续资源来生产经久耐用的产品，尽可能延长原材料和产品在生产使用中停留的时间，在产品使用周期结束后对旧产品进行重新分布或再利用，以期减少生产系统的废弃物排放量和经济对有限资源的依赖性。绿色发展通过建立健全绿色低碳循环发展的经济体系和构建清洁低碳、安全高效的能源体系来推动产

① 黄茂兴，叶琪．马克思主义绿色发展观与当代中国的绿色发展——兼评环境与发展不相容论［J］．经济研究，2017（6）．

业结构的深度调整和经济发展方式的转变，从而实现人与自然在更高发展层面的和谐共生，这符合生产力与生产关系的客观规律。

第三，新经济倡导共享的发展理念。共享是中国特色社会主义的本质要求，是社会主义发展的根本目的。马克思在产权结构变化理论中认为，权力可以发生分离和重新组合。在新经济下，由于移动互联网、云计算、大数据、移动支付、物联网等一系列高新技术的不断发展，所有权和使用权的分离成本降低，使基于共享理念的共享经济迅速发展。共享经济以"使用"而非"占有"为目的，通过网络平台整合大量闲置资源，按照人人参与、人人尽力、人人享有的要求共享资源，提高了社会资源的配置效率，实现了共建共享、共生共荣。发展新经济的过程就是通过"众创""众筹""众包""众扶"等新平台发展分享经济的过程（马建堂，2016），[①] 这个过程充分调动和激发了人民群众的积极性、主动性和创造性，使全体人民的满意度与获得感不断增强。

（三）发展中国特色新经济的现实意义

（1）发展新经济有利于经济增长动力转换。中国经过30多年的高速增长后，支撑经济发展的原有动力正逐渐衰减，人口红利消失，资源供给约束趋紧，传统的粗放型经济增长方式难以为继。现阶段我国已经步入工业化后期，要素和投资对经济增长的贡献已经难以持续，未来经济增长必须转换增长动力，让科技创新引领经济发展。新经济是以技术变革和知识创新为动力的经济，促进新经济的发展，可以在经济增长的基础上实现更高层次的经济发展。一方面，发展新经济可以有效地推动和催生新技术、新产业、新业态、新模式的迅速发展，提升经济内生性增长动力，实现新旧动能转换和发展方式的转变。另一方面，发展新经济能牢牢把握新一轮科技革命和产业革命的发展契机，不仅可以促进新兴产业的发展，还可以为传统产业的转型升级提供机遇。

---

① 马建堂. 加快发展新经济 培育壮大新动能［J］. 中国经济报告，2016（9）：4-6.

（2）发展新经济有利于推进供给侧结构性改革。供给结构的问题突出表现为高附加值产品生产能力不足、产业结构的高级化程度亟待提高。在新经济背景下，发展新经济可以运用各种新技术驱动传统产业变革，促进产业从低附加值向高附加值转型升级，提升我国在国际产业链中的地位。同时，传统企业还可以利用信息技术进行相关数据分析，使企业产品更加适应消费者的需求，从而提高企业的有效供给能力。因此，新经济是推进供给侧结构性改革的重要工具，发展新经济可以优化存量资源配置、扩大优质增量供给、实现供需动态平衡。

（3）发展新经济是赶超型经济增长的新阶段。新经济的发展将对各国的经济实力和世界经济格局产生深刻而广泛的影响。我国经济近40年的高速增长可以说是一个速度型赶超过程，经济新常态下赶超型经济的基本态势和趋势没有发生变化（徐琤、权衡，2015）。[①] 发展新经济就是为了实现新常态下可持续、有效益的质量型赶超增长。现阶段，我国已经形成了较完备的产业体系和庞大的制造业基础，数字经济等新兴产业蓬勃发展，创新型国家建设成果颇丰，具有发展新经济的良好条件。此外，随着国民收入水平的不断提高，我国居民的消费结构正在朝着高品质、个性化、高科技和绿色环保的方向改变，这也为新兴技术产业化提供了广阔的市场空间。

三、中国特色新经济的发展道路

“新经济”既是解放旧的生产力和调整旧的生产关系的过程，也是发展新的生产力和形成新的生产关系的过程，经济发展的不同初始状态和具体环境决定了不同的发展路径。在我国社会主义发展进入新时代、经济发展步入新常态的背景下，在新发展理念引领和供给侧结构性改革的战略指导下，中国特色新经济必然要走不断完善现代化市场体系、深化供给侧结

① 徐琤，权衡．经济新常态：大国经济赶超型增长的新经验与新理论［J］．学术月刊，2015（9）：5－14.

构改革与坚持高质量发展、全面深化改革开放以及工业化和信息化融合的发展道路。

（一）建设现代化市场体系之路

（1）完善市场机制的决定作用和更好地发挥政府的作用。市场机制和政府干预是配置资源的两种方式，我国发展新经济需要以市场机制为核心，在存在外部性和公共产品的情况下发挥政府的作用，以实现帕累托最优。首先，不断完善市场机制，尤其是各类要素的价格决定机制。新经济的发展需要大力借助人力资本，明确人力资本、企业家才能以及物质资本在经济中的贡献，进而借助于资本市场的股权和期权建立合理的要素定价机制，调动各类要素的生产积极性。其次，发展新经济需要完善的基础设施以及促进技术的充分外溢。在这两个领域中市场机制难以发挥作用，只有借助于政府财税政策加大公共产品供给和创新投入补贴，将外部性内部化，才能为新经济发展创造有利的条件和制度保障。

（2）激发各类市场活力。首先，给予国有经济、民营经济和外资经济相同的发展待遇和经营条件，通过废除一系列不合理的超国民待遇，构建公平、和谐的营商环境。其次，长期以来，我国民营经济的发展存在滞后，民营经济获得的政策支持相对不足，要在财税金融政策方面加强对民营企业发展的支持力度，进而增强市场竞争程度。最后，打破行政性垄断和市场分割，弱化不必要的政府干预，进而防止市场垄断，构建更为透明的竞争环境，通过完善市场机制来激发各类经济主体的活力。

（二）供给侧结构性改革与高质量发展道路

在经济新常态的现实环境下，发展新经济必须实施供给侧结构性改革，推动经济由高速度增长转向高质量增长，以创新为动力，着重解决经济发展中的质量、效率和动力问题，提高全要素生产力。

（1）提高供给体系的质量。随着经济社会的发展和人均收入水平的提高，消费者更关注的是产品的质量、技术、服务、卫生、安全等方面，但是由于产品质量不高、技术含量较低、服务水平参差不齐、安全卫生存在隐患等原因，供给不能有效适应需求的变化。所以应减少无效和低端供给，扩大有效和中高端供给。一是要提高原始创新能力，以自主研发逐步取代技术模仿，依靠科学技术提高产品的质量和技术含量，补齐市场供给“短板”，扩大优质增量供给，实现供需的动态平衡。二是要大力弘扬劳模精神和工匠精神，营造精益求精的敬业风气，建立精细化管理体制，着力解决供给的质量、安全和卫生问题，为消费者提供值得信赖的产品和服务。

（2）提高全要素生产率。新常态下的中国是“供给决定型经济”，即经济体的产量由生产能力所决定（龚刚，2016）。① 由于我国人口红利的消失、资本报酬递减以及环境约束趋紧，不可能通过增加生产要素的投入来维持经济增长。影响经济增长的供给因素除生产要素投入以外，还有技术进步。供给侧结构性改革通过有效提高全要素生产率来助力经济增长。一是加快淘汰落后产能，化解过剩产能，将生产要素从过剩产能和无效产能中释放出来，通过市场机制将其投入新兴产业之中，纠正要素配置的扭曲，从而提高全要素生产率。二是高度重视人力资本。在要素和投资驱动阶段，全要素生产率的提高主要依靠物质资本引领，而在创新驱动阶段，则主要靠人力资本驱动（洪银兴，2016）。② 在人力资本积累方面，不仅要提高劳动者的素质和技能，还要促进人才供给结构的多样化，既培养高精尖人才，也培养高级技工。

（3）激发企业活力。企业是实现从要素驱动型经济增长方式向创新驱动型增长方式转变的重要微观载体。一要激发和保护企业家精神。企业家精神是驱动经济增长方式转变的关键（曾铖、李元旭，2017）。③ 着力营造依法保护企业家合法权益的法制环境，进一步优化营商环境，尊重和激励企业家干事创业，持续激发市场活力和社会创造力。二是要大力支持企业

① 龚刚. 论新常态下的供给侧改革［J］. 南开学报（哲学社会科学版），2016（2）：13－20.

② 洪银兴. 准确认识供给侧结构性改革的目标和任务［J］. 中国工业经济，2016（6）：14－21.

③ 曾铖，李元旭. 试论企业家精神驱动经济增长方式转变——基于我国省级面板数据的实证研究［J］. 上海经济研究，2017（10）：81－94.

降低成本。以简政减税为重点，继续精简行政审批手续，进一步清理取消涉企收费，加大减税和降息力度，切实减轻企业负担，释放企业活力。

（三）深化改革与全面开放道路

中国经济的发展实践表明，改革开放是中国经济发展的根本动力，新经济的发展也必须继续走改革之路，服务于供给侧结构性改革，加大制度供给，进一步释放改革红利与动力。党的十八大以来，中央全面改革领导小组出台了多项改革举措，为新经济的发展提供了制度性框架。但是，要真正推动新经济的成长，还需要进一步从理念和操作上进一步推动改革。

在新常态时期，中国经济具有巨大的增长潜力在理论上是不争的事实，但在实际工作中如何实现经济发展方式从规模速度增长向内涵质量发展转变、使新经济引领新常态，是目前迫切需要解决的问题。马克思运用历史唯物主义的基本方法，强调经济制度的重要性和历史性。适合生产力发展的制度是经济发展的推动力，而不适合生产力发展的制度则会成为经济发展的桎梏。新经济是带有一种破坏性的创新，在其发展过程中必然会出现对旧的体制机制的不适应。所以在新经济的发展过程中，要创造高效、宽松的体制机制环境，培育适宜新经济发展的政策土壤。

首先，转变政府职能，深化简政放权。一方面，新经济发展的主体是企业而不是政府。政府在新经济发展中的作用不是审批高科技企业，也不是审计科技开发区，更不是直接运作一批创新项目（孙飞，2016）。[①] 政府在新经济的发展过程中应减少行政干预，让市场和消费者进行选择，营造良好的创新环境，保护公平竞争的市场环境。另一方面，虽然发展新经济的基本路径是依靠市场内生力量，但是我国新经济的发展处于起步阶段。同时在前期经济高速发展过程中，政府发挥了重要作用。由于路径依赖性的存在，中国特色新经济的发展仍需要政府制定相关的产业政策进行扶持、引导和推动。

---

① 孙飞．加快发展新经济的六大战略举措——深化改革创新驱动发展新经济会议综述[J]．经济研究参考，2016（42）：49－53.

其次，深化科技体制改革，培育引领新经济发展的科技人才。目前我国的研发经费投入强度已达到中等发达国家水平，但是多投入于一些应用科学领域。为了提升我国原始创新能力，政府不仅需要增加对数学等基础学科的研发投入，促进基础科学与应用研究相融通，还需要积极探索基础研究的众包众筹众创，使基础研究的投入主体多元化。一切科技创新活动都是人做出来的。在新经济的发展中，要牢固树立“人比资本重要”的创新增长理念，极大地调动和充分尊重广大科技人员的创造精神，优化对各类科学研究的支持方式，提高科技创新活动的效率，着力改革和创新科研经费使用和管理方式，让经费为人的创造性活动服务①。

（四）工业化和信息化融合发展道路

（1）大力发展实体经济。习近平总书记曾强调，“国家强大要靠实体经济，不能泡沫化”。作为新技术经济范式，中国特色新经济需要平衡实体经济与科技创新的发展。实体经济不强，科技创新缺乏物质基础；创新能力不强，实体经济没有核心竞争力。只有二者均衡协调发展、实现良性互动，才能有利于我国新经济的发展。固然，技术创新、产业孵化离不开资本市场的大力支持，离不开金融创新。但是，金融业的发展与创新，必须依赖于实体经济，必须服务于实体经济，形成金融业与实体经济的良性发展。

（2）大力推进《中国制造 2025》。实体经济是一国经济之本，而制造业又是实体经济的主体。当前中国制造业面临着巨大的生存压力，发达国家的先进技术对我国形成了“高端挤压”态势，而后发工业国家则通过产业替代对我国造成了“低端挤出”的情形。所以我国要积极推进信息技术与制造技术深度融合，来实现制造业的高技术化，加快从制造大国转向制造强国。在新经济的产业体系下，智能制造是中国制造业转型升级的方向。智能制造的关键是要具备核心技术，提高自主创新能力，所以应统筹

---

① 习近平．为建设世界科技强国而奋斗［N］．人民日报，2016－06－01.

各方面的优势资源，更多地支持和鼓励科学技术的研究。同时，智能制造是一项系统性工程，需要政府的扶持、科研机构的支持和企业的生产实践，通过建立以企业为主体、市场为导向、产学研深度融合的技术创新体系，来促进更多的智力成果转化为技术成果、更多的技术成果转化为产业成果，共同推动智能制造的发展。

（3）推进“互联网+”行动计划。在新经济发展阶段，互联网不再属于虚拟经济范畴（刘刚，2017）。[①] 网络技术的扩散改变了工业经济下传统的供需模式，通过互联网、物联网、移动智能终端等信息技术，借助于云计算，供给与需求、要素和市场实现了适时结合与对接，优化了资源配置，产生出新产品、新服务、新业态。在新经济下，企业价值链的主导权在消费者手中。信息技术打破了生产者和消费者之间的地域和组织限制，使消费者可以参与产品生产和价值创造的全过程，企业应以消费者的需求为中心，通过移动终端、网络营销、社交平台等方式实现与用户的精准对接，推出个性化产品，为客户提供产品全生命周期的服务。

① 刘刚．构建以“双创”为导向的新经济——基于国家级“双创”示范基地的调查［J］．经济纵横，2017（9）：49－55.

新常态下“美丽中国”的绿色发展道路
——基于《资本论》生态经济思想的分析

耿 强 李希博 王 睿

摘 要：建设绿色发展、生态文明“美丽中国”的规划是当前中国经济发展的重心，早在19世纪60年代，马克思的《资本论》中就有着丰富的生态经济思想，涉及人与自然生态关系、物质变换、物质循环、自然与社会生产力相统一等诸多方面。本文立足于中国发展现状，深入剖析《资本论》中生态经济思想的主要内涵，并赋予其新的时代意义，以马克思生态经济思维方式为指引，对建设新常态下的“美丽中国”提出了合理化建议。

关键词：绿色发展；生态文明；美丽中国；资本论；新常态

作者简介：耿强，南京大学商学院教授，人口经济研究所所长；李希博，南京大学商学院人口经济研究所2016级硕士研究生；王睿，南京大学商学院人口经济研究所2016级硕士研究生。

一、引 言

生态兴则文明兴，生态衰则文明衰。随着中国经济步入“新常态”阶段，结构转型、生态文明、绿色发展逐渐成为我党治国理政的关键词。自从党的十八大提出“建设美丽中国”以来，习近平总书记在多个场合对绿色发展理念作了一系列论述，并系统提出了“两山论”（既要绿水青山，也要金山银山；宁要绿水青山，不要金山银山；绿水青山就是金山银山）。[①] 党的“十三五”规划《建议》中明确提出，绿色是永续发展的必要条件和人民对美好生活追求的重要体现。由此可见，走向生态文明新时代、建设美丽中国，已经成为实现中华民族伟大复兴中国梦的重要内容。

另外，我国正处于工业化快速发展阶段，能否避免重蹈西方国家早期发展造成严重环境问题的覆辙，走出一条既快速发展又善待环境的新路，成为“新常态”下中国经济发展的一个重要命题。通过过去30余年的经济高速增长，富强中国、民主中国、文明中国的形象已经呈现在世界面前，美丽中国成为当下中国特色社会主义事业奋斗的新目标；经济发展、民生发展、文化发展的工作已经赢得举世赞誉，绿色发展成为当下中国特色社会主义事业建设的新基调。完成这一新兴历史使命，始终离不开先进思想的指导。《资本论》作为马克思主义理论的结晶，是发展社会主义事业永不过时的核心思想，在历史的考验下不断呈现出新的内涵。基于此种考虑，本文试图结合《资本论》中的生态经济思想与当下中国生态文明建设的实际情况，来研究“新常态”下中国的绿色发展问题。

二、《资本论》生态经济思想的主要内涵

马克思的《资本论》诞生于19世纪60年代，正是资本主义制度和工业革命蓬勃发展的时代。当时，生态环境的破坏还没有引起社会关注，也尚未有人提出生态危机这一概念，经济增长的各种理论也都处在萌芽之中。人们关注的焦点在于生产工具的变迁、生产方式的革命以及物质资本的增长。而马克思已经开始对资本主义社会展开了全面、深入的分析，并预见性地指出资本主义生产方式是生态环境恶化的根源这一事实。虽然马克思并未直接提出“生态经济”这一概念，但其在《资本论》中，提出了

① 习近平总书记在多个场合均提出了“两山论”的重要思想，不过以在哈萨克斯坦纳扎尔巴耶夫大学发表演讲时的阐述最为全面、经典［EB/OL］. http：//news. xinhuanet. com/politics/2015 - 08/06/c_ 1116159476. htm.

大量的生态经济思想，留给后世宝贵的精神财富。

（一）《资本论》中关于人与自然的生态经济关系的内容

生态经济思想是马克思思想理论体系的一个重要组成部分，马克思在《1844年经济学哲学手稿》《德意志意识形态》等著作中均有关于生态经济内容的阐述，而《资本论》则是一部马克思生态经济思想的集中体现之作。

在《资本论》中，马克思认为，人类不是自然的所有者，自然更不是人类的奴仆。人类没有权利肆意妄为地破坏自然，应该尊重同是自然界生命的其他万物的生存权，保护客观的自然生态环境，遵循既定的自然规律。“从一个较高级的经济的社会形态的角度来看，个别人对土地的私有权，和一个人对另一个人的私有权一样，是十分荒谬的。甚至整个社会，一个民族，以至于一切同时存在的社会加在一起，都不是土地的所有者。他们只是土地的占有者、土地的受益者，并且他们应当作为好家长把经过改良的土地传给后代。”① 人类作为自然生态系统的重要组成部分，应该明确自己在生态系统中的正确位置，人的需要的满足、经济社会的发展，是要受制于自然界及生态环境状况可能提供的条件及其允许的程度范围，即把人类实践活动限制在生态环境容许的限度内，经济社会发展不能超越生态环境的承载能力。在利用和享受自然资源来满足人类生存发展需要权利的同时，也要树立对子孙后代高度负责的态度，认真履行保护土地等自然资源的义务，使自然得以持续发展，而“连续性本身就是一种劳动生产力”②，保护环境就是保护生产力，治理环境就是发展生产力。人类的经济活动要树立“生态优先发展”的意识，遵循经济规律与生态规律，“生态规律和经济规律同存在于人类经济活动为中心的生态经济系统之中，并以其固有的特性和行程发挥制约和支配作用”③。这样将使人类与自然能够和

① ［德］马克思．资本论：第3卷［M］．北京：人民出版社，2004：878.
② ［德］马克思．资本论：第2卷［M］．北京：人民出版社，2004：312.
③ 刘思华．理论生态经济学若干问题研究［M］．南宁：广西人民出版社，1989.

谐相处，实现人与自然之间合理的物质变换，引领人类社会从以破坏生态环境为代价的“黑色文明”走向人与自然和谐相处的“绿色文明”。

（二）《资本论》中关于人与自然之间物质变换的内容

马克思在《资本论》中赋予了“物质变换”独特的社会历史性内涵。马克思从历史唯物主义的视角关注社会发展的实际情况，提出了现实的资本主义社会、现有的物质生产实践活动是人和自然之间相互作用结果的观点，而在这个过程中，物质生产实践发挥了极其重要的作用。在马克思的《资本论》中，有关“物质变换”的内容可以具体到 3 个层面，即自然界的物质变换、人与自然界之间的物质变换和社会自身的物质变换。在这 3 种变换中，马克思最看重的是人与自然之间的物质变换过程。

在马克思看来，劳动是人和自然关系的中介。它将人、自然与社会统一为一个密不可分的整体，实现三者之间的协调、有序发展对于社会的长远发展至关重要。在《资本论》中，马克思指出：“劳动首先是人和自然之间的过程，是人以自身的活动来中介、调整和控制人和自然之间的物质变换的过程；”① 并且“在劳动过程中，人的活动借助劳动资料使劳动对象发生预定的变化”。② 人类可以通过劳动，将自然界事物变成满足人们需求、具有使用价值的商品，即经济学领域中的“生产”概念。在生产的过程中，劳动与自然事物交互融合，在自然事物中实现自己的目的。这可以概括为“自然被人化”的过程。同时，在劳动的过程中，人会把自然属性纳入自身的发展，丰富人本身的内涵。进行劳动的人，正如马克思所言，“这种运动作用于他身外的自然并改变自然时，也就同时改变他自身的自然”③。这可以概括为“人被自然化”的过程。

因此，《资本论》中人与自然物质变换的内容可总结概括为“自然界的人化”和“人的自然化过程”。在这个过程中，人与自然进行了双向互

---

① ［德］马克思．资本论：第 1 卷［M］．北京：人民出版社，2004：207 - 208.

② ［德］马克思．资本论：第 1 卷［M］．北京：人民出版社，2004：211.

③ ［德］马克思．资本论：第 1 卷［M］．北京：人民出版社，2004：201 - 202.

动选择，运用生态学相关理论与实践知识协调好两者间的关系，避免物质代谢断裂的出现，对于社会的可持续发展、人类实现长远利益最大化具有重要的意义。

（三）《资本论》中关于自然与社会生产力相统一的内容

传统的经济学哲学理论将生产力定义为人类征服自然、改造自然的能力，即传统的“征服论”。西方资本主义国家经历的高增长与高污染并存的粗放式经济增长模式虽然带来了经济的快速增长，却给资源与环境带来了巨大甚至是难以弥补的破坏。“征服论”的生产力理论并不符合现代化建设的需求与长远发展的理念，合理的生产力理论应该建立在可持续发展与永续发展的基础之上。

在马克思关于生产力的论述中，其生产力本质上是自然生产力与社会生产力的统一，两者可以被统称为“生态经济生产力”。马克思在《资本论》中指出：“劳动生产力是由多种情况决定的，其中包括：工人的平均熟练程度、科学的发展水平和它在工艺上应用的程度、生产过程的社会结合、生产资料的规模和效能，以及自然条件。”① 在这个论述中，前四方面属于以人为主的社会生产力范畴，而最后的“自然条件”则属于自然生产力范畴。

自然力是自然界物质本身的一种能力，如风力、水力等，但它们只有结合人们的劳动与创造力，才有可能成为自然生产力。马克思指出：“大生产——应用机器的大规模协作——第一次使自然力即风、水蒸气、电大规模地从属于直接的生产过程，致使自然力变成了社会劳动的因素。”② 而自然力总量毕竟是有限的，因此，人应该认识与服从客观规律，将自然力合理地转化为自然生产力。社会生产力是人类在与自然的物质变换过程中把自然改造成适合人类需要的物质资料的能力。决定这种力量的主要因素是科技的发展水平，与生产工具的先进程度、社会劳动者素质高低也有一

---

① ［德］马克思．资本论：第1卷［M］．北京：人民出版社，2004.
② ［德］马克思，恩格斯．马克思恩格斯全集：第47卷［M］．北京：人民出版社，1979.

定的关系。马克思提及社会生产力是“取决于一般的科学水平和技术进步，或者说取决于科学生产上的运用”[①]。

自然生产力与社会生产力相互作用、相互制约又相互依存，它们都是生产过程中满足人们需要必不可少的能力。恩格斯曾指出：“政治经济学家说：劳动是一切财富的源泉。其实，劳动和自然在一起才是一切财富的源泉。”[②] 因而在整个生产体系中，自然生产力与社会生产力是相统一的，两者相互作用，一起满足人们的欲望与需求。

（四）《资本论》中关于自然与社会之间物质循环的内容

循环经济（Cyclic Economy）是指在人、自然资源和技术的大系统内，在资源投入、生产、产品消费及其废弃的全过程中，把传统的依赖资源消耗的线形增长的经济，转变为依靠生态型资源循环来发展的经济。马克思有关物质循环利用的思想在《资本论》中的表述可以被总结归纳为：对生产排泄物的循环再利用与对生活排泄物的循环再利用。“生产排泄物是指工业和农业的废料；消费排泄物则部分地指人的新陈代谢所产生的排泄物，部分地指消费品消费以后残留下来的东西。在利用这些排泄物方面，资本主义经济浪费很大。”[③]

在《资本论》中，马克思举实例说明了资本主义生产方式中的巨大浪费现象和“在利用工业和农业的废料、人类的消费排泄物方面以及在利用废物的方法等方面的失败”[④] 给人本身与所处自然环境造成的损害。而浪费与损害现象的根源在于“资本主义生产方式以人对自然的支配为前提”，资本对于剩余劳动与价值存在无止境的追求与剥削。基于资本主义生产方式对利润无止境追求的这一属性，一方面，它将导致自然资源的短缺与枯竭；而另一方面，随着资本主义经济的发展，生产与生活排泄物也逐渐积累，这必然产生“原料的日益昂贵”和“废料几乎在每一种产业中都起着

---

① ［德］马克思，恩格斯．马克思恩格斯全集：第46卷［M］．北京：人民出版社，1980，218.

② ［德］马克思，恩格斯．马克思恩格斯选集：第4卷［M］．北京：人民出版社，1995，508.

③ ［德］马克思．资本论：第3卷［M］．北京：人民出版社，2004：61.

④ Howard L. Parsons. *Marxand Engelson Ecology*［M］. London：Greenwood Press，1977：175.

重要的作用”① 的现象。这对资源的消耗和对环境的污染都超出了自然本身的承载与净化能力，且依靠资本主义传统的粗放型经济增长方式无法根本解决这一矛盾。但是，在资本主义生产方式下这一矛盾可以通过两种途径来缓解：一是提高使用机器的质量以减少废料的产生与排放；二是通过“机器的改良、科学的进步，发现了那些废物的有用性质，使那些原有形式上本来不能利用的物质，获得一种在新的生产中可以利用的形态”②，即实现对废物的循环利用。

因此，通过“把生产排泄物减少到最低限度和把一切进入生产中去的原料和辅助材料的直接利用提到最高限度”③，从而提高生产的经济效率和社会生态效益，实现资源的节约利用与物质的循环利用，最终实现经济的循环可持续发展。

三、中国经济建设与环境保护困境

改革开放近 40 年，中国经济建设取得的巨大成就令世界瞩目。GDP 增长以平均超过 10% 的速度独树于世界，总量稳居世界第 2 位。根据国际货币基金组织的相关统计，中国 GDP 占世界总量的比重由 1978 年的 1.8% 上升到 2015 年的 15.5%。这一世界经济史上的奇迹，不仅改变了全球 1/5 人口的生活方式，还为世界经济的持续、健康发展提供了充足的动力。中国的经济发展，依托的是加工贸易道路和出口导向型贸易战略，以大规模的工业化和城市化推动经济快速增长，在这一发展模式的背后，蕴含着不少破坏生态和可持续发展的问题。

与其他工业化国家一样，我国的环境问题也与工业化相伴而生。随着工业化的大规模展开、城市化的大规模兴起，环境污染问题逐渐严重。而且由于不少国民的生态环境意识落后，在建设“金山银山”的过程中，不少人往往抛弃掉“绿水青山”，以牺牲子孙后代的生存利益为代价换取短

① ［德］马克思．资本论：第 3 卷［M］．北京：人民出版社，2004：115－116.
② ［德］马克思．资本论：第 3 卷［M］．北京：人民出版社，2004：115.
③ ［德］马克思．资本论：第 3 卷［M］．北京：人民出版社，2004：116.

暂的经济收益。对此，环保部有专家曾表示，过去中国经济高速增长主要依靠的是廉价资源，尤其是廉价环境资源。而在软实力、科学技术和制度层面上处于一种相对落后的状态，由此导致原来少量的污染物排放增长到目前高位数的排放，目前我国几乎所有与大气污染物有关的指标的排放（主要包括二氧化硫、烟尘、粉尘、PM 颗粒物以及氮氧化物等）和二氧化碳，在全世界都是第一，整个大气环境面临的压力前所未有。[①]

从自然资源的角度来看，国家统计局公布的一段表述一直为社会所关注，“中国以占世界 9% 的耕地、6% 的水资源、4% 的森林、1.8% 的石油、0.7% 的天然气、不足 9% 的铁矿石、不足 5% 的铜矿和不足 2% 的铝土矿，养活着占世界 22% 的人口；大多数矿产资源人均占有量不到世界平均水平的一半，中国占有的煤、油、天然气人均资源只及世界人均水平的 55%、11% 和 4%。中国最大的比较优势是人口众多，最大的劣势是资源不足”。[②]诚如这段表述，我国在自然资源上一直远远落后于世界平均水平，而且在过去对自然资源的开发过程中也造成了极大的破坏。由于水资源开发过程中的浪费，城乡居民的饮用水安全已经成为约束我国经济社会持续和谐发展的关键问题；由于水土流失问题严重，我国年均损失耕地数量超过 100 万亩；由于森林开发过程中的乱砍滥伐，我国人均森林蓄积量仅为世界平均水平的 1/8；由于工业生产以资源型产品为主，长期处于产业链下游，各类自然资源出口较快，给国内消费带来了更大的威胁。种种资源阻碍已经成为约束新常态下中国经济进一步发展的重要瓶颈问题。

可以看出，环境污染、生态破坏、气候变化以及资源匮乏已经成为当前压在中国头上的“几座大山”。破除当下发展格局、建设“美丽中国”，必须要妥善解决上述问题。“先污染后治理”不是环境经济学的普遍规律，“边污染边治理”“先污染不治理”的做法更不可取。因此，在当下中国，环境问题已经上升到国家战略层面，需要每一位国民为之付出努力。

---

① 内容来源于环保部环境规划院副院长兼总工程师王金南在“2016 年中国环保上市公司峰会”上的发言［EB/OL］. http：//news. sohu. com/20161205/n474930734. shtml

② 数据来源于 2009 年国家统计局第一季度公报。

四、《资本论》中的生态经济思想对“美丽中国”建设的重要启示

马克思在《资本论》中前瞻性地提出生态经济思想，突破了历史时代的局限性，指引着中国特色社会主义事业的进一步发展，并且中国特色社会主义事业的建设不断为之赋予新的内容，添加新的含义。其所体现的人与自然和谐相处、生态经济生产力以及循环经济等生态经济思想对新常态下“美丽中国”建设依旧具有重要的借鉴意义。

（一）人与自然和谐相处是建设“美丽中国”的永恒话题

马克思在《资本论》中提及的生态经济思想表明，人类没有权利肆意妄为地破坏自然，而应该尊重其他生命体的生存权，保护客观的自然生态环境，遵循既定的自然规律。人只是自然生态系统的一个组成部分，应该明确自身在生态系统中的正确位置。人类社会的经济发展、社会生产力的向前推进、社会物质生产的循环，都应该限制在生态环境容许的限度内，都应遵循生态环境保护规律，“生态规律和经济规律同存在于人类经济活动为中心的生态经济系统之中，并以其固有的特性和行程发挥制约和支配作用”①。并且，其直接驳斥了传统的“征服论”，即将社会生产力定义为人类征服自然、改造自然的能力，提出了人与自然和谐统一的生态经济生产力理念。这些思想既体现了人的重要性，更体现出人与自然和谐共处的必要性。

在“美丽中国”的建设规划中，总设计师习近平总书记就强调“自然界内部、人与人、人与社会、人与自然之间以及社会内部诸要素之间实现均衡、稳定、有序，相互依存，共生共荣。这是一种动态中的平衡、发展中的协调、进取中的有度、多元中的一致、‘纷乱’中的有序”②。高度概

① 刘思华．理论生态经济学若干问题研究［M］．南宁：广西人民出版社，1989：75.

② 内容来源于习近平总书记关于“十三五”发展理念中协调发展篇的发言［EB/OL］. http：//n. cztv. com/news2014/1139815. html.

括了人与自然和谐相处这一主题思想。党的十八届五中全会也指出：“促进人与自然和谐共生，构建科学合理的城市化格局、农业发展格局、生态安全格局、自然岸线格局，推动建立绿色低碳循环发展产业体系。加快建设主体功能区，发挥主体功能区作为国土空间开发保护基础制度的作用。”这是以人为本执政理念的体现，也是把人民当作发展的目的和落脚点的应有之义。在绿色发展中，自然环境和资源的开发绝对不是单一的，而是综合的，不能和过去部分目光短浅、思想存在局限性的建设者一样，只考虑经济利益，而应该达到社会、经济、生态三者效益的协调。党中央提出这些理念，是《资本论》中人与自然和谐相处思想的新的表现形式，在“美丽中国”的建设过程中，应成为一个永恒坚守的原则。

（二）循环经济应成为发展绿色经济的重要形式

马克思在《资本论》中指出：“不同的共同体在各自的自然环境中，找到不同的生产资料和不同的生活资料。因此，它们的生产方式、生活方式和产品，也就各不相同。”① 也就是说，不同环境下催生的不同生产方式，会给自然环境带来不同的影响。在区分生产方式的基础上，《资本论》通过举例和说理直接指出了资本主义生产方式对环境的巨大破坏和对资源的巨大浪费，并提出造成这种现象的原因是“资本主义生产方式以人对自然的支配为前提”。完成对资本主义生产方式的批判后，马克思也多次提到了物质循环利用的思想，这可以被总结归纳为“对生产排泄物的循环再利用与对生活排泄物的循环再利用”。这种思想对新常态下中国经济结构转型和生产方式优化升级具有显著的指导意义。

正如前文所述，我国是一个人口众多并且人均资源相对匮乏的发展中大国，物质资源循环利用对我国经济建设意义重大。因此，在发展绿色经济的过程中，要着力形成“企业间生产代谢和共生关系的生态产业链”，实现物质能量多层次循环使用，使生产成为“资源—产品—再生资源”的

① ［德］马克思．资本论：第1卷［M］．北京：人民出版社，2004：407.

零排放过程。还应全面节约和高效利用资源，树立节约集约循环利用的资源观，建立健全用能权、用水权、排污权、碳排放权初始分配制度，推动形成勤俭节约的社会风尚。此外，还应深化经济结构调整，继续坚持“去产能、去库存、去杠杆、降成本、补短板”的经济方针，同时，开发和学习绿色经济新技术，双管齐下，发展循环经济。这种循环经济模式体现了绿色经济的内涵，符合“美丽中国”的建设要求，也能反映习近平总书记多次强调的“实现经济发展和人口、资源、环境相协调，走生产发展、生活富裕、生态良好的文明发展道路”的可持续发展原则。

（三）“两山论”是《资本论》生态经济思想的新内涵

为指导“美丽中国”建设工作，习近平总书记系统地提出了“既要绿水青山，也要金山银山；宁要绿水青山，不要金山银山；绿水青山就是金山银山”的“两山论”。“两山论”起源于习近平同志在浙江省安吉县余村的一次考察，经过十余年的实践和积淀，逐步完善，并且在“两山论”的基础上逐步形成了一个系统的以绿色为导向的生态发展观，包括绿色发展观、绿色政绩观、绿色生产方式、绿色生活方式等内涵。追本溯源来看，“两山论”是对《资本论》生态经济思想的进一步升华，体现了人与自然和谐相处的本质，也反映出循环经济生产方式的要求，对当下中国社会物质生产交换的效率也提出了更高的要求。可以说，建设“美丽中国”的“两山论”是《资本论》生态经济思想在中国的新内涵。

但是，细细品味《资本论》的生态经济思想后，本文认为，在绿色发展道路上，《资本论》依旧可以给“两山论”指导思想提供必要的补充。《资本论》最基本的论调就是“资本是逐利的”，而生态经济思想表明资本主义生产方式必然会导致生态环境的破坏。因此，需要对社会生产方式进行引导，而社会主义制度的优越性就在于，国家能够实施强有力的宏观调控。因此，国家应加大环境治理力度，以提高环境质量为核心，实行最严格的环境保护制度，深入实施大气、水、土壤污染防治行动计划，实行省以下环保机构监测监察执法垂直管理制度。只有这样，才能筑牢安全屏障。

此外，在微观层面上，由于过去的经济建设中部分企业主盲目逐利、目光短浅，忽视绿色发展，因此，应该积极引导企业尤其是工业企业走绿色发展道路。这种引导，势必会给企业的发展和经济的发展带来“阵痛期”，部分企业未必会意识到“美丽中国”建设的重大意义，会抵触这种引导，因此需要国家的强制力。当下中国在环境规制问题上就旗帜鲜明地选择了“绿水青山”而“抛弃金山银山”，对不符合标准的企业强制关停，责令整改。但从资本和环境效益协调发展共同追求最大化的角度来看，这种做法并不是长久之计。因为在“美丽中国”的建设过程中，我们“既要‘绿水青山’，也要‘金山银山’”，因此，国家应着力引导企业转变发展模式，支持企业改进生产技术，帮助企业实现产业链升级。除此之外，还应积极调整官员政绩评价机制，将反映生态文明的绿色政绩观及时纳入评价考核机制。只有这样，才能真正地把社会生态效益和经济效益有机结合，助力“美丽中国”的长远发展。

马克思在《资本论》中提及的生态经济思想，是超越了其所在历史时代的精神财富，也是我国开展生态文明建设指导思想的源头所在。可以看出，当前中国的绿色发展战略依旧体现着《资本论》生态经济思想的灵魂。在未来的发展中，应继续毫不动摇地坚持马克思生态经济理念，面对日益趋紧的资源环境约束，发展绿色经济、循环经济，建设生态文明，走绿色发展道路。

城乡收入差距：一个政治经济学的分析框架[①]

邓金钱　何爱平

摘　要：共享发展理念的实质是“发展的成果由人民共享”，转型期，缩小城乡收入差距、统筹城乡发展是实现共享发展的核心内涵和应有之义。中国城乡收入差距的演化与改革以来城乡社会变革和经济政策调整的历史过程密切相关，城乡物质利益格局的非均衡演化导致了城乡对立，经济主体行为选择异化导致了城乡资源配置扭曲，制度安排的城镇偏向导致了城乡发展失衡，加之激励机制设计滞后不利于城乡收入差距收敛。因此，缩小城乡收入差距、实现城乡共享发展，需要从调整城乡间的物质利益关系、规范利益主体行为、完善制度设计、促进激励相容等方面构建多元的治理体系，保障中国“发展的成果由全体人民共享”。

关键词：城乡收入差距；物质利益格局；政治经济学

作者简介：邓金钱，西北大学 2015 级博士研究生；何爱平，博士，教授，博士生导师。

① 项目信息：本文系国家社会科学基金项目“供给侧改革中粮食生产区位效率差异与产需格局优化研究”（批准号：16BJY104）、陕西省社会科学基金面向“十三五”重大理论与现实问题研究项目“中国特色社会主义政治经济学发展研究”（批准号：2016ZDA18）、西北大学研究生自主创新项目“中国财政支农政策的农业减灾效应研究”（批准号：YZZ15049）研究成果。

一、引 言

与西方发达市场经济国家的经济体制不同，中国特色社会主义市场经济体制中包含了战略性的中央政府、竞争性的地方政府以及竞争性的企业，这种独特的“三维体制”是中国经济超常增长的根本原因①，中国地方政府具有“准企业”和“准市场”的双重角色，政府间竞争成为中国经济制度的秘密所在，也造就了中国经济增长的“政府主导性质”，然而地方政府为增长而竞争却显著地拉大了城乡收入差距②。伴随着中国经济进入发展新常态的宏观背景和经济增长动力的稳态转换，党的十八届五中全会提出“创新、协调、绿色、开放、共享”的发展新理念，“发展的成果由人民共享”是中国特色社会主义发展的本质要求和落脚点，缩小城乡收入差距是实现城乡共享发展的核心内涵和应有之义。中国城乡收入差距的变迁与改革以来城乡社会变革和经济政策调整的历史过程密切相关，从表象上看，主要是城乡居民所拥有财产的形式和数量差异，本质上却是城乡物质利益格局的非均衡演化，这是一个政治经济学问题，需要进行政治经济学的分析研究③。本文基于政治经济学的分析范式，审视中国城乡收入差距持续扩大的深层次原因，进而提出促进中国城乡收入差距收敛、实现城乡共享发展的政策建议。

二、中国城乡收入差距成因的政治经济学审视

“人们奋斗所争取的一切，都同他们的利益有关，”④ “不过这里涉及的人，只是经济范畴的人格化，是一定阶级关系和利益的承担者，”⑤ 利益的不一致性成为马克思主义政治经济学研究的基础，中国城乡收入差距的本质是

---

① 史正富. 超常增长：1979—2049 年的中国经济 [M]. 上海：上海人民出版社，2013.

② 张建武，赵秋运、兰丽君. 地方政府竞争恶化了城乡收入差距吗？——基于 1995—2007 年省际面板数据的实证分析 [J]. 劳动经济研究，2014 (3).

③ 刘灿. 关于中国特色社会主义政治经济学研究的几点认识 [J]. 南京大学学报（哲学·人文科学·社会科学），2016 (2).

④ [德] 马克思，恩格斯. 马克思恩格斯选集：第 1 卷 [M]. 北京：人民出版社，1972：82.

⑤ [德] 马克思. 资本论（第一卷）[M]. 北京：人民出版社，2004：10.

政府主导型经济中城乡物质利益关系格局的非均衡演化；经济社会中的各经济主体行为选择由其所处的利益阶层或社会群体所决定，城乡物质利益格局的演化影响着经济主体行为选择，导致城乡资源配置出现扭曲；物质利益格局的演化需要制度规范，“制度在社会中具有更为基础性的作用，它们是决定长期经济绩效的根本性因素”①，落后的制度安排成为城乡收入差距收敛的约束条件；激励机制设计不能对经济主体形成有效激励，抑制了城乡收入差距收敛。因此，本文选择“物质利益格局演化—经济主体行为选择—制度供给约束—激励机制设计”的政治经济学分析范式，研究中国城乡收入差距的收敛性问题。

（一）城乡物质利益格局的非均衡演化导致了城乡利益的对立

马克思主义政治经济学的研究对象“生产关系”在其核心内涵上就是人们在生产和再生产过程中形成的物质利益关系②，马克思、恩格斯在其一系列经典著作中广泛而深入地论述了城乡依存、分离和融合的发展规律及其历史逻辑，城乡收入差距凸显在城乡对立的发展阶段。“物质劳动和精神劳动的最大的一次分工，就是城市和乡村的分离”③，而“一个民族内部的分工，首先引起工商业劳动同农业劳动的分离，从而也引起城乡的分离和城乡利益的对立”④，“城乡之间的对立……把一部分人变为受局限的城市动物，把另一部分人变为受局限的乡村动物，并且每天都重新产生二者利益之间的对立”⑤。城乡关系的对立和分离是生产力“有所发展但又发展不足”的现实表征⑥，随着生产力的进一步发展，城市和乡村的对立也就消失，“从

---

① ［美］道格拉斯·诺斯．制度、制度变迁与经济绩效［M］．杭行，韦森，译．上海：格致出版社，上海三联书店，上海人民出版社，2008：147.

② 侯风云．论政治经济学的客观存在性——兼谈物质利益关系［J］．福建论坛（人文社会科学版），2016（8）.

③ ［德］马克思，恩格斯．马克思恩格斯文集：第1卷［M］．北京：人民出版社，1972：556.

④ ［德］马克思，恩格斯．马克思恩格斯文集：第1卷［M］．北京：人民出版社，1972：520.

⑤ ［德］马克思，恩格斯．马克思恩格斯文集：第1卷［M］．北京：人民出版社，1972：556.

⑥ 周志山．从分离与对立到统筹与融合——马克思的城乡观及其现实意义［J］．哲学研究，2007（10）.

事农业和工业的将是同一些人，而不再是两个不同的阶级，……由社会全体成员组成的共同联合体来共同地和有计划地利用生产力……，结束牺牲一些人的利益来满足另一些人的需要的状况，彻底消灭阶级和阶级对立，……所有人共同享受大家创造出来的福利，通过城乡的融合，使社会全体成员的才能得到全面发展”①。

中国城乡收入差距演变的本质就是城乡间的物质利益格局的非均衡演化，改革开放以前长期推行“赶超型”的发展战略和城镇偏向的经济政策，通过“计划配置”和城乡分割的户籍制度限制了农村建设和农业发展，引起城乡的分离和城乡利益的对立，而且农业劳动生产率显著低于工商业劳动生产率，加之城乡分割的户籍制度抑制了劳动力的自由流动，这必然导致城乡产出出现分化，形成了典型的城乡二元物质利益格局，城乡收入差距也随之出现，城乡二元的物质利益格局形成于改革前，但城乡收入差距的真正扩大是从改革开放开始的。改革初期的农村家庭承包制很好地解决了农村的激励问题，同时，价格的双轨制改革和生产要素市场的出现使农户收入大幅度提高，城乡收入差距显著缩小，城乡物质利益格局逐渐向均衡演化。随着改革的深入和以“国企改革”“信贷体制改革”“财税体制改革”为核心的城镇改革的开始，城镇收入出现跨越式增长，城乡发展出现二元非均衡特征，即“城市发展要比乡村迅速得多，城市是经济、政治和人民精神生活的中心，是前进的主要动力”②，而且传统计划经济体制遗留的制度性因素仍严重地抑制了城乡劳动力的流动和人口迁移，城镇居民享有广泛的社会福利和补贴，却把农村居民排斥在这种社会保障体制之外，农业发展和农村建设则被严重地边缘化，城乡发展的二元性特征进一步凸显，这种非均衡的发展导致城乡物质利益格局的演化中乡村长期处于弱势地位，以此为基础的城乡收入差距必然会出现扩大化的趋势。另外，在中国城乡物质利益格局非均衡演化过程中政府的作用不可忽视，中

---

① ［德］马克思，恩格斯．马克思恩格斯文集：第1卷［M］．北京：人民出版社，1972：689.

② ［苏］列宁．列宁全集：第十九卷［M］．北京：人民出版社，1959：264.

国特色社会主义市场经济体制中包含着“竞争性”的地方政府，城镇成为发展的重心和政府施政的重点，地方政府不仅对生产要素市场进行直接干预造成城镇和农村资源配置的扭曲，而且还直接实施有利于城镇的直接转移项目，这进一步加剧了城乡物质利益格局的非均衡演化，使得城乡收入差距进一步扩大。但是随着中国经济社会的发展和改革的进一步深化，城乡融合发展成为历史发展的必然，党的十六届三中全会提出城乡协调发展，逐步改善城乡二元经济结构，党的十八届五中全会进一步提出城乡协调发展、共享发展，引导城镇的资金、人才、技术等要素向农村流动，实现城乡物质利益关系格局的演化由非均衡向均衡调整，最终促进城乡收入差距趋于收敛，实现城乡共享发展。

（二）经济主体行为选择导致城乡资源配置扭曲

中国古语有云，“天下熙熙，皆为利来；天下攘攘，皆为利往”，马克思主义政治经济学对物质利益关系的分析中充分考虑了特定经济关系中人的目标和行为，认为古典经济学“理性经济人”假设并不符合现实逻辑，经济社会中的人具有社会属性，“不管个人在主观上怎样超脱各种关系，他在社会上总是这些关系的产物”[①]。随着经济社会的发展和城乡社会变革，城乡物质利益格局也在不断地演化和变迁，这与城镇和农村、工业和农业的对立与分离中衍生出的不同利益群体的行为选择有关，而且也影响到各经济主体新的行为选择。改革开放以来，中国城乡收入差距的本质就是城乡物质利益格局的非均衡演化，不仅造成城乡发展机会的不均等，而且会导致城镇利益群体和农村利益群体在城乡利益诉求机会和力量的错配，从而影响经济政策的选择[②]。中国城乡物质利益格局的非均衡演化中存在政府主体和非政府主体（城镇利益主体、农村利益主体和企业主体），这些主体不仅直接参与物质利益格局的演化调整，而且影响着社会治理制度的供给和利益格局调整的方向。

---

① ［德］马克思，恩格斯．马克思恩格斯选集：第二卷［M］. 北京：人民出版社，1972：102.

② 世界银行．2006 年世界发展报告：公平与发展［M］. 北京：清华大学出版社，2006：4.

第一，政府主体行为选择。中国经济社会发展中包含战略性的中央政府和竞争性的地方政府，改革前中国“赶超型发展战略”不是来自城市利益集团的压力，而是急于赶超工业化国家的渴望和领导人坚信这一发展战略是实现其目标的最佳方式①。因此，这一时期中央政府和地方政府采取一系列扭曲的政策安排（如工农业产品价格剪刀差、严格的城乡户籍管理制度等），旨在鼓励资本密集型部门优先发展，不仅忽视农业的发展，而且以牺牲农业的代价增加工业投入，相伴随的是牺牲农村建设城市，这是计划经济时期政府行为的基本特征。随着改革开放的推进，赶超战略也得到了修正，价格的市场化改革和城市建设日益完善，户籍制度的城乡分割效应逐渐减弱。1994 年中国推行了分税制改革，在中央政府“唯 GDP 政绩考核”的政治激励和财政收入安排的经济激励下，地方政府施政的最佳选择是经营工业和城镇，而不是农业和农村，地方财政支出必然存在偏城镇化的倾向，涉农业务投资严重不足②。尽管中央政府基于社会福利最大化的考量进行合理的制度安排，但在地方政府与中央政府的博弈和地方政府主导的经济增长中，农业发展、农村建设和农民增收往往处于发展的边缘，城乡收入差距则被显著地拉大了。

第二，非政府主体行为选择。随着中国城乡户籍制度改革的深化，逐渐放松了对人口流动的管制，但是事实上却形成了城镇和农村两大利益群体，城镇利益群体是户籍制度的受益者，物质利益的分化使城镇居民拥有了更多的政治代表，在公共政策选择和公共产品供给中拥有更多的话语权和影响力；而农村利益群体属于户籍制度的受损者，缺乏政治代表使得自身在政治上失语，物质利益的分化让农业、农村、农民在经济发展中被严重地忽视了。城乡物质利益格局的非均衡演化一方面使得城乡发展机会不均等，城镇拥有较好的基础设施、良好的投资机会和发展空间，而农村基础设施建设严重滞后，发展空间狭小；另一方面由于城镇利益主体和农村

---

① 蔡昉，杨涛．城乡收入差距的政治经济学［J］．中国社会科学，2000（4）．

② 张建波，马万里，迟诚．城乡收入差距的地方政府因素分析［J］．山东大学学报（哲学社会科学版），2016（1）．

利益主体话语权和影响力差异悬殊，政府往往会选择与城镇利益群体“合谋”，因此，政府公共政策选择和财政资源配置必然会出现偏城镇化的倾向，出现“愈贫者得利者愈少，愈富者得利者愈多”的恶性循环格局。另外，企业主体行为选择也影响着城乡收入差距的变迁。企业作为微观市场主体，“逐利”是其天然本性。由于资本稀缺性和流动性，“竞争性”的地方政府会给企业提供各种形式的优惠政策，企业也会在地方政府提供的优惠政策中进行选择，往往投资于优惠政策多和风险比较低的地区，而这些地区往往具有较好的交通、医疗、教育等基础设施条件和良好的投资环境，企业的这些偏好使得城镇地区具有投资优势。而农业生产具有天然的弱质性，加之公共财政资源配置的偏城镇化使得涉农业务投资严重不足，农村基础设施建设滞后，农民人力资本水平较低。因此，企业投资必然倾向于城镇地区，城镇发展活力被进一步释放，而农村的发展则更滞后，城乡收入差距显著加剧了。

（三）制度安排的城镇偏向导致城乡发展失衡

制度安排和制度创新对于一个国家或地区的经济社会发展至关重要，经济社会中制度的作用研究不仅是制度经济学的核心，而且也是新政治经济学和发展政治经济学研究框架的重要组成部分。马克思主义政治经济学认为在人们的经济社会实践中，由于社会分工的存在，必然会产生交换，交换过程的顺利进行需要一定的制度安排作为保障，强调制度的经济性和历史性。

有效率的制度能够促进一个国家或地区的经济增长，而无效率的制度则可能起到阻碍作用①。无论是中国古代封建王朝盛世的出现还是近代西方国家发展的崛起，都无一例外地证实了制度供给创新对经济社会发展的决定性作用。中国科举制的制度创新使得中国长期走在世界前列，但是之后中国并未出现新的有效制度安排，而近代西方借鉴并改良了中国的科举制，并加以创新市场性的制度安排，使西方迅速崛起成为世界的领导者。

① 李增刚，董丽娃．发展的新政治经济学研究［J］．学术研究，2009（11）．

改革开放以来，中国社会主义市场经济体制的制度创新创造了经济增长的“中国奇迹”，然而制度安排不仅影响经济增长，而且关系到经济生活的方方面面，城乡收入差距无疑是经济增长中面临的一个重要而关键的问题。

中国城乡收入差距的产生和变迁是不合理制度安排的结果，发展战略的制定和经济政策的选择是政府依据一定的政策目标而进行各种政策权衡的结果，在各经济主体的博弈下，“城市偏向型”制度安排成为必然的政策选择。所谓城市偏向型制度安排，即政府制定的偏向城市而不利于农业部门的经济政策，是赶超型发展中国家广泛存在的政策选择，也是收入不平等的一个重要因素①。中国经济增长具有“政府主导”的性质，改革之前的计划经济时代中国属于典型的封闭型经济，这一时期城市偏向型政策主要表现为巨大的工农产品价格“剪刀差”、对农村资源的过度抽取以满足优先发展重工业的资金投入，这是政府主导的“赶超战略”：严格管理的城乡户籍制度限制了农民的就业选择，农业合作化浪潮和人民公社化运动控制了农业生产，工农产品的统购统销控制了农产品的市场流通，这种制度安排保证了政府城市偏向经济政策的实施；但是却带来了严重的经济后果：生产效率低下、农业发展不足、居民长期贫困、城乡收入不平等、利益固化等。改革开放后城市偏向的经济政策可分为两个阶段：第一阶段为1978—2003年，中国的改革始于农村，之后逐渐转向城市，但是市场化改革和资源配置的市场性调节并未消除城市偏向型经济政策。1994年的分税制改革进一步强化了地方政府的经济利益，城市偏向型经济政策依然是政府的理性选择，这样不仅财政性公共资源的配置会出现偏城市化倾向，而且会导致“三农”投资长期不足，损害了农业经济增长和农村社会建设。第二阶段是2003年至今，严重的收入不平等引起了社会的广泛关注，自2003年以来，中央一号文件连续12年关注“三农”，逐步缓解并纠正城市偏向的经济政策，实施“城乡互动、工农互促”的发展战略。然而，长期

① 高彦彦，郑江淮，孙军．从城市偏向到城乡协调发展的政治经济逻辑［J］．当代经济科学，2010（5）．

性城市偏向型经济政策的纠正并不是一蹴而就的，地方政府改善城市偏向的经济政策动力不足，从城市偏向到城乡统筹转型的道路依然漫长。

（四）激励机制设计滞后抑制城乡发展收敛

政治经济学认为，在物质利益格局的约束下，不同的制度安排以不同的方式规范和约束经济利益主体行为，而激励机制设计追求在经济社会中规范经济社会秩序，降低交易费用。在一个制度安排有效并且资源能够自由流动的经济中，其总的产出可能并没有达到生产可能性边界，这里就存在激励问题；同时，由于存在信息不对称，也可能出现激励不相容问题①。激励机制设计影响利益主体行为，进而影响到物质利益关系格局，城乡收入差距的形成和变迁与不同利益主体的激励机制设计密切相关，不同的激励机制设计终会影响到城乡收入差距是趋向收敛还是发散。在中国城乡收入差距的变迁中政府主体处于主导地位，其激励机制设计长期“唯 GDP”论英雄，不仅导致政府主体激励机制设计滞后，不利于政府职能的转变和城乡收入差距收敛制度的有效实施，而且通过“政府间竞争”抑制非政府主体的自由竞争，导致市场激励等其他激励形式难以发挥应有的效应，因此，激励机制设计滞后是城乡收入差距扩大的一个重要因素。

政府官员作为政府利益的代理者，直接参与政策选择和安排实施，以经济增长为基础的“晋升锦标赛”结合了中国政府体制和经济体制的独特性质，在政治晋升的原则下设置的政府官员激励机制，促进了中国经济增长②。但是这种激励机制本身也存在不合理之处，由于地方政府官员（尤其是县级官员）作为地方政府利益的代理者，手中拥有巨大的行政权力和诸多公共资源的配置权，理性的地方官员只关心可测度的短期经济绩效而忽视经济社会的长期可持续发展，这必然导致政府所掌握的经济性生产要素和公共资源的配置倾向于城市等基础设施好、投资机会多、见效快的领域或产业，而忽视农业农村等弱质性领域，农村经济发展缺乏必要的资金

① 何爱平．发展的政治经济学：一个理论分析框架［J］．经济学家，2013（5）．
② 周黎安．中国地方官员的晋升锦标赛模式研究［J］．经济研究，2007（7）．

支持和基础设施建设。这种激励政策的扭曲必然会导致城乡产出比出现差距，进而影响到城乡收入差距。除政府官员的激励机制外，还存在对农村和城镇经济利益主体的激励机制，改革开放以来对政府以外的利益主体实行的是政府主导下的市场性激励机制。从城乡收入差距的内部结构来看，由于分工的差异，城镇居民的收入来源主要是工资性收入，而农村居民主要是经营性收入，但是城乡居民财产性收入对城乡收入差距的贡献最大，农村居民之所以贫困，是因为其没有产权，因而没有财产性收入①。然而在政府主导的市场经济中，城镇居民的收入水平高、投资机会多，市场机制也比较健全，城镇居民不仅可以在劳动力市场上获得工资性收入，而且可以进行各项投资，获得较高的财产性收入；相反，由于农业生产的天然弱质性，加之农产品价格的政府管制，农民的经营性收入极为有限。现阶段农业最重要的问题不是生产问题，而是农产品价值的实现问题，因为“谷贱伤农”的现象普遍存在。另外，农村居民由于没有产权而无法获得财产性收入，而且城乡分割户籍制度固化的影响长期存在，农村居民的“市民化”转变存在显著的门槛特征。作为第三方的企业主体，其激励机制依然是利润最大化，因而其逐利的本性必然在投资区位选择上倾向于城镇等基础设施好的地域或者见效快的非农产业，而不愿进行涉农业务投资。因此，不合理的激励机制设计进一步扩大了中国城乡收入差距。

三、政治经济学视角下缩小城乡收入差距、实现城乡共享发展的政策启示

（一）调整城乡间的物质利益关系是城乡由对立走向统一、缩小城乡收入差距的基础

马克思城乡关系理论科学地分析了城乡关系发展由依存到对立，再到

---

① 厉以宁．中国经济双重转型之路［M］．北京：中国人民大学出版社，2013：2.

统一的历史逻辑规律，缩小城乡收入差距，实现城乡融合、统一、协调发展的关键在于进一步发展生产力，促进城乡关系由对立和分离向统筹和一体化转变。“生产力或一般财富从趋势和可能性来看……是个人全面发展的可能性，……，必须使生产力的充分发展成为生产条件，使一定的生产条件不表现为生产力发展的界限”①，因此，生产力的充分发展是消除城乡对立、实现人的自由而全面发展的基础，“人们只有在消除城乡对立后才能从他们以往历史所铸造的枷锁中完全解放出来”②。“城市和乡村的对立的消灭不仅是可能的，它已经成为工业生产本身的直接必需，同样它也已经成为农业生产和公共卫生事业的必需。……，从大工业在全国的尽可能均衡的分布是消除城市和乡村分离的条件这方面来说，消灭城市和乡村的分离也不是什么空想。”③ 共享发展的新理念是对马克思人的全面自由发展理论的继承和创新，消除城乡对立具有现实的逻辑基础，调整城乡间的物质利益格局逐渐向均衡演化可以有效地促进城乡走向融合和统一、缩小城乡收入差距。

第一，物质利益格局的调整向农业和农村倾斜，给予农民更多的人文关怀。农业生产关乎国计民生，但其具有天然的弱质性，农村贫困的现象仍然存在，因此，在新时期物质利益格局调整中应该高度重视农业、农村和农民问题，并且逐渐向“三农”倾斜，大力发展社会生产力，快速达到可以实现城乡统筹的生产力发展水平；物质利益格局的调整关键是工业产业在全社会尽可能地均衡分布，通过规划布局引导非农产业投资向乡镇和农村延伸，逐步消除城乡对立的物质基础，促进城乡收入差距收敛；物质利益格局的调整需要消除旧分工和阶级，大力发展村镇非农产业，拓宽农村居民的择业渠道，使得农村居民在农闲时节可以实现就地非农就业，提升非农收入水平。第二，物质利益格局的调整需要城镇最大限度地发挥其“涓滴效应”。中国城镇化和工业化的发展走出了一条具有中国特色的发展

---

① ［德］马克思，恩格斯．马克思恩格斯全集：第46卷下［M］．北京：人民出版社，1979：46.

② ［德］马克思，恩格斯．马克思恩格斯文集：第3卷［M］．北京：人民出版社，1972：326.

③ ［德］马克思，恩格斯．马克思恩格斯选集：第3卷［M］．北京：民出版社，1972：647.

道路，新时期以统筹城乡发展、缩小城乡收入差距为目的，城乡间的物质利益格局的调整需要大力推进“以人为本”的新型城镇化建设，提升中国城镇化发展质量，不仅给予农村剩余劳动力“市民化”转变的便利条件和公民待遇，而且应该充分发挥其“涓滴效应”，带动周边地区发展。第三，物质利益格局的调整必须建立“以工补农、以城带乡”的长效机制。中国经济社会建设长期以来“重城镇、轻农村”“重工业、轻农业”，导致农业农村发展严重滞后，农民收入严重偏低；在全面建设小康社会和中国经济新常态的稳态转换中，“三农”不仅影响到小康社会的进程，而且关乎其成败，因此，城乡物质利益格局的调整应该通过工农互惠、城乡精准帮扶等新型发展模式，构建良性互动的新型城乡关系。

（二）发挥政府主导作用，规范利益主体行为，给予农村利益群体足够的话语权

物质利益主体基于自身利益的考量，在经济社会中通过博弈参与物质利益的分配，因此，一个分配关系和利益格局的形成是各主体行为现实博弈的一个均衡。改革开放以来，中国城乡收入差距的产生和变迁与城镇利益主体和农村利益主体的博弈力量密切相关，缩小城乡收入差距不仅要规范城镇利益主体和农村利益主体行为，给予农村利益群体足够的话语权和政策影响力。而且必须科学发挥政府的主导作用，但这个政府必须是能力政府、法治政府和问责政府，而不是“掠夺政府”。另外，在市场机制中充分发挥财政金融机制的引导作用，提升企业利益主体的涉农业务投资规模和绩效。

第一，深化行政体制改革，促进政府职能转变。“政府主导”的市场导向型改革成就了经济发展的“中国奇迹”，但是在中国经济进入新常态的宏观背景下，不合规的政府职能和强有力的政府严重挤压了市场发展，“有效市场＋有为政府”成为新时期经济社会发展的必然选择，即在发挥市场资源配置基础性作用的同时更好地发挥政府的作用；转变政府职能，主要是在深化行政体制改革中促进政府职能的服务型转变，“有为政府”

必须支持市场、服务市场，而不是掠夺市场。在缩小城乡收入差距的实践中也必须充分发挥政府的作用，通过法律法规规范各利益主体行为，同时，政府掌控的公共资源等要素的配置必须有计划地向农村倾斜。第二，正视农民的利益诉求，提升政策制定和选择过程中农村利益群体的话语权和影响力。发展战略的制定和经济政策的选择是政府依据一定的政策目标，基于各利益主体博弈力量的强弱而进行各种政策权衡的一种制度安排。但是由于长期对农村和农业的忽视，农民的利益诉求得不到正视，而且由于城乡收入差距的存在，在政策制定和制度安排的博弈过程中，普遍存在农村利益主体“人微言轻”的现象，城乡收入差距出现恶性循环的现象。缩小城乡收入差距的关键在于合理的制度安排创新，因此，必须从政策制定和选择的源头着手，给予农民利益群体与其地位相称的话语权，提升其政策影响力。第三，发挥财政金融的引导作用，诱导企业投资向农村延伸。“逐利”是企业天然的本性，企业涉农业务投资积极性不高的核心问题是投资回报率低、回报周期长、投资风险大，因此，提升企业涉农业务投资的关键在于让企业有利可图，这就需要充分发挥财政金融的引导作用，改善农村基础设施建设和投资环境，完善农业保险体系，降低企业涉农业务投资风险，提升企业涉农业务投资的积极性和投资绩效。

（三）创新有利于城乡融合的制度安排，推进有利于缩小城乡收入差距的制度供给

制度是国家治理的机制，制度设计和组织能力是一个企业或者一个国家（地区）经济持续保持竞争优势的源泉，人类制度发展的秘诀在于在变化中保持秩序，在秩序中寻求变化和创新。在中国经济社会双重转型和经济新常态的背景下，在国家层面缩小城乡收入差距，让中国跨越中等收入陷阱，跻身世界富国之林，需要切实推进以人为本、权利和利益合理制衡的制度安排，良好的制度安排才是实现良好愿景的切实保障。傅军的“BMW”理论假说把制度安排分为纵向垂直的制度安排（政府）和横向平

行的制度安排（市场）两组，认为财富是两组制度安排完善度的函数①。因此，缩小城乡收入差距的核心是创新有利于城乡融合的制度安排，从政府和市场两方面推进有利于缩小城乡收入差距的制度供给。

第一，统筹城乡发展的制度供给。从纵向垂直的政府制度安排来看，逐步建立并完善城乡一体的人才导向、以法治为基础的城乡权力和利益合理制衡，旨在建立支持市场的政治制度，实现城乡在纵向制度安排上的无差异性；从横向平行的市场制度安排上来看，逐步建立和完善城乡一体化的市场制度，旨在激励和保护产权，通过市场竞争实现城乡平均利润率的平均化。第二，逐步纠正城市偏向的制度安排。缩小城乡收入差距必须从根本上实现“城市偏向”到“城乡统筹”发展战略的转变，逐步消除长期城市偏向型制度安排的影响。把政府掌控的经济性生产要素的配置规范化、制度化，并逐步增加涉农业务支出的比重，并且把科教文卫、福利保障性支出逐步向农村倾斜，减少政府对经济的直接干预，加强政府的公共服务职能，逐步扭转财政支出等方面的城市偏向。在产品定价上发挥好市场机制的决定性作用，彻底消除工农产品巨大的价格“剪刀差”，增加农民收入；构建多元的农村金融体系，加大金融支农力度，增加农村基础设施建设投资，激活农村经济发展活力；逐步建立城乡统筹的社会保障体系，因地制宜地在农村推行社会保障制度，努力实现社会保障的全民覆盖和公共服务的全民共享。第三，创新制度安排，构建城乡统筹的制度体系。城乡统筹制度体系的核心是城乡户籍制度和分配制度。加快户籍制度改革，建立城乡统一的户籍管理制度，科学调整户口迁移政策，创新人口管理，打破城乡分割的体制障碍，通过一系列的配套性制度安排，以真正释放户籍制度的改革红利，促进城乡收入差距收敛，服务于新型城乡关系的建立；收入分配制度的改革要以规范政府、企业、市场的分配行为为主线，从收入源泉、收入结构、收入格局等方面入手来建立公平、公正、合

① 傅军．国富之道：国家治理体系现代化的实证研究：第 2 版［M］．北京：北京大学出版社，2014：16.

理的收入分配秩序，保障城乡在国民收入分配中的平等地位。

（四）优化激励机制设计，促进激励相容，保障缩小城乡收入差距制度的实施

各经济利益主体行为基于自身利益诉求的外在表达，在经济社会发展实践中设计可以约束和诱导经济主体行为选择的激励机制，使得各物质利益主体之间达到利益均衡和激励相容。缩小城乡收入差距的激励机制设计必须把物质激励和精神激励有机结合，针对不同物质利益主体设置不同的激励方式，在整体激励机制体系的优化和促进激励相容的目标下，其核心是政府官员激励机制的改革与创新，以其他物质利益主体的激励机制为有效补充，优化激励机制设计，构建科学、有序、合理的激励激励结构体系，使各物质利益主体激励相容，诱导并规范各物质利益主体的博弈行为，保障有利于缩小城乡收入差距、促进城乡统筹发展制度安排的有效实施。

第一，摒弃“唯 GDP”的官员考核方式，建立多指标综合评价体系。地方官员是政府的行政和资源配置主体，官员政治晋升“唯 GDP”的考核方式使得政府在公共投资和经济政策的选择上对投资环境好、能够获得短期高额回报的产业和地域具有理性偏好，这必然导致“三农”投资长期不足。因此，在激励机制设计上创新官员考核方式，建立更具综合性的评价指标体系，纳入城乡发展均衡度、公众对官员施政的满意度、环境保护等一系列关乎民生和有利于经济社会可持续发展的因子，尽可能地纠正因为官员激励机制设计不当造成的配置扭曲。第二，在激励机制设计中让市场激励发挥基础作用，并以精神激励予以补充。市场激励是现代激励机制设计的核心，市场激励的目标在于全社会平均利润率的形成，这就要求建立并完善城乡一体化的市场体系，给予农民财产权利，让农民可以在市场上与其他市场主体公平竞争，获得平均利润。另外，需要在市场激励的基础上充分发挥精神激励的作用，给予有利于促进农业农村发展、农民增收的主体行为（如企业的涉农业务投资、城镇对农村的精准帮扶等）社会荣

誉，鼓励其他市场主体支持农业、农村发展，缩小城乡收入差距。

四、结　语

中国城乡收入差距与改革以来城乡社会变革和经济政策调整的历史过程密切相关，其本质是城乡物质利益格局的非均衡演化，导致利益格局中的各主体在经济增长政策选择和制度供给中的话语权和影响力失衡，农村利益群体长期在政治上失语、在经济上失力，使得不利于城乡收入差距收敛的制度安排成为必然选择，而且激励机制设计的扭曲使得经济主体行为选择异化，城乡收入差距被显著扩大。在中国经济迈入新常态的发展阶段，党的十八届五中全会提出了“共享发展”的发展新理念，是对马克思主义“人的自由而全面发展”理念的继承和中国化创新，缩小城乡收入差距、统筹城乡发展成为中国“共享发展”的重要着力点。在物质利益格局的调整方面，通过发展生产力消除城乡对立的现实基础，调整城乡物质利益格局逐渐向均衡演化；在规范经济主体行为方面，发挥政府的主导作用，规范利益主体行为，在经济政策和制度供给中给予农民利益群体足够的话语权，逐渐调整“城镇偏向”型的制度安排；在激励机制设计上，优化激励机制设计，促进激励相容，保障缩小城乡收入差距制度的实施绩效。只有城乡收入差距显著缩小，才能保障中国“发展的成果由全体人民共享”，共享发展才会成为中国社会现代化的坚实基础和经济社会持续发展的永续动力。

中国特色社会主义政治经济学发展报告(2018)

ZHONGGUO TESE SHEHUIZHUYI
ZHENGZHI JINGJI XUE FAZHAN BAOGAO (2018)

专题三

马克思主义政治经济学的经典文献研究

马克思主义政治经济学的工具理性和中国化发展：基于先秦史学研究范式创新的视角

赵麦茹

摘　要：先秦史学研究范式的创新得益于对原有僵化思维的突破，得益于对马克思主义政治经济学工具理性的科学运用。当前转型背景之下，马克思主义政治经济学的当代价值与意义更加凸显，马克思主义政治经济学的中国化发展既离不开其工具理性，也须与中国本质元素紧密结合。

关键词：马克思主义政治经济学；工具理性；先秦史学；研究范式创新

作者简介：赵麦茹，西北大学副教授。

受中国近现代以来历史演化与路径抉择的影响，马克思主义政治经济学在中国的思想市场和意识形态领域长期以来有着举足轻重的地位，并深刻影响了近几十年各学科的学术研究，先秦史学研究也不例外。能否科学理解马克思主义政治经济学的工具理性，成为各学科健康发展的重要影响因素之一。

一、马克思主义政治经济学的产生及其工具理性

马克思主义政治经济学不同于西方经济学的根本特征之一就是其以辩证唯物主义和历史唯物主义为基础的世界观方法论。以这种方法论来看，

马克思主义政治经济学也是特定历史语境的产物，是马克思、恩格斯等对当时历史变迁及人类实践的深层思考，认识到这一点并将之放在经济思想史的视野中加以考察，有助于我们对之进行客观理解和科学定义，这在学术研究中非常重要。

（一）经济思想史视野中的马克思主义政治经济学缘起

从经济思想史的宏大视野来看，马克思主义政治经济学产生于西方资本主义的自由竞争时期，是马克思、恩格斯基于当时西方社会激烈的社会冲突和现实矛盾，对包括以德国古典哲学、英国古典政治经济学、英法空想社会主义思想为代表的人类优秀文化成果进行批判性借鉴的成果。从当时共产国际运动的发展来看，随着工人阶层的崛起与壮大、工人运动的此起彼伏，“马恩思想”的出现也成为一种必然，说到底，“马恩思想”是基于西方社会发展规律和西方社会实践而言的，是站在无产阶级立场上来阐释世界并对未来人类走向作出了预判。

马克思主义政治经济学作为完整的思想体系的最终形成也是一个历史的动态演变过程。追根溯源，影响马克思的学术思想众多：李嘉图的劳动价值论、空想社会主义者对资本主义制度的批判和对未来的畅想、达尔文的自然选择、黑格尔的辩证法、费尔巴哈的唯物主义等。通过对这些思想的科学借鉴，马克思在劳动二重性和剩余价值论的基石上构建起自己的理论体系。1867 年，《资本论》第一卷出版。马克思去世后，恩格斯根据其手稿出版了《资本论》的第二卷和第三卷。卡尔·考茨基则在恩格斯去世之后又整理出版了马克思的《剩余价值理论》，马克思主义政治经济学作为一种体系正式建立。之后的马克思主义政治经济学随着经济发展和国际形势的发展而不断演化，① 其影响也忽强忽弱。

---

① 根据马克思主义理论研究和建设工程的《马克思主义经济学说史》的划分，马克思主义经济学历经 5 个发展阶段：19 世纪 40 年代到 90 年代，创立形成时期；19 世纪 90 年代中期到 1917 年十月革命爆发前，经历研究挑战发展阶段；十月革命胜利到 20 世纪 50 年代中期，广泛传播和发展阶段；20 世纪 50 年代中期到 70 年代末 80 年代初，发展的曲折阶段；20 世纪八九十年代以来，重大挑战中实现重大创新的阶段。

把“马恩思想”放在经济思想史发展的脉络中，“马恩思想”仅是当时西方思想市场的产品之一，是各种试图解释现实世界的声音及理论之一。因为主张阶级斗争，西方主流经济学将其归入激进学派，并对其理论进行了各种批判。布鲁和格兰特等在肯定马克思经济学贡献的同时，又认为其劳动价值论、剥削理论、资本积累理论、阶级斗争观点均“存在严重的缺陷”。[①] 但就影响而言，“马恩思想”一经产生，便焕发出强劲的生命力，为当时的共产国际运动提供了强大的理论工具，甚至大大改变了欧洲的政治生态。巴黎公社起义、十月革命、二战后的华约、中国新民主主义革命的胜利和改革开放后的中国奇迹，从人类社会发展历程来看，没有哪一种理论能够产生如此强大的现实关照，其实践指导价值不容小觑。

（二）马克思主义政治经济学的工具理性

厘清马克思主义政治经济学的产生和发展脉络，非常有助于我们科学界定马克思主义政治经济学的工具理性。虽然它只是诸多思想体系中的一种，但却以其严谨的逻辑演进给我们提供了一种理解世界的理性工具。

与西方经济学不同，马克思主义政治经济学的根本特征有四：以辩证唯物主义和历史唯物主义为基础的世界观方法论；以生产力与生产关系相互作用为核心的经济分析体系；为无产阶级和广大人民群众利益服务的政治立场；建立社会主义和共产主义的社会理想。西方主流经济学将其归结为激进学派的依据一般是就后两点而言的，而当代中国恰恰是因为后两点才将马克思主义作为信仰长期坚持，新中国的社会主义性质也注定了马克思主义将在以后的中国发展与转型中发挥极其重要的指导作用。

但即使抛开政治立场和社会理想，仅就前两点而言，马克思主义政治经济学也已为我们提供了认识这个世界和万物规律的理性工具。马克思主义唯物史观最值得称道的方法论意义就在于：“始终站在现实历史的基础

① ［美］斯坦利·L. 布鲁，兰迪·R. 格兰特，著. 经济思想史：第8版［M］. 邸晓燕，等，译. 北京：北京大学出版社，2014：170.

上，不是从观念出发来解释实践，而是从物质实践出发来解释各种观念形态。”① 同时，既强调万事万物之间的普遍整体联系，但又精准地从中剥离出理解其联系的关键——生产力与生产关系的相互作用：“一定的生产决定一定的消费、分配、交换和这些不同要素相互间的一定关系。当然，生产就其单方面形式来说也决定于其他要素。”② 这两点结合起来，就成为马克思主义政治经济学的工具价值贡献。

二、对马克思主义政治经济学的僵化理解与先秦史学研究的艰难探索

马克思主义政治经济学的中国化发展本身也历经曲折，影响这种历程的马克思主义思想源流主要有两个：来自日本的马克思主义和来自俄国的马克思主义，且因传播过程中的思想诠释与交锋，这两种马克思主义都不可避免地带有来源国本身的特色。中国学者在接受并应用这样的理论作为指导来研究中国学术问题时，如不对之加以分辨而僵化理解，就容易产生各种问题。先秦史学研究中的艰难探索可作为有效的案例来说明这一点。

（一）五种生产方式说与中国古史分期和社会性质界定

五种生产方式说即我们非常熟知的人类社会发展阶段说，人类历经原始社会、奴隶社会、封建社会、资本主义社会，并最终到达共产主义社会，各个阶段的生产方式与其社会性质紧密契合。长期以来，五种生产方式说成为指导中国先秦史学研究者的不二法则，加之毛泽东主席当时有一个基本判断，认为中国大概是在周秦之际由奴隶社会进入封建社会的，这两者结合起来，使得当时的先秦史学研究者花费了大量的时间在争论古史分期问题上，虽形成了各种意见，③ 但均没有突破前两种基调，稍有逾越，

① ［德］马克思，恩格斯．马克思恩格斯文集：第1卷［M］．北京：人民出版社，2009：544.

② ［德］马克思，恩格斯．马克思恩格斯文集：第8卷［M］．北京：人民出版社，2009：23.

③ 最有影响的是范文澜、翦伯赞的“西周封建说”以及郭沫若的“春秋战国之际封建说”。另有秦统一封建说、春秋封建说、东汉封建说、魏晋封建说、北朝封建说等。参见胡钟达．再评五种生产方式说［J］．历史研究，1986（1）.

就会受到冲击，如否定奴隶社会的雷海宗、李鸿哲在 1957 年被划为“右派”，受到批判。而且因把大量精力聚焦在分期及社会性质、阶级斗争问题上，导致研究范围过窄，甚至为了迎合五种社会形态说，对不利于此说的史实采取了回避的态度，沈长云对这种局限性进行了专门的总结论述。①

改革开放后，学术界也迎来了思想解放的格局。学者们开始反思：中国到底有无奴隶社会？中国的社会形态一定要按照西方的经验来解释吗？社会形态之外包括政治、经济、文化、社会习俗等在内的诸多有价值的内容是否该被纳入讨论范围重点研究？进而有学者对五种生产方式说的科学性也产生了质疑，大家开始意识到五种生产方式说是 20 世纪 30 年代斯大林为了服务于其路线斗争所提出来的，是马克思主义在苏联的本土化发展，并非原来马克思主义体系的内容。理论探索的枷锁被打破后，先秦史学的研究才迎来了长足发展。中国无奴隶社会的观点得到越来越多学者的拥护，晁福林、沈长云、张广志等就是其中的代表人物。对西方史学、考古学、文化学等理论的借鉴开始蔚然成风，先秦史学的研究生态也因此迎来了新的格局。

（二）国家形成的“两个标志”与中国国家起源

长期以来，恩格斯关于国家形成的两个标志（“公共权力”和“地域组织”的产生）成为中国学者讨论中国国家起源的依据，这也大大局限了中国先秦史学的理论探讨。在《家庭、私有制和国家的起源》中，恩格斯的确提及了国家形成的两点依据——按地区划分其国民和凌驾于整个社会之上的公共权利的设立：“国家和旧的氏族组织不同的地方，第一点就是它按地区来划分它的国民……第二个不同点是公共权力的设立。”② 但不应忽视的是，恩格斯是基于古希腊、古罗马和日耳曼国家形成的历史而总结出这两点的，是基于完全不同于东方社会历史的西方社会历史演化而总结出来的理论。而东方社会特别是中国具有浓厚的氏族血缘特征，地域组织

① 沈长云．先秦史研究的百年回顾与前瞻［J］．历史研究，2000（4）：172.

② ［德］马克思，恩格斯．马克思恩格斯选集：第四卷［M］．北京：人民出版社，1995：170.

产生的时间较晚，战国时期变法思潮中产生的郡县制当为地缘政治和地域组织的标志，如果生硬地套用这两个标准，中国古代社会国家的产生时间将较晚，夏是否是中国国家形成时期也要打一个大大的问号。

不过，随着研究的深入，马克思对不同地区文明产生路径的论述受到重视，东方亚细亚社会的异质性特质被剥离了出来："从古代社会产生的路径而言，各式古代的文明小孩，在其出生时也有区别，"[①]对不同文明产生方式应加以区别对待、进行"同情之理解"的观点得到越来越多学者的认可。对国家形成标志的修正也随之出现，"一是阶级或阶层的存在；二是强制性权力系统的设立"，[②] 按照这种观点，夏商无疑是中国国家的形成时期，中国文明阶段的源头得以向前延伸。

从以上两个案例不难看出，造成先秦史学研究的艰难局面与对马克思主义政治经济学的僵化理解不无关系。马克思主义政治经济学本身就强调万物之间的普遍联系，主张动态、辩证地考察这种联系，为了迎合一种观念而扭曲现实的物质实践，这种削足适履的做法大大违背了马克思主义政治经济学的宗旨。

三、马克思主义政治经济学工具理性的科学运用与先秦史学理论范式的创新

结合中国30余年先秦史学研究，不难看出，先秦史学研究领域的蓬勃局面与先秦史学理论范式创新不无关系，而先秦史学的理论创新又得益于对马克思主义政治经济学工具理性的科学运用，得益于对原有僵化思维范式的突破。

（一）马克思主义政治经济学工具理性的科学运用

科学运用马克思主义政治经济学的工具理性离不开对这种理性的科学定义，正如前文所述，如将马克思主义政治经济学放在经济思想史发展的

---

① 侯外庐、赵纪彬、杜国庠．中国思想通史：第1卷［M］．北京：人民出版社，1957：4.

② 李学勤．中国古代文明与国家形成研究［M］．昆明：云南人民出版社，1997：7.

脉络中，我们会清醒地认识到马克思主义政治经济学也是特定历史环境的产物，也有其适用性和局限性。马克思、恩格斯的很多思想与论断都是基于他们当时所面临的社会实践、针对当时的社会矛盾而言的，况且他们所搜集到的资料也不可避免地具有一定的片面性，这会导致其某些具体的言论不一定就具备科学的理性。如按照他们的理论逻辑，未来的社会主义革命会在资本主义经济很发达的国家首先实现，这与后来十月革命首先爆发在俄国的现实实践并不相符。可见，如果要科学运用马克思主义政治经济学的工具理性，就一定要客观区分其方法论精髓和具体的理论观点。

马克思主义政治经济学的唯物史观和辩证唯物主义是其体系的工具理性和方法论精髓，是马克思主义体系中最值得借鉴的科学工具。只有全面掌握这种工具，才可为我所用，并多了一种与这个世界对话的有效途径。

至于马克思、恩格斯的一些具体理论观点，很多因素都可能对之产生影响并使其不太客观，这是完全正常的。要保证每一个观点、每一个预测、每一种判断都完全正确是不可能的。一般而言，要做到这一点，必须满足这些条件：掌握完全信息、运用完全科学理性的方法、具备完全理性的行为主体，在现实中这几乎是不可能的。马克思、恩格斯同样也不可能做到。所以仅凭马克思、恩格斯在某些前提假定或基于某些特定材料而得出的一些结论，就将之生搬硬套到中国的历史演化之中，而且不敢稍有逾越，这本身就违反了马克思主义政治经济学所强调的唯物史观，不具备科学理性。

因此，要科学运用马克思主义政治经济学的工具理性，一定要突破本本主义和僵化思维。先秦史学理论范式的创新和史学研究的蓬勃发展就得益于对原有僵化思维的突破，得益于对马克思主义政治经济学工具理性的科学定义和借鉴。晁福林将近 30 年先秦史研究所取得的丰硕成绩也归因于“对此前三十年相关研究范式的超越”,① 学术研究不再是政治的脚注，而回归学术本身。

---

① 晁福林．关于近三十年先秦史研究范式的超越与重构［J］．史学月刊，2011（11）：11.

（二）先秦史学理论范式的创新

除马克思主义政治经济学之外，符合马克思主义政治经济学工具理性、具备科学解释力的一些西方史学、人类学、文化学、考古学等领域的理论范式进入中国学者的视野之中，如法国以布罗代尔为代表的年鉴学派的长时段理论、美国以赛维斯为代表的酋邦理论、荷兰以克列逊为代表的早期国家理论等，对这些理论的引入介绍、理性借鉴与创造性应用渐成气候，这也促使中国先秦史学研究呈现出多元理论碰撞与争鸣。

较有代表性的例子是：王震中受美国人类学家艾尔曼·塞维斯在解释国家起源时的酋邦理论和弗里德的社会分层理论等理论范式的影响，在其《中国古代国家的起源与王权的形成》一书中提出了一个新的模式：大体平等的农耕聚落→初步不平等及社会分化的中心聚落→都邑国家→复合制的王国→中央集权制的帝国，并将中国国家的形成过程概括为“邦国—王国—帝国三个阶段和三种形态”[①]，这种解释被晁福林、王坤鹏誉为“对中国新石器时代以来社会复杂性演化过程的一次深入的有重大学术创新意义的探索”。[②]

同样，晁福林受布罗代尔的长时段理论的启发，对先秦的社会形态进行了重新解读，他认为在考察如此复杂的社会形态时，不能用一把尺子或一个单一的标准，而应该考虑用多把尺子或多个标准，而布罗代尔的长时段理论恰恰强调的是诸如地理、经济、社会心理、社会组织等多因素的“网络结构”，以布罗代尔的理论为依据，他得出其考察先秦社会性质的一个基本思路：“西方古代社会由野蛮进入文明时代的时候，氏族解体为其明显标志；而中国古代社会由野蛮进入文明时代的时候，氏族不仅长期存在，而且还有所发展，”[③] 并认为中国的氏族时代滥觞于旧石器时代晚期、在战国时期临近尾声、至秦统一六国终结。这种理论创新无疑是对原有五

---

① 王震中．中国古代国家的起源与王权的形成［M］．北京：中国社会科学出版社，2013：63.

② 晁福林，王坤鹏．解读中国国家起源的新模式［N］．光明日报，2013-11-18（15）.

③ 晁福林．论中国古史的氏族时代——应用长时段理论的一个考察［J］．历史研究，2001（1）：109.

种生产方式说及“周秦之际”判断的一个重大突破。

类似的理论范式创新在30多年的先秦史研究中层出不穷，成为先秦史研究的一个鲜明特征。除此之外，先秦史学研究的对象也不再仅仅局限在古史分期、阶级斗争、社会性质等领域，更多的诸如先秦社会思潮、哲学思想、社会思想、社会与文化转型、社会变革、宗教思想、技术变迁、礼乐文化、生态环境等内容进入先秦史学研究者的视野。丰富的研究内容进一步为先秦史学的理论范式创新提供了源头活水。加之新时期诸如“上博简”、殷墟甲骨、西周青铜器铭文等考古资料不断涌现，新材料与理论创新的互动更加完善。沈长云在总结新时期先秦史研究成果时，将“理论创新”和“新材料的不断发现”视为推动先秦史学研究不断发展的“两大引擎”,① 其实，这两者的互动更值得我们关注。

与此同时，西方学者的先秦史研究成果一批批被翻译过来，这些学者一般都具备国际视野，在研究中注重借鉴诸如考古学、人类学、社会学、哲学等各学科的成熟理论范式，且能以中西比较的方法进行研究，如史华慈的《古代中国的思想世界》（2004），葛瑞汉的《论道者》（1990），安乐哲、郝大维的《汉哲学思维的文化探源》，费正清、赖肖尔的《中国传统与变革》（2012），李约瑟的《中国古代科学思想史》（2006）等。这些成果被引入国内后又进一步开拓了国内先秦史学研究者的视野，并进而促进了先秦史学的理论创新。

四、转型背景下马克思主义政治经济学之当代价值与中国化发展

当前中国正处于一个从传统小农社会向现代化工业社会转化的社会大转型时期，中国所选择的社会主义道路决定了马克思主义政治经济学在这种转型背景下的决定性作用及重大理论价值。

---

① 沈长云．改革开放30年的先秦史研究［J］．史学月刊，2008（11）：12.

（一）马克思主义政治经济学的当代价值

以经济史学的眼光来看，中国的社会转型从1840年的鸦片战争开始就已启动。在中国传统文化与西方现代文明的这次碰撞中，中国以惨败告终。之后，历届中国政府都走在“求富”“强国”的路上，从洋务运动、戊戌变法、清末新政、辛亥革命、新民主主义革命到改革开放无不如此，这其实也是走在转型的道路上。

1919年十月革命后，马克思主义传到中国，中国的新民主主义革命正式开始，此后，马克思主义政治经济学就与中国的历史走向一路相随。当前，中国的转型还未完成，伴随着改革开放又出现了诸如贫富分化加剧、分配失衡、权力寻租等社会现象，皮凯蒂的《21世纪资本论》在中国学者中引起热议的原因之一就是因为他触及了在中国国内同样严重的分配失衡问题，在中文版序言中，皮凯蒂强调“中国也出现了越来越多的寡头”,①而这种严重的分配失衡与有损公平正义的社会现象与中国国家的社会主义性质相冲突。

在这样的背景下，除唯物史观和辩证唯物主义之外，马克思主义政治经济学的另外两个根本特征就显得尤为重要：为无产阶级和广大人民群众利益服务的政治立场和建立社会主义和共产主义的社会理想。越是问题众多，越是到了转型的关键时期，就越是考验当政者的智慧和勇气。而马克思主义政治经济学恰恰因为这两个基本特征为当政者提供了最好的理论工具，其政治立场和社会理想正是社会主义性质的国家所应该追求的。因此，不难想象，在现在和将来的很长一段时间内，马克思主义政治经济学在中国的发展实践中将有重要的指导价值。

（二）马克思主义政治经济学的中国化发展

任何一种外来理论，如果想要在引入地取得发展，肯定要与当地的本质要素进行融合，进行一定的本土化发展，否则就无法生存，马克思主义

① ［法］托马斯·皮凯蒂.21世纪资本论［M］.北京：中信出版社，2014：8.

政治经济学也不例外。从其在日本、俄罗斯和中国的发展过程中也不难看出这一点。

从先秦史学的理论创新和史学研究实践来看，马克思主义政治经济学要想在中国本土取得长足发展，就必须紧密地联系中国实践和中国经验，中国不同于西方的异质性中国元素应该与马克思主义政治经济学的唯物史观与辩证唯物主义工具理性充分结合，如此，马克思主义政治经济学在中国的发展必然令人瞩目。

马克思经济增长理论与我国新时代下经济发展方式转变[①]

彭硕毅

摘　要：中国特色社会主义进入新时代，在新时代下如何坚定不移贯彻新发展理念、端正发展观念、转变经济发展方式，是突破我国发展瓶颈的关键所在。而马克思经济增长理论则为新时代下经济发展方式转变提供了有益的指导，通过对马克思增长理论及其扩展模型的分析，新时代下应当从推动劳动者收入提升、实现发展成果共享，推动居民消费增长、实现供求协调发展，推进创新发展、实现经济发展动力转化，推进供给侧改革、实现产业结构优化4个方面来推进经济发展方式转变。

关键词：马克思经济增长理论；新时代；经济发展方式

作者简介：彭硕毅，西北大学经济管理学院2016级博士研究生。

中国特色社会主义进入新时代，我国经济已由高速增长阶段转向高质量发展阶段，伴随着经济增速的下调，在高速增长期处于隐性状态的矛盾和问题开始显化，经济结构失衡、增长动力匮乏、生产方式粗放、资源环境约束收紧等问题已经成为制约我国经济持续稳定发展的重要瓶颈。党的十九大报告中明确指出："发展是解决我国一切问题的基础和关键"，要

① 本文系陕西省社会科学基金面向"十三五"重大理论与现实问题研究项目"中国特色社会主义政治经济学创新发展研究"（批准号：2016ZDA18）研究成果。

“坚定不移贯彻新发展理念，坚决端正发展观念，转变发展方式，”试图通过继续推动经济发展方式转变实现高质量的发展。马克思的社会资本再生产理论系统阐释了资本主义经济的总量增长，是对经济增长规律的科学分析和系统论述，被认为是马克思的经济增长理论。这一理论为我国新时代下经济发展方式转型提供了重要启示。

一、文献回顾

马克思的扩大再生产理论是马克思经济理论中极具科学性的组成部分（朱钟棣，2005），[1]许多学者以此为基础，从不同角度探讨了马克思的经济增长理论并取得了丰硕成果。现有研究大体沿着两条路径展开：一条路径沿着马克思在《资本论》中的思路，对马克思的经济增长理论进行了总结和拓展。早期的学者侧重于对马克思在《资本论》第三卷第21章提出的扩大再生产数字表达式进行总结，并力图对马克思的增长模式进行概括（雍文远，1962；石景云，1988；宋则行，1995）。[2][3][4]部分学者依托于此，对社会主义经济增长理论（刘惠林、冯世则，1986）、[5]经济增长理论中的社会总资本内涵（石景云，1994）、[6]马克思增长模型中的增长路径自控性（张忠任，1995）[7]等问题进行了探讨。随后，学者们将关注的重点转移到了对马克思经济增长理论的拓展上。学者们一方面对马克思增长模型原有框架和所分析的变量进行完善：赵峰（2004）提出了马克思经济增长理论社会再生产、技术进步和劳动分工的完整框架。[8]彭五堂（2005）将平均利润率、人口增长率和技术进步变量引入马克思经济增长模型并进行了拓展。[9]朱殊洋（2005）导入生态学的相关因子，在自然资源变量外生化的基础上对经济增长模型的稳定性进行了研究。[10]吴易风（2007）也对马克思经济增长理论的科学体系进行了阐述；[11]陈长（2010）通过将环境因素内生化得到了考虑环境因素的马克思经济增长模型；[12]孟捷（2017）从与生产率进步相伴随的复杂劳动还原入手，对马克思主义内生增长理论的构建进行了探讨。[13]另一方面，也使用新的数学方法对马克思增长模型进行动态分析：吴汉龙和冯宗宪（2004）对马克思增长理论的内生增长模型进行了推导，[14]李海明和祝志勇（2012）用动态最优化的方法构建了动态马克思经济增长模型。[15]随后，李海明（2014）又使用中国的数据对一个简化的古典—马克思经济增长模型进行了检验。[16]马艳、严金强和李韵（2017）在对马克思经济增长理论中资本有机构成进行外延和内涵区分的基础上，对增长理论进行了模型化分析，并探讨了模型内生经济增长的微观机制。[17]

另一条路径则将关注的重心放在马克思经济增长理论对我国社会主义经济建设的指导意义上，学者们从经济发展过程中两大部类生产资料的增长顺序（朱殊洋，2009；冯金华，2011；徐春华，2017）、[18][19][20]经济增长中储蓄与就业之间的关系（陶为群、陶川，2010）、[21]生产资料和消费资料在经济发展不同阶段的速度（裴小革，2013）、[22]劳动收入报酬占比对经济增长的影响（李子联，2015）、[23]非生产劳动对经济增长的影响（邱海平、姬旭辉，2016；姬旭辉、邱海平和冯志轩，2016）[24][25]等方面探讨了马克思经济增长理论的现实意义。除此之外，从马克思的经济增长理论出发对我国经济增长方式转变进行研究也是此类研究的一个重要方面。洪远朋（1996）从马克思经济增长理论出发，对我国经济增长方式转变进行了辩证的阐释。[26]李广平和高园（2004）构建了经济增长方式转变的理论模型，并以此对我国的经济增长方式转变的条件和途径进行了研究。[27]卫兴华和侯为民（2007）认为我国应当通过体制创新和科技创新来实现经济的集约型增长。[28]唐国华和许成安（2011）在对马克思的经济增长理论进行扩展之后，认为对马克思增长理论经济均衡增长条件的偏离是我国经济增长方式形成的直接原因。[29]姚宇（2013）则认为在经济增长过程中资本有机构成对技术进步的反馈情况决定了经济增长方式的变化，我国未来转变经济增长方式的关键在于劳动力内涵的扩大再生产。[30]赵峰和李彬（2017）则利用马克思两部类再生产模型对我国省域经济结构进行分析之后，对协调区域发展和优化产业结构进行了探讨。[31]

通过对文献的回顾不难看出，现有对马克思经济增长理论的研究取得了多方面的成果，但在其基础上对我国经济发展方式转变的研究则相对较少，特别是对新时代背景下经济发展方式转变更是鲜有文献论及。本文将从马克思经济增长理论出发，在新时代的背景下对我国经济发展方式转变进行研究，在构建并扩展马克思经济增长模型的基础上，根据模型中的数量关系对新时代下我国经济发展方式转型进行论述。

二、马克思经济增长理论

（一）马克思经济增长理论的分析前提

扩大再生产是在生产规模不断扩大的条件下进行的再生产，而社会总资本的扩大再生产实际上就是在整个社会经济规模不断扩大条件下的再生产。因此，社会总资本扩大再生产的持续进行就意味着经济增长的持续，从这个意义上讲，社会总资本的扩大再生产理论就是马克思的经济增长理论。马克思认为社会总资本再生产顺利进行的核心是社会总产品的实现问题，社会总产品的实现是扩大再生产的必要前提，也是社会经济持续增长的保障。而社会总产品的实现又必须同时解决两个层面的问题：一个是社会总产品如何在价值上得以实现的问题；另一个是社会总产品如何在实物上得以补偿的问题。要对该问题进行分析就必须对社会总产品在实物和价值这两个层面进行划分，这是马克思经济增长理论的分析前提。从实物上看，按照社会总产品的最终用途，马克思将社会总产品分为生产资料和消费资料，分别对应生产消费和生活消费。由此，进一步将生产生产资料的部门划分为第Ⅰ部类；将生产消费资料的部门划分为第Ⅱ部类。其最终产品分别进入生产消费领域和生活消费领域。从价值形式上看，按照资本在生产剩余价值过程中的不同作用，马克思将资本分为不变资本和可变资本，不变资本只会发生价值的转移而不会发生价值增殖，将其转移到产品中的价值记为 c，可变资本创造新价值并且创造出大于其原有价值的剩余价值部分，可以将其分别记为 v 和 m，这样社会总产品在价值上就可以分成三个部分，即：$y = c + v + m$。

（二）马克思增长理论的模型分析

1. 模型假定

任何理论和模型都是在一定前提下成立的，在进行模型分析之前首先应当对模型假定进行探讨，根据马克思在《资本论》（第 2 卷）中关于再生产的论述，并借鉴赵峰（2004）的研究，[32] 可以对马克思的增长模型作出以下假设：①生产是资本主义性质的；②生产周期为一年且资本有机构成不变；③由于平均利润率的下降是一个长期趋势，可以假定平均利润率在考察期不变；④商品的价值和价格不发生背离；⑤储蓄始终等于投资，工人阶级不存在储蓄；⑥在一国范围内考察。

2. 模型推导

设定第Ⅰ部类的资本有机构成为 $s_1 = c_1/v_1$。

第Ⅱ部类的资本有机构成为 $s_2 = c_2/v_2$，

两大部类拥有同样的剩余价值率，即 $m' = m/v$。

两大部类的资本积累率为 $k = \frac{m - m/x}{m} = 1 - \frac{1}{x}$。

利润率为 $p = m/(c + v)$。

社会总资本为 y；且社会总资本的增长率为 g。

同时，假设第Ⅰ部类和第Ⅱ部类的就业人数为 n_1 和 n_2，则 $v_1 = n_1w_1$；$v_2 = n_2w_2$。

$n_1w_1 + n_2w_2 = v$；$v_1/v_2 = n_1w_1/n_2w_2$；由于决定工资的是再生产劳动力价值的社会必要劳动时间，在一定时期内对第Ⅰ部类和第Ⅱ部类是相同的，因此，$w_1 = w_2 = w$；$v_1/v_2 = n_1/n_2$；参照李海明、祝志勇（2012）的做法，[15] 为便于分析，可以假设 v_1/v_2 为一定值 a，即 $v_1/v_2 = a$；整个社会中总体资本有机构成 $s = c/v = (c_1 + c_2)/(v_1 + v_2) = (s_1av_2 + s_2v_2)/(av_2 + v_2) = (as_1 + s_2)/(a + 1)$。这样就得到了总体资本有机构成与第Ⅰ部类和第Ⅱ部类资本有机构成的关系。

在扩大再生产开始时，社会总产品为第Ⅰ部类和第Ⅱ部类总产品之和

$$y = y_1 + y_2;\quad y_1 = c_1 + v_1 + m_2;\quad y_2 = c_2 + v_2 + m_2;$$

将 $c_1=s_1v_1$ 和 $c_2=s_2v_2$ 代入 y_1 和 y_2 表达式可以看出

$$y_1=s_1v_1+v_1+m'v_1=n_1w\ (s_1+1+m')$$

$$y_2=s_2v_2+v_2+m'v_2=n_2w\ (s_2+1+m')$$

扩大再生产开始以后，第Ⅰ部类所投入的剩余价值为 $km'n_1w$，则第Ⅰ部类按照资本有机构成比例追加的不变资本和可变资本分别为 $\frac{s_1}{s_1+1}km'n_1w$ 和 $\frac{1}{s_1+1}km'n_1w$；第Ⅱ部类所投入的剩余价值为 $km'n_2w$，第Ⅱ部类按照资本有机构成比例追加的不变资本和可变资本分别为：$\frac{s_2}{s_2+1}km'n_2w$ 和 $\frac{1}{s_2+1}km'n_2w$。

第 t 年的增长率可以表示为

$$g=\frac{\Delta y}{y}=\frac{\Delta y_1+\Delta y_2}{y_1+y_2}$$

第Ⅰ部类和第Ⅱ部类社会总产品的增长数量应当等于第Ⅰ部类和第Ⅱ部类当年的追加投资，以及由这些追加投资带来的剩余价值。则

$$g=\frac{\Delta y}{y}=\frac{km'(v_1+v_2)(p+1)}{y_1+y_2}=\frac{(km'n_1w+km'n_2w)(1+p)}{sv+v+m'v}=$$

$$\frac{(n_1w+n_2w)km'(1+p)}{(n_1w+n_2w)(s+1+m')}=\frac{km'(1+p)}{s+1+m'}=\frac{km'(1+p)}{\frac{as_1+s_2}{1+a}+1+m'}=$$

$$\frac{(1+a)km'(1+p)}{as_1+s_2+1+a+(1+a)m'}$$

从上式中可以看出，在马克思的经济增长理论中，经济增长率是由资本积累率、剩余价值率、平均利润率以及第Ⅰ部类和第Ⅱ部类的资本有机构成决定的。在模型的假定中这 5 个变量都被设定为不变，因此，由模型得到的经济增长率是不变的，增长率的大小取决于这 5 个变量之间数值上的大小关系。得到经济增长率的表达式之后，我们可以厘清影响经济增长的因素，但各要素变动对增长率的影响还并不明晰。因此，我们通过对增长率表达式中的各因素分别求偏导数来讨论各因素对经济增长率的影响。

$\frac{\partial g}{\partial k}=\frac{(1+a)m'(1+p)}{as_1+s_2+1+a+(1+a)m'}>0$，即资本积累率 k 与经济增长率 g 之间具有正相关关系，随着资本积累率的增大，经济增长率上升。

$\frac{\partial g}{\partial p}=\frac{(1+a)m'k}{as_1+s_2+1+a+(1+a)m'}>0$，即平均利润率 p 与经济增长率 g 之间同样具有正相关关系，随着平均利润率的上升，经济增长率上升。

$\frac{\partial g}{\partial s_1}=\frac{-a(1+a)km'(1+p)}{[as_1+s_2+1+a+(1+a)m']^2}<0$，即第Ⅰ部类的资本有机构成 s_1 与经济增长率 g 之间呈负相关关系，随着第Ⅰ部类资本有机构成的提高，经济增长率下降。

$\frac{\partial g}{\partial s_2}=\frac{-(1+a)km'(1+p)}{[as_1+s_2+1+a+(1+a)m']^2}<0$，即第Ⅱ部类的资本有机构成 s_1 与经济增长率 g 之间同样呈负相关关系，随着第Ⅱ部类资本有机构成的提高，经济增长率下降。

$\frac{\partial g}{\partial m'}=\frac{k(1+a)(1+p)(as_1+s_2+1+a+m')}{[as_1+s_2+1+a+(1+a)m']^2}>0$，即剩余价值率 m' 与经济增长率 g 之间具有正相关关系，随着剩余价值率的上升，经济增长率上升。

除此之外，还应考察社会总产品的各个组成部分在增长过程中的增长率如何，通过代入相应部分的表达式对不变资本、可变资本、剩余价值以及投入扩大再生产的追加资本的增长率的表达式的计算，可以得出以下结论

$$g=\frac{\Delta y}{y}=\frac{\Delta c}{c}=\frac{\Delta v}{v}=\frac{\Delta m}{m}=\frac{\Delta c+\Delta v}{c+v}=\frac{(1+a)\ km'\ (1+p)}{as_1+s_2+1+a+\ (1+a)\ m'}$$

即在经济增长率不变的同时，不变资本、可变资本、剩余价值、投入资本增长率也都以同样的比率增长，这说明马克思经济增长模型中是存在稳态的，但是经济增长稳态的实现需要比较苛刻的条件。

（三）马克思增长模型的简单扩展

1. 考虑工人进行储蓄的情形

马克思的增长模型中假设工人的收入即工资被限制在一个很低的水平

上，在该水平上工人所获得的收入仅仅能够满足自己最低的生活需要，工资被完全用于生活资料的消费，不会有一点剩余。因此，在增长模型中不存在工人的储蓄。但现实中，工人的工资收入除了会用于生活资料的消费以外，还会有一个剩余，即工人也拥有储蓄，需要将工人的储蓄也纳入讨论。

假定工人同资本家一样存在储蓄，设工人的储蓄率为 s_w，而资本家的储蓄率就是其资本积累率 k，由于假设储蓄全部转化为投资，扩大再生产开始以后，第Ⅰ部类所投入的剩余价值为 $km'n_1w + s_wm'n_1w$，则第Ⅰ部类按照资本有机构成比例追加的不变资本和可变资本分别为 $\frac{s_1}{s_1+1}(k+s_w)m'n_1w$ 和 $\frac{1}{s_1+1}(k+s_w)m'n_1w$；第Ⅱ部类所投入的剩余价值为 $km'n_2w + s_wm'n_2w$，第Ⅱ部类按照资本有机构成比例追加的不变资本和可变资本分别为：$\frac{s_2}{s_2+1}(k+s_w)m'n_2w$ 和 $\frac{1}{s_2+1}(k+s_w)m'n_2w$。通过与推导不考虑工人储蓄的增长率相似的过程可以推导出包含工人储蓄的经济增长率 g 的表达式

$$g = (k + s_w)(1 + p)\frac{(1 + a)m'}{as_1 + s_2 + 1 + a + (1 + a)m'}$$

通过上式可以看出，在将工人的储蓄纳入模型之后经济增长率的表达式并未发生很大的变化，只是社会总储蓄由原模型中资本家的资本积累 km′v 变成了资本家的资本积累和工人的储蓄之和 $km'v + s_wm'v$,原有的资本积累率 k 变成了广义的社会资本积累率 $k + s_w$，这是由于工人的储蓄和资本家的储蓄一样，也全部转化为投资造成的。工人的储蓄是在其满足了自身生活需要之后剩余的部分，虽然工人不会直接将储蓄的资本投入生产资本中，但其储蓄的货币会通过信用等形式间接地流入资本家手中。因此，工人的储蓄最终也会全部转化为投资。

2. 考虑资本有机构成变化的情形

资本有机构成反映了一定的技术水平，短期内技术水平变化不大，资

本有机构成可视为不变，但在长期内，技术水平可能发生明显变化，资本有机构成也会随之变动。因此，也需要将资本有机构成的变化纳入讨论中。

假设资本有机构成随着技术状况不断变动，根据马克思“可变资本同不变资本从而同总资本相比的这种不断的相对减少，和社会资本的平均有机构成的不断提高是一回事。这也只是劳动生产力不断发展的另一种表现……”[33]的论断，资本有机构成会随着技术进步而不断提高。在此我们从两个方面对这一效应进行探讨，首先根据基本模型中的结论，第Ⅰ部类和第Ⅱ部类资本有机构成提高对经济增长率的边际影响都是为负的，这从这两个变量的偏导数上就可以看出。

$$\frac{\partial g}{\partial s_1}=\frac{-a(1+a)km'(1+p)}{[as_1+s_2+1+a+(1+a)m']^2}<0$$

$$\frac{\partial g}{\partial s_2}=\frac{-(1+a)km'(1+p)}{[as_1+s_2+1+a+(1+a)m']^2}<0$$

同时，从量上看，第Ⅰ部类和第Ⅱ部类资本有机构成变化对经济增长率变化影响的差异是由 a 决定的，当第Ⅰ部类的可变资本数量大于第Ⅱ部类的可变资本时，$a>1$，第Ⅰ部类资本有机构成对经济增长的边际影响大于第Ⅱ部类。而当第Ⅱ部类的可变资本数量小于第Ⅰ部类的可变资本时，$a<1$，第Ⅰ部类的资本有机构成变化对经济增长的边际影响小于第Ⅱ部类。两者之间始终有 a 倍的影响差异。

从另一个方面来看，资本有机构成提高也会打破经济增长稳态时所形成的平衡状态。假设 c' 和 v' 为资本有机构成提高后按照新的资本有机构成需要投入的不变资本和可变资本，则有 $c'/v'=s+\Delta s$，而原资本有机构成为 $c'/v'=s$，在此情形下，为实现经济增长所追加的可变资本和不变资本的增长率可以表示为

$$\frac{\Delta c+\Delta v}{c+v}=\frac{(s+\Delta s)\ \Delta v+\Delta v}{sv+v}=\ (1+\frac{\Delta s}{1+s})\ \frac{\Delta v}{v}>\frac{\Delta v}{v}$$

从该式中可以清晰地看出，在资本有机构成提高的情况下，经济增长原有的稳定状态被打破，追加的可变资本和不变资本的增长率会大于可变

资本的增长率。由于追加的可变资本和不变资本的增长率实际上就是资本的增长率，而可变资本的增长率实际上就是劳动收入的增长率。这就说明，在资本有机构成不断提高的条件下，经济运行过程存在自发的动力使资本增长率大于劳动增长率，这将会使扩大再生产的实现条件遭到破坏，从而导致模型中经济增长路径对稳态的偏离。同时，由于投资增长率等于经济增长率，劳动收入增长率也是会自发地低于经济增长率的。

三、马克思经济增长理论对新时代下我国经济发展方式转变的启示

（一）推动劳动者收入提升，实现发展成果共享

马克思增长模型的一个重要结论是经济增长率在稳态会以固定速率 g 增长，并且不变资本 c、可变资本 v 和剩余价值 m 也同时都以 g 的速率增长。这说明马克思增长模型中平衡增长路径的实现，有赖于社会总产品的各个组成部分都按照同样的比例增长。这构成了马克思增长模型中经济稳态实现的条件，即如果满足各变量的同比例增长，经济增长的稳态就可以实现；如果不满足各变量的同比例增长，经济增长的稳态就会被打破，经济会产生波动甚至造成危机，这使得经济增长具有一定的“刀刃”性质。这一结论对我国新时代下经济发展方式转变有重要的指导意义，根据模型的要求，在稳态下可变资本和不变资本要按照同样的比例增长，可变资本是投入在劳动力上的资本形式，最终会转化为劳动者的收入。由于劳动力数量在一段时间内可以被视为是不变的，使可变资本与不变资本按照同样的比率增长实际上就是让劳动者的收入与不变资本和经济增长率按照同样的比率增长。

但这一条件在理论和实际中都难以自发得到满足。从理论上看，在资本有机构成提高的情况下，经济运行过程存在自发的动力使资本增长率大于劳动增长率。这种自发的趋势会使扩大再生产的实现条件遭到破坏，从而使经济增长的稳态无法实现。实际上，通过对我国劳动收入占比的变化进行分析也可以说明这一点。从表 1 中可以看出，自 1992 年以来，我国劳

动者报酬在国民总收入中所占的比重总体上呈现出下降趋势。从 1992 年的 58.66% 下降到 2015 年的 52.07%，总体下降了 6.59 个百分点，而在劳动者收入占比最低的 2011 年，这一比重仅为 45.91%。虽然在整个下降过程中，并未呈现出逐年下降的趋势，只在部分年份有所回弹，但是这也并不能改变下降的总体趋势，这一点在图 1 中可以得到充分的体现。此外，从绝对量上来看，我国的劳动者收入占比的绝对数值也明显低于主要发达国家城镇化和工业化时期的数字。同时，考察劳动者报酬在国民收入初次分配中所占比重的变化，也可以得到类似的结论。劳动者收入初次分配占比同样呈现出下降的趋势。从 1992 年的 59.88% 下降到 2015 年的 52.07%，总体上也下降了 7.81 个百分点，下降幅度比劳动者收入在国民总收入中所占的比重还要大 1.22 个百分点。这种情况的出现，一方面，与我国长期以来的劳动力供给过剩有关，劳动力的无限供给使劳动力资源相对于资本的稀缺性下降，资本对劳动的边际替代率较高，从而资本的收入也较高。同时，劳动力的供给过剩还使得劳动相对于资本的议价能力下降，劳动者同资本所有者在进行定价和分配时处于劣势，从而加剧了劳动者收入占比的下降。另一方面，我国当前的经济发展方式带有明显的投资驱动性，并且技术进步带有很强的资本倾向，这导致了资本对劳动的“挤出”，这也使劳动收入占比有所下降。随着产业结构的不断升级和第三产业的发展，劳动力供求情况有所改善，劳动者收入占比情况也在近几年有所好转，但是这并未彻底改变其总体下降的趋势。

表 1　1992—2015 年劳动者收入占比情况

年份	劳动者报酬/元	国民总收入/亿元	劳动者收入总收入占比	初次分配总收入/亿元	劳动者收入初次分配占比
1992	15959.60	27208.2	58.66%	26651.83	59.88%
1993	19633.60	35599.2	55.15%	34560.48	56.81%
1994	26645.10	48548.2	54.88%	46670.12	57.09%
1995	33660.00	60356.6	55.77%	57494.88	58.54%
1996	39279.50	70779.6	55.50%	66850.56	58.76%

续表

年份	劳动者报酬/元	国民总收入/亿元	劳动者收入总收入占比	初次分配总收入/亿元	劳动者收入初次分配占比
1997	43730. 30	78802. 9	55. 49%	73142. 02	59. 79%
1998	46015. 73	83817. 6	54. 90%	76967. 31	59. 79%
1999	48965. 82	89366. 5	54. 79%	80579. 22	60. 77%
2000	53298. 06	99066. 1	53. 80%	98000. 5	54. 39%
2001	56987. 92	109276. 2	52. 15%	108068. 2	52. 73%
2002	62580. 02	120480. 4	51. 94%	119095. 7	52. 55%
2003	69243. 87	136576. 3	50. 70%	134977	51. 30%
2004	75366. 25	161415. 4	46. 69%	159453. 6	47. 27%
2005	92948. 76	185998. 9	49. 97%	183617. 4	50. 62%
2006	105555. 33	219028. 5	48. 19%	215904. 4	48. 89%
2007	125359. 09	270844	46. 28%	266422	47. 05%
2008	150701. 76	321500. 5	46. 87%	316030. 3	47. 69%
2009	167098. 09	348498. 5	47. 95%	340320	49. 10%
2010	190968	411265. 2	46. 43%	399759. 5	47. 77%
2011	222528. 4	484753. 2	45. 91%	468562. 4	47. 49%
2012	256677. 8	539116. 5	47. 61%	518214. 7	49. 53%
2013	299072. 3	590422. 4	50. 65%	583196. 7	51. 28%
2014	328602. 8	644791. 1	50. 96%	644791. 1	50. 96%
2015	357432	686449. 6	52. 07%	686449. 6	52. 07%

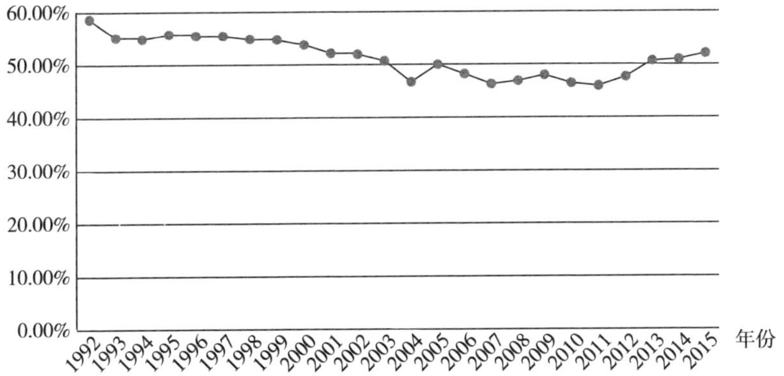

图 1　1992—2015 年劳动者收入在国民总收入中的占比情况

劳动者收入在国民总收入中占比的下降反映出劳动者收入增长率低于资本收入增长率和经济增长率的现实，因为如果劳动者收入增长率大于经济增长率，劳动者报酬在国民总收入中所占的比重就会不断上升。而这种劳动收入增长率低于资本收入增长率的现实，一方面，影响了我国经济增长平衡增长路径的实现，使我国经济增长出现不必要的波动；另一方面，也是造成我国当前收入分配差距的重要原因。党中央明确指出“坚持共享发展，必须坚持发展为了人民、发展依靠人民、发展成果由人民共享，作出更有效的制度安排，使全体人民在共建共享发展中有更多获得感，增强发展动力，增进人民团结，朝着共同富裕方向稳步前进”[34]。这一论断深刻地阐明了共享发展的内涵就是发展与共享的统一。实现共享发展，首先是要发展，在任何阶段发展都是中国特色社会主义的第一要务，而在新时代下的经济发展，一方面，要求我国经济在平衡增长路径上维持中高速的稳定增长；另一方面，也要求我们在稳定增长的过程中更多地关注公平，在实现经济发展的同时，实现发展成果的全民共享，并通过成果共享增进发展动力，进一步促进经济发展。而马克思经济增长理论则指出，经济的稳定增长和发展成果的共享并不是相互矛盾的目标，而是可以在同一过程中实现的两种状态。因此，在我国新时代下经济发展方式转变的过程中，应当通过创新制度安排，创造出劳动和资本之间公平的竞争环境，促进劳动者收入的增长，提升其在国民收入中所占的比重，以实现宏观经济的均衡增长。同时，“收入分配是民生之源，是改善民生、实现发展成果由人民共享最重要最直接的方式”[35]。劳动者收入增长率的提升，有助于扩大中等收入阶层，缩小我国当前的收入分配差距，逐步形成“橄榄”型的分配格局，也充分体现出共享发展的内涵，让经济发展的成果惠及普通民众。

（二）推动居民消费增长，实现供求协调发展

在马克思经济增长模型中放宽了工人没有储蓄的假设之后，维持较高经济增长率的关键就是社会总储蓄率和社会平均利润率，这两项与经济增

长率之间呈现出明显的正向关系，成为推动经济增长的重要基础。从平均利润率来看，马克思认为随着技术进步平均利润率会逐渐下降，“不变资本同可变资本相比的这种逐渐增加，就必然会有这样的结果：在剩余价值率不变或资本对劳动的剥削程度不变的情况下，一般利润率会逐渐下降”[33]。而我国改革开放以来的实际也与此基本相符，通过引进国外技术和机器设备的广泛应用，不变资本相对于可变资本比重不断增加，社会平均利润率趋于下降。虽然不变资本价值下降、相对过剩人口大量存在、股份资本比重的上升等因素对平均利润率的下降起到了相反的作用，但是在资本有机构成不断提高的前提下，这些因素只是减缓了下降的趋势，而不能使下降的趋势产生逆转。在这样的情况下，我国改革开放之后的高速经济增长主要依靠的就是较高的社会资本积累率，即社会总投资率。而较高的社会投资则来源于社会的总体储蓄。因此，我国社会的高储蓄率成为改革开放之后经济高速增长的重要基础。从现实情况来看（见图2），我国的总储蓄率呈现出两个显著特点：一是储蓄率的绝对数值较高，比日本、韩国等拥有较高储蓄率的东亚国家储蓄率还要高；二是储蓄率总体呈现出逐步上升的趋势，从1992年的41.80%上升到2016年的46.05%，上升了4.25个百分点，并在2007年达到51.97%的峰值。与劳动者收入占比的上升趋势有所差异的是，我国的储蓄率呈现出阶梯状的上升趋势。

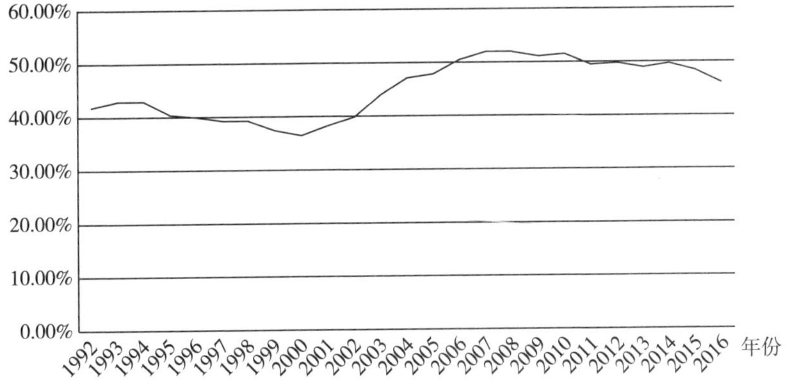

图2　1992—2016年我国总储蓄率变动趋势

高储蓄率虽然构成改革开放之后经济高速增长的重要基础，但是却不是未来维持经济持续增长的决定性力量。这是因为，高储蓄率构成经济高速增长基础的关键在于高储蓄率带来的高资本积累率，社会资本积累直接导致社会再生产规模的扩大，从而实现经济增长。然而，资本积累虽然在社会总资本扩大再生产过程中具有重要作用，但资本积累却并不是社会总资本扩大再生产的唯一要素。除资本积累之外，通过提高劳动生产率、提升现有设备使用效率等方式也能够扩大再生产规模。并且，随着经济发展阶段的不断提升，单纯依靠资本数量积累实现的外延式的经济增长必定会遇到其积累数量上的界限而不能持续，最终为资本积累以外的内涵式经济增长所替代。

此外，马克思经济增长模型的稳态是以社会总产品的充分实现为前提的，而消费作为社会生产活动的中间环节，起到承上启下的作用。国民收入中消费和储蓄此消彼长，在经济发展初期，社会生产力能力有限，对社会产品的需求是大于供给的，生产出来的产品能够充分得到实现，通过储蓄为提升生产能力提供资金，可以生产出更多的最终产品，满足更多人的需求，实现经济增长。当经济发展到一定阶段后，生产能力获得长足发展，社会产品处于相对过剩状态，此时继续保持高储蓄率反而会挤出消费，使社会总产品无法顺利实现，从而破坏社会扩大再生产的实现条件，导致经济增长的稳态不可持续，加剧经济波动。从我国的实际来看，伴随着储蓄率的不断上升，我国的居民消费率呈现出一定的下降趋势。图 3 表明了这一趋势，我国居民的消费率从 1992 年的 45.27% 下降到 2016 年的 39.33%，下降了 5.94 个百分点，并且在 2010 年达到 35.56% 的最低值。将其与我国储蓄率变动的趋势进行对比不难发现，其也呈现出阶梯式的下降趋势，并且最低值出现的年份与储蓄率最高值出现的年份相对应，两者之间体现出较强的反向相关性。

这种由居民消费率下降带来的积累和消费比例失调已经开始影响经济的平稳运行，我国当前部分产业的产能过剩就是由其引发的一个显著问题。我国当前的产能过剩一方面来自于过高的储蓄率对消费挤出造成的社会购买力下降；另一方面，也是社会生产部门为维持高积累率而偏向于生产资料而不是消费资料生产，导致社会生产两大部类的产出与劳动者的消费需求不匹配所形成的结构性问题，并且结构性问题在我国当前的产能过剩问题中表现得更为突出。

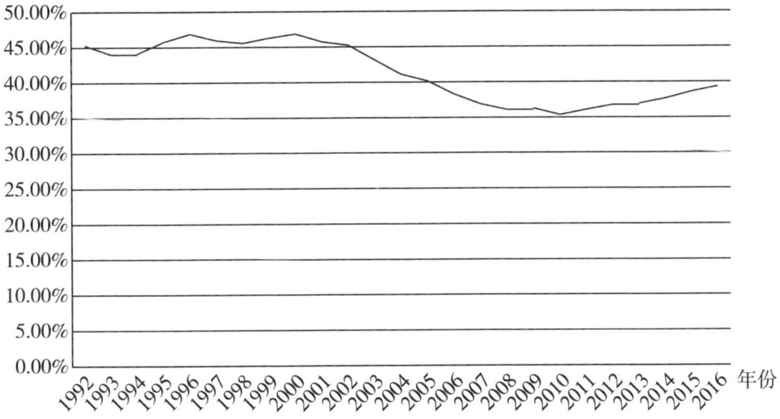

图 3　1992—2016 年我国居民消费率变化趋势

因此，我国新时代下经济发展方式转型的重要任务之一就是要改变对高投资率、高储蓄率的依赖，提升居民消费水平。在这之中，一方面是要通过降低积累率，重新建立积累与消费之间相互协调的关系，来增加劳动者手中能够用于消费活动的货币数额；另一方面应当看到新时代下我国居民的需求层次已经发生了明显的提升，已经从生存型转化为享受型，对产品质量的要求日渐提高，个性化、高级化、生态化的消费开始逐渐成为消费的主流趋势。在这样的情形下，提升居民的消费水平应当从降低积累比率、调整两大部类的供给结构入手，减少煤炭、钢铁、水泥等行业的无效供给，提升消费资料的供给层次，在消费资料的生产部门发展能够满足劳动者多层次、多样化需求的有效供给，实现社会供求的协调发展，以适应社会总资本扩大再生产顺利进行的要求。

（三）推进创新发展，实现经济发展动力转化

考虑马克思经济增长模型中经济增长率的表达式，资本积累率、平均

利润率、资本有机构成和剩余价值率共同决定了经济增长率的高低。从现有研究关于我国技术进步和经济增长的关系来看，技术进步与经济增长之间呈现出显著的正相关关系（刘伟、张辉，2008；匡远凤，2012；苏治、徐淑丹，2015）。[36][37][38]而根据马克思的论断，随着生产技术水平的不断提升，社会平均利润率呈现出下降趋势，而资本有机构成和剩余价值率呈现出上升态势。从模型推导的结论来看，平均利润率和资本有机构成的变动倾向于降低经济增长率，而剩余价值率则对这两者的负效应有一定的抑制作用，但是这三者相互作用之后在总体上呈现出使经济增长率降低的负效应。因此，在此情形下实现经济增长的关键就在于社会资本积累率，当社会资本积累率上升对经济增长的拉动作用大于以上三者之间形成的净的负效应时，经济增长才能够实现。

现实中，随着平均利润率的下降和资本有机构成的提高，为维持经济增长，对社会资本积累率的要求也会越来越高，但是社会资本积累率在数量上是有界限的，其与消费之间的比例关系必须维持在一定的范围内，否则就会导致社会扩大再生产的实现条件遭到破坏，最终使经济增长趋于停滞。在这样的条件下，要使经济增长得以维持，单纯依靠广义社会资本积累率的上升是不够的，还有赖于其他能够使扩大再生产得以持续的因素。对此，马克思曾明确论述“生产逐年扩大是由于两个原因：第一，由于投入生产的资本不断增长；第二，由于资本使用效率不断提高，在再生产和积累期间，小的改良日积月累，最终就使生产的整个规模完全改观，这里进行着改良的积累，生产力的日积月累的发展”[39]。除资本积累之外，资本使用效率的提高也能够使社会再生产的规模不断扩大，这种使用效率的提高实际上起到了和资本积累同样的效果，可以算作是一种广义的资本积累，而这种使用效率的提高从根源上说来自于创新。通过创新可以提高劳动生产率，提高设备使用效率，降低生产资料的成本，最终在不提高资本积累率的前提下，实现社会总资本的扩大再生产。显然，在社会总积累率具有增长上限的前提下，通过创新实现的资本使用效率的不断提升就是经济持续增长的动力所在。

新时代下，推动我国经济高速增长的人口红利和开放红利开始衰退，经济增长的动力源面临转化，如果不能实现增长动力转化，则目前中高速的增长也难以为继。对此，党中央进一步推进了创新发展的理念，提出了加快建设创新型国家的任务，试图将经济增长的动力转化到创新上来。党的十九大报告明确指出："创新是引领发展的第一动力，是建设现代化经济体系的战略支撑。"而这与马克思经济增长模型的结论也具有高度的一致性，真正改变经济发展速度的因素来源于技术创新和要素组合形式的改变，而不仅仅是资本投入数量的增加。要将目前经济增长的动力由依靠要素数量扩张转变到依靠创新推动的集约型增长上来，将经济增长的动力转换到技术创新、管理创新、制度创新和文化创新上来，使创新成为新时代下引领经济增长的新动力。

（四）推进供给侧改革，实现产业结构优化

马克思增长理论除对决定经济增长的核心要素进行探讨以外，也对宏观经济稳定增长的实现条件进行了研究，而这一条件内部就隐含着产业结构合理化的要求。在马克思的经济增长理论中，经济增长的稳态要求社会再生产两大部类之间物质产品生产的比例协调。而这种协调实现的前提就是产业结构的合理化，这种产业结构的合理化内含着有效供给和有效需求的平衡匹配。在马克思增长理论中，社会总资本扩大再生产的实现条件为 $\text{I}(v+\Delta v+m/x)=\text{II}(c+\Delta c)$ 说明社会总产品再生产顺利进行的必要条件是两大部类之间生产的物质产品要维持一定比例。以扩大再生产为例，如果第Ⅰ部类的产品价值 $\text{I}(c+v+m)$ 大于第Ⅰ部类和第Ⅱ部类对生产资料的需要 $\text{I}(c+\Delta c)$ 和 $\text{II}(c+\Delta c)$，那么对第Ⅰ部类来说其产品的供给大于需求，必然有一部分产品的价值无法实现，价值补偿就不会完全实现，同样用于进行实物补偿的资本量也会缩小，这样就会导致第Ⅰ部类的扩大再生产无法按照既定的扩张规模顺利进行甚至有可能出现生产规模的停滞和缩小。反之，若 $\text{I}(c+v+m)<\text{I}(c+\Delta c)+\text{II}(c+\Delta c)$，第Ⅰ部类的产出无法满足两大部类对生产资料的需求，也就无法完全满足两大部类在

生产资料上的消耗，两大部类或其中之一就无法维持既定的规模扩张，也必然会发生扩大再生产在规模扩张速度上的减小。而两大部类之间保持一定比例就意味着以三次产业口径计量的产业结构要保持一定的比例关系。三次产业划分虽然和两大部类之间有明显的差异，但是在将服务业的服务产品按产品的最终用途分别计入生产资料和消费资料的两大部类之后，三次产业与两大部类之间在总量上可以基本对应（逄锦聚等，2009）。[40]而社会两大部类的比例关系实际上是对整个社会全部生产部门的所有企业在生产生产资料的物质生产部门和为其服务的服务业部门与生产生活资料的物质生产部门和为其服务的服务业部门之间进行的一种分配，是产业间和产业部门间的一种数量比例的体现。在社会再生产过程中，两大部类内部和两大部类之间要求的比例关系可以看作是社会再生产过程的顺利进行对产业结构合理化的一种要求。

新时代下，我国经济面临的结构失衡问题依然严峻，在过去“唯GDP”的增长理念下，长期形成的粗放式发展使一些重化工业和制造业出现了比较严重的产能过剩，使当前供给结构无法适应需求结构的变化，从而导致实体经济出现“四降一升”问题。而相关研究则显示现实情况可能更为严峻（程俊杰，2015），[41]我国目前不仅已经出现地区层面的普遍性产能过剩，并且除了传统“三高”行业，一些新兴产业也已经出现产能过剩。目前要化解产能过剩，要解决实体经济中“四降一升”的问题，就要转变发展方式，使供给与有效的需求相适应。为此，党中央提出了供给侧结构性改革的思路来应对实体经济中的问题，力图通过改革提升供给层次，发展中高端供给，淘汰无效供给，从而使供给能够满足有效需求。其实质就是要通过产业结构的合理化来实现供给结构与需求结构相匹配，而这也是马克思增长理论中经济增长能够保持稳定的内在要求之一。因此，在化解我国当前供需结构失衡问题时也要以马克思增长理论为指导，按照社会再生产实现条件的要求，从供给侧入手，大力推进供给侧结构性改革，推进产业结构合理化，以创造出更多能够满足有效需求的有效供给，保证扩大再生产的顺利进行。

参考文献

[1]朱钟棣. 国外学者对马克思扩大再生产理论的研究[J]. 上海财经大学学报,2005(2):66 –72.

[2]雍文远. 关于扩大再生产的公式问题[J]. 学术月刊,1962(5):11 –17,57.

[3]石景云. 马克思社会再生产理论中的增长公式[J]. 中国社会科学,1988(2):153 –162.

[4]宋则行. 马克思经济增长理论探索——兼与西方现代经济增长模式比较[J]. 当代经济研究,1995(1):1 –12.

[5]刘惠林,冯世则. 马克思经济学中的最优增长理论[J]. 中国社会科学,1986(6):45 –65.

[6]石景云. 马克思社会再生产理论中社会总资本的内涵[J]. 经济评论,1994(2):1 –4,34.

[7]张忠任. 马克思经济增长模型的自控特性及其启示[J]. 当代经济研究,1995(4):33 –40,32.

[8]赵峰. 马克思的增长理论[J]. 政治经济学评论,2004(2):20 –48.

[9]彭五堂. 马克思经济增长理论及其现实意义[J]. 经济问题,2005(11):7 –9.

[10]朱殊洋. 资源约束下的马克思扩大再生产模型的稳定性分析[J]. 岭南学刊,2005(2):64 –68.

[11]吴易风. 马克思的经济增长理论模型[J]. 经济研究,2007(9):11 –17,48.

[12]陈长. 引入环境的马克思经济增长理论研究[J]. 经济问题探索,2010(10):1 –7.

[13]孟捷. 复杂劳动还原与马克思主义内生增长理论[J]. 世界经济,2017,40(5):3 –23.

[14]吴汉龙,冯宗宪. 基于马克思扩大再生产理论的内生经济增长模型[J]. 河北经贸大学学报,2004(1):8 –15.

[15]李海明,祝志勇．扩大再生产的动态最优模型——马克思经济增长理论的一个解说[J]．经济科学,2012(6):12－22.

[16]李海明．一个古典—马克思经济增长模型的中国经验[J]．经济研究,2014(11):159－169.

[17]马艳,严金强,李韵．马克思内生增长理论的界定及其微观机制[J]．经济学动态,2017(9):34－43.

[18]朱殊洋．两大部类增长速度对比关系的探讨——对生产资料优先增长问题的考察[J]．经济学(季刊),2009(2):443－464.

[19]冯金华．马克思的再生产理论和经济增长的性质[J]．上海行政学院学报,2011(4):4－11.

[20]徐春华．生产资料部类优先增长:理论逻辑与经验证据[J]．经济学动态,2017(2):25－36.

[21]陶为群,陶川．马克思经济增长模型中的储蓄与劳动就业关系[J]．当代经济研究,2010(7):14－18.

[22]裴小革．马克思社会总资本再生产理论的若干问题[J]．河北经贸大学学报,2013(4):9－14.

[23]李子联．分配与增长:一个马克思主义经济学的分析[J]．马克思主义研究,2015(4):48－57.

[24]邱海平,姬旭辉．论非生产劳动与经济增长——以中国1995—2009年为例[J]．马克思主义研究,2016(3):83－94.

[25]姬旭辉,邱海平,冯志轩．非生产劳动与经济增长——基于39个国家面板数据的实证分析[J]．经济学家,2016(1):22－32.

[26]洪远朋．经济增长方式转变的辩证法[J]．复旦学报(社会科学版),1996(4):4－5.

[27]李广平,高园．马克思经济增长方式转变理论的模型及其分析——兼论当前中国经济增长方式转变的条件和途径[J]．当代经济研究,2004(5):3－8,74.

[28]卫兴华,侯为民．中国经济增长方式的选择与转换途径[J]．经济

研究,2007(7):15-22.

[29]唐国华,许成安. 马克思经济增长理论与中国经济发展方式的转变[J]. 当代经济研究,2011(7):15-20.

[30]姚宇. 基于马克思扩大再生产理论的我国转变经济增长方式路径选择研究[J]. 内蒙古社会科学(汉文版),2013(4):101-105.

[31]赵峰,李彬. 马克思两部类模型视角下的中国省域经济结构分析[J]. 马克思主义研究,2017(4):61-68.

[32]赵峰. 马克思的增长理论[J]. 政治经济学评论,2004(2):20-48.

[33]马克思. 资本论:第3卷[M]. 北京:人民出版社,2004:236.

[34]中国共产党第十八届中央委员会第五次全体会议文件汇编[M]. 北京:人民出版社,2015:13.

[35]中共中央宣传部. 习近平总书记系列重要讲话读本[M]. 北京:人民出版社,2016.

[36]刘伟,张辉. 中国经济增长中的产业结构变迁和技术进步[J]. 经济研究,2008(11):4-15.

[37]匡远凤. 技术效率、技术进步、要素积累与中国农业经济增长——基于SFA的经验分析[J]. 数量经济技术经济研究,2012(1):3-18.

[38]苏治,徐淑丹. 中国技术进步与经济增长收敛性测度——基于创新与效率的视角[J]. 中国社会科学,2015(7):4-25,205.

[39][德]马克思,恩格斯. 马克思恩格斯全集:第26卷第2分册[M]. 北京:人民出版社,1979:598.

[40]逄锦聚,洪银兴,林岗,刘伟主编. 政治经济学:第四版[M]. 北京:高等教育出版社,2009:5.

[41]程俊杰. 转型时期中国产能过剩测度及成因的地区差异[J]. 经济学家,2015(3):74-83.

专题四

马克思主义政治经济学与西方经济学的比较研究

积累社会结构理论与马克思资本理论比较研究①

李灵燕

摘　要：通过对积累社会结构理论的分析方法、概念框架、对现实经济运行的解释等与马克思资本理论进行对比分析，揭示积累社会结构理论在分析方法和概念框架上存在的主要缺陷，以深化对当代资本主义危机和困境的根源和出路的理解。

关键词：资本积累；制度；国家管制；新自由主义

作者简介：李灵燕，西北大学经济管理学院副教授，经济学博士。

一、导　论

积累社会结构理论是由美国激进经济学家戈登、爱德华和里奇（1982）建立，并由沃尔夫森和科兹（2003）修正和发展的一个理论框架。该理论在继承马克思关于资本主义生产方式本质和运行规律的理论框架基础上，对其进行了时代化发展，试图从制度变迁的角度解释当代资本主义经济体制的运行规律，揭示当代资本主义经济危机的根源和出路。

积累社会结构理论在西方激进左翼中有着重要的影响力。激进左翼代

① 基金项目：本文系国家社会科学基金项目（编号：16XJL001）阶段性成果。

表包括工人阶级在内的社会中下层阶层的利益，试图通过扩大对资本配置和工作组织的民主控制，来实现充分就业、平等的财富分配和福利国家等社会价值目标。积累社会结构理论成为激进左翼要求通过制度变革提高民众收入和福利的政治主张的重要理论基础之一。

和马克思一样，积累社会结构理论认为，不稳定、不平等和易于发生危机的倾向是资本积累过程固有的。但是，与马克思不同的是，积累社会结构理论并不认为这些倾向只有通过资本主义生产方式进行全面、深刻的变革才能克服。

积累社会结构理论指出，马克思揭示的是资本主义生产方式在一般意义上的运动规律，忽视了政治和社会等非经济因素（尤其是制度因素）与资本积累规律间的关联，因而不能解释不同历史时期资本积累运行状况的差异。

更为重要的是，积累社会结构理论认为，1945—1973 年这一“黄金时期”呈现的高积累率与高收入和福利并存状况表明，资本主义已通过政治和经济制度变革克服了资本积累过程的内在矛盾，形成了理性运行的新秩序。因此，该理论致力于揭示该时期制度结构的特征、对资本积累规律的影响，并分析其形成、巩固和解体的原因。

正是在这样的认识基础上，积累社会结构理论将 20 世纪 70 年代的“滞胀”危机归结于这种制度结构的解体，并将解体的原因归结于一国资本积累体系的外生力量，如国际竞争加剧。

也正因为如此，积累社会结构理论将 20 世纪 80 年代初西方国家发生新自由主义制度变革的原因归结于金融资本力量上升并主导政治过程，使政府制定片面支持金融资本赢利的法律和政策，并将 20 世纪 80 年代以来西方资本主义经济出现的资本积累率下降、民众收入和福利降低的原因归结于新自由主义制度变革导致的金融扩张和全球化，并相应地认为，通过包括工人阶级在内的中下层民众的反抗运动，促使政府颁布管制金融资本、国际资本流动和国际贸易的政策，就能走出当前的危机和困境，恢复高资本积累率与民众高收入和福利。

那么，这种改良主义主张是否具有坚实的理论基础和充分的经验证据支持呢?

本文在系统梳理积累社会结构理论的分析方法、概念框架和对现实经济运行的解释基础上，将其与马克思资本理论进行对比分析，揭示积累社会结构理论在分析方法和概念框架上存在的主要缺陷，以深化对当代资本主义危机和困境的根源和出路的理解。

二、国家管制型积累社会结构的特征和影响

20 世纪 30 年代经济大萧条发生后，西方资本主义国家加强了对经济的管制，进行了一系列政治和经济制度变革，以调节资本主义生产关系。

二战结束后到 20 世纪 70 年代中期，西方资本主义经济经历了一个“黄金时期”，大公司通过标准化大规模生产获得了稳定、丰厚的利润，维持了高资本积累率，并在投资者、员工和其他利益群体中进行了广泛的利润分享。

积累社会结构理论认为，“黄金时期”资本主义经济运行呈现的高积累率与高收入和福利并存状况表明，资本主义已通过政治和经济变革形成了理性运行的新秩序。在这样的认识基础上，积累社会结构理论分析了该时期形成和巩固的与资本积累相关的制度结构的特征，并建立理论框架说明其如何使经济运行摆脱了马克思所揭示的资本积累规律。

积累社会结构理论以马克思所揭示的资本积累内在矛盾作为分析的出发点，将制度作为外生强制性力量引入马克思的资本积累理论框架中，解释“黄金时期”的制度结构如何克服资本积累过程的内在矛盾。

首先，积累社会结构理论认为，马克思所提出的资本积累过程“平均利润率下降趋势”的原因在于整个社会生产的无政府状态导致的竞争加剧，而寡头垄断市场结构能够克服这一矛盾，能阻止这一规律发挥作用，获得垄断利润的稳定增长，从而保证高资本积累率。具体机制如下。

当代资本主义经济体系的特征是，其典型的经济单位是“生产一个行业或若干行业的大量产品份额，并且能控制其价格、生产总量以及投资的

种类和数量的大型企业”。并且寡头间通过长期博弈学会了协同行动，不再进行价格竞争，寡头成为市场价格制定者，而不是价格接受者。产品不再按生产成本进行定价，而是按垄断利润最大化原则进行定价。并且寡头公司能通过协同行动控制技术创新的方向，使得威胁到其边际利润的技术创新不会被推广。这样，技术创新并不会像竞争资本主义体制下那样导致利润率的降低，而只会增加公司获得的垄断利润。

可见，寡头间的关系从竞争转向了合作，使得技术和生产发展能被控制，产生对结果的稳定预期。因此，寡头有动力推动提高生产率的创新，以增加其获得的垄断利润。

这样，寡头垄断资本主义经济体制就克服了马克思所提出的“个别企业生产的有组织性和整个社会生产的无政府状态”所导致的利润率下降趋势，使得大公司能赚取稳定增长的经济利润。

其次，在寡头垄断资本主义经济基础上，可以通过国家法律和政策对大公司行为的调节和规范，将其引导到增进公众利益的方向，使大规模生产创造的利润广泛地分配到全社会。具体分析如下。

（1）使用反托拉斯法来确保经济活动的可竞争性并向新来者开放，对不正当竞争行为进行禁止和限制，如禁止价格歧视、贸易垄断和价格操纵等。

为了维持工业发展的动力和产业体系的平衡，政府实施了一些重要的产业管制制度。金融体系被密切监管，银行完全被政府监管，无法为所欲为。监管机构为关键性的自然垄断行业（主要是公用事业）制定价格和标准，公众通过大型垄断公司（涉及公用事业、特定路线的航空运输、卡车、公路和电话业等）在大致公平的条件下享受这些服务。保护生产者为自己产品定价的能力，保护所有的生产者平等获得铁路交通等垄断服务。

此外，立法者对当地社区（如小型公司、地区零售商和农场主）的利益给予了特殊照顾。具体措施包括：小农场主获得了联邦政府的价格支持，在制定农业政策时拥有发言权，农场合作组织获得联邦反垄断法的豁免；小型零售商通过自由贸易法和联邦的《罗宾逊—帕特曼法案》获得了保护（法案规定，无论零售商规模大小，批发商索要的批发价都一样，这防止了连锁店压低价格），使其可以抗衡连锁零售商；连锁零售商获许组成庞大的全国性组织，以抗衡大型制造商的市场影响力。

（2）通过公司治理结构的变革来使生产率提高带来的经济利润归劳资双方共享。在利润分配的谈判中，有组织的力量通过政府行为被提升和增强。例如，美国大约有1/3的员工隶属于工会组织，工会推动了集体议价法案的出台；1947—1973年，伴随着生产力的发展，美国员工的工资和福利平均每年增长2.5%~3%，普通中等家庭的收入增长了1倍。此外，小投资者也获得了证券交易法的庇护。

（3）通过政府的税收和转移支付政策来调节收入不平等。政府可以向大公司的未分配利润征税（以补偿由权力集中所带来的社会成本），政府也可以向富人征收更多的税，并用于增加社会福利支出。

正是由于寡头公司获得的利润被小投资者和劳动者广泛分享，造就了庞大的中产阶级，使民众有足够的钱去购买大公司生产出的商品，这又为大规模生产获得丰厚利润提供了支撑。

通过这种方式，寡头垄断资本主义经济体制克服了马克思所提出的“生产无限扩大的趋势与劳动人民有购买力的需求相对缩小之间的矛盾”。

三、新自由主义积累社会结构的特征和影响

上一节的分析表明，积累社会结构理论认为，以“劳资共享”“寡头垄断”等为特征的积累社会结构能够克服资本积累过程的内在矛盾，实现生产率的持续提高，以及民众收入和福利的普遍、持续增长。那么，为什么西方国家在20世纪70年代会出现利润率下降、工人收入和福利降低的现象呢？积累社会结构理论将其归结于国际竞争加剧。

20世纪70年代初期，美国、欧洲和日本的公司彼此侵入对方的市场，寡头垄断市场结构瓦解。随着垄断势力的衰落，大公司再也无力去顾及国家调控和工会的长期优势，尽管此前它们稳定了资本主义体系内的重要关系。相反，由于担心在竞争更加激烈的新环境中的生存问题，大公司将注

意力转向用各种可能的方法去降低成本、加强控制力。并且，资本通过外流到发展中国家寻找低廉的原材料和劳动力来源，以降低成本。

积累社会结构理论认为，可以通过国家法律和政策对国际贸易和资本流动的管制，恢复“黄金时期”的积累社会结构，从而恢复高资本积累率与民众的高收入和福利。

而实际的历史发展是，政府为了应对经济衰退和工人阶级要求保护工资的运动，通过增加货币供应量和借贷来维持公共投资、社会经费、失业救济和企业补贴等支出，结果积累了巨大的预算赤字，最终陷入财政危机。

面对“滞胀”和财政危机，政府并没有采取贸易保护主义政策，而是在20世纪70年代末和80年代初转向新自由主义制度和政策。积累社会结构理论将制度变革的原因归结于金融资本力量上升并主导政治过程，使政府制定片面支持金融资本赢利的法律和政策，这导致政府打击工会力量、放松对金融业和商业的管制、基础部门私有化、削减工资福利等。

积累社会结构理论认为，新自由主义制度体系在帮助提高资本利润率的同时，激化了资本积累过程的内在矛盾。具体分析如下。

（1）新自由主义制度变革导致全球化竞争加剧，从而导致不确定性增加和预期利润率下降，企业的反应是控制风险并减少投资。再加上企业的外部环境因总需求或金融市场的影响而趋于恶化，企业间爆发无序的竞争大战。在新的无序竞争体制下，企业面临“不投资即死亡”的危险，不得不选择更具进攻性、风险也更高的短期投资战略，增加资本深化型投资，并借以打压劳工的力量。这导致产能过剩加剧，从而企业利润率降低、投资减少。

（2）自20世纪80年代以来，美国经济的重心开始从生产部门向金融部门转移，生产部门的过剩资本涌入金融部门，资本积累越来越通过金融渠道进行，到90年代，金融业已在经济中占据主导地位。金融垄断资本获得经济和政治上的统治地位。份额越来越多的公司利润转变成为金融公司的利润，许多新型财富都来自对冲基金之类的金融投机机构，金融部门逐渐从以向非金融部门提供贷款为基础的金融活动，转向以市场为基础的投机活动。

经济的金融化强化了金融对生产体系的控制权，使金融部门参与利润分配的份额明显提高，金融部门的利润率超过了平均利润率。据统计，2006 年，金融部门利润占所有公司利润的 40% 。金融业的集中和垄断程度不断上升，使得生产体系的控制权从公司董事会转向金融机构，国家政策也日益被金融垄断资本主导。1990 年 10 家最大的美国金融机构占美国金融业总资产的 10% ，到 2008 年，则上升到 60% 以上。同样的现象是，全球最大的 10 家银行在 2009 年占全球银行业资产的 70% ，而 2006 年才占 59% 。

由于金融部门的利润是从生产部门转移过来的，金融部门所占利润份额的上升造成了生产部门利润率的低下，这既降低了资本积累率，又大大提高了社会收入分配的两极分化程度：劳动收入大大下降，而 1% 的最富有者的收入暴涨。统计数据显示，在 2000—2007 年这么一个稳固的经济总量增长的时期，典型的在职劳动者家庭的收入下降了近 2000 美元。

（3）资产泡沫膨胀导致“过度投资性危机”。巨大的资产泡沫通过两种途径导致过度投资：一是建立在家庭债务不断积累基础上的消费支出刺激了企业投资需求和增加生产能力的愿望，以满足消费需求的增加；二是资产泡沫增强了对投资利润率的预期。

新自由主义积累社会结构试图通过提高家庭负债率、推高资产泡沫、制造财富效应等“金融修复”途径化解相对生产过剩，实现经济扩张。

（4）自 20 世纪 70 年代以来，发达国家采取“去工业化”政策，跨国公司采取“外包”策略、“至精至简”的企业组织模式和“及时生产”系统等。这些措施不仅极大地规避了本国保护劳工的相关法律，而且在发达国家劳动力蓄水池中保持了一定量的后备军。全球化的生产布局和劳动控制系统有效地打击了本国工会组织，削弱了工人的集体抵抗能力，改变了劳资谈判的博弈规则，增强了资本积累体制的“灵活性”。劳动力市场的高度灵活性增强了工人之间的就业竞争，强化了资本对劳动的控制力度，从而以资本高压的方式维持劳资之间暂时的“调和”关系。

因为能够从全球便捷地获得顺从的、廉价的劳动力资源（尚不考虑移民因素），美、欧等发达国家的劳动力市场具有 3 个方面的灵活性：工资的灵活性（能够按照劳动力市场状况灵活地调整工资水平）、就业的灵活性（根据需求灵活地改变工人数量或工作时长）、岗位的灵活性（根据生产需要灵活地改变工人的工作任务）。精简规模、雇用临时工和缺乏工作保障成为公司管理中所谓“灵活性”的发展取向。劳动力市场的高度灵活性增强了工人之间的就业竞争，强化了资本对劳动力的控制力度，从而以资本高压的方式维持劳资之间暂时的“调和”关系。

在劳资关系上，基于“去工业化”、公司业务“外包”和更加灵活的雇佣合同等策略，资本取得了支配劳动力的绝对优势。在国民收入分配中利润份额增加较快，而工资增长则长期处于停滞状态。

（5）为了保持利润率，资本家开始减少对工人的补偿。政府的社会性支出也在减少。大幅度削减政府支出和社会福利项目，减少企业和富人的税负。

所有这些制度变革一方面导致了制造业长期持续的产能过剩，另一方面导致了总需求长期不振。这一结构性矛盾导致了经济长期低迷。

四、积累社会结构理论框架的缺陷：基于马克思资本理论的考查

上文的分析表明，积累社会结构理论认为，1945—1973 年资本主义“黄金时期”高积累率与高收入和福利并存的经济运行状况，意味着该时期形成和巩固的积累社会结构能够克服资本积累过程的内在矛盾，实现生产率的持续增长，以及民众收入和福利的普遍、持续提高。

问题在于，法律有能力维持垄断利润的持续增长吗？资本积累过程的平均利润率下降规律真的不再发挥作用了吗？积累社会结构理论是从寡头市场结构角度作出的一种静态的、功能主义的解释。该理论认为，在寡头垄断市场结构下，大公司能控制价格和创新的选择，从而能获得稳定增长

的垄断利润。它没有考察资本积累过程的动态变化。

在马克思看来，资本价值增殖目标与提高生产率和民众收入和福利这些目标之间存在难以克服的矛盾和冲突。其原因在于，提高生产率这个手段与资本增殖目标间存在矛盾。具体来说，为了提高生产率，需要用资本品来取代劳动力投入，而这会造成资本有机构成的提高。资本有机构成的提高会导致两方面的后果：第一，利润率趋于下降，从而资本积累率趋于下降；第二，工人工资在国民收入中所占份额趋于下降，失业率趋于上升，从而工人的有效需求增长落后于潜在生产能力的增长。正如马克思所指出的，“利润率，资本主义生产的刺激，积累的条件和动力，会受到生产力本身发展的威胁”，“增殖资本的手段（社会生产力的无条件发展）不断地和现有资本增殖这个有限目的发生冲突”。

那么，“黄金时期”高积累率与高收入和福利并存的状态又是如何实现的呢？能用马克思的资本积累理论加以解释吗？

马克思并不认为资本主义经济体制的内在矛盾不可能被暂时缓解，相反，马克思相信，资本主义生产总是竭力克服它所固有的限制。在《经济学手稿（1857—1858 年）》中，马克思高度肯定了资本主义通过变革生产方式克服资本积累阻碍的不竭动力：资本主义“摧毁一切阻碍发展生产力、扩大需要、使生产多样化、利用和交换自然力量和精神力量的限制”。

但是，马克思强调指出，工资率的提高只能通过新投资的增加来实现。也就是说，只有通过新产业创造、新技术采用、新市场开拓、新的原材料来源等为资本获利提供的新机会来实现。

通过考察不难发现，在“黄金时期”，美国政府为资本获利创造了巨大的机会。首先，在那个面临热战和冷战等外部威胁的特殊历史时期，联邦政府成功地对最富有的人群和利润最丰厚的公司征收了较高的边际所得税，并把大部分收益用于对抗苏联的国防事业，包括国家高速公路系统、高等教育、新型技术的开发、航空航天业的大规模订单。此外，政府的教育和社会福利等民用支出也大大增加。

在政治和经济分离的体制下，政府并没有直接投资于军事产业，而是通过军事订购合同和研发补贴，支持私人赢利性公司投资和经营军事产业。20 世纪五六十年代，大约有 100 家公司获得了国防合约总额的 2/3。各种发明创造大多数来自国防部。私有经济中的大型寡头企业对任何创新都兴味索然。国防部将大量资金用于基础研发，承担失败的实验损失，使几万名工程师积累了宝贵经验。

可见，政府庞大的军事开支创造了巨大的需求，使寡头间竞争弱化，能稳定地赚取垄断利润。市场正在茁壮成长，加上规模经济的扩大，生产力也在进一步提高，这意味着尽管工人的工资有所提高，但大多数产品仍然和之前一样廉价。企业领导者也相信，必要的话，额外劳动成本可以通过提高价格的方式转嫁给消费者，毕竟消费者没有更多的选择。

其次，通过“马歇尔计划”，欧洲大量进口来自美国的工业品和原料，不仅及时消化了美国的过剩产能，而且刺激了美国的工业生产和对外贸易，为保持战后美国的经济繁荣发挥了积极作用。国家用一定数量的外汇储备援助发展中国家的基础设施建设，从而带动国内劳动力及多种生活资料、生产资料的出口。这种援助计划是国家信用为主与市场机制协调的行为，需要动用国家的政治、外交、军事、文化等诸方面资源投入来减少受援国不还债或无力还债的风险。

由于各个国家经济发展阶段不同，美国过剩产能在国外寻找到了重要的市场。新独立的民族国家开始工业化，欧洲在战后重建经济，在城市和交通基础设施建设方面有较大的需求，使得美国需求饱和的成熟产业，如钢铁、水泥、电解铝和船舶制造等获得了扩张的机会。

资本向被战争摧毁的西欧和日本大肆扩张对维持高利润率起到了重要的作用。从马克思主义的观点来看，这是经典意义上的资本积累浪潮，必须一方面从体系外围，尤其是从德国和日本那些还处于前资本主义阶段的农村吸纳大量的劳动力；另一方面又要大规模吸纳和再吸纳额外的地理空间。

但是，由于资本主义经济体制的内在矛盾，这些改善资本增殖条件的因素必然随着资本积累的发展而最终转变为恶化资本增殖条件的力量。

首先，正如奥康纳所指出的，国家垄断资本主义存在财政危机的必然趋势。成本的社会化和利润的私人占有终将导致国家财政危机，或者说国家支出和国家税收之间的“结构性缺口”终将导致国家财政危机。奥康纳用十分形象的语言对这一现象进行了描述，即“资本主义社会中的每个经济和社会的阶级、集团都想让政府往更多的事情上花更多的钱，但是，没有一个阶级想要支付新的税种或者提高旧税的税率。事实上，几乎每个群体都希望税率更低一些，而且很多群体成功地鼓动起了减税运动。也就是说，社会对地方和国家的预算的要求似乎是无限的，但人们满足这些要求的意愿和能力却似乎极为有限。这一点反映在联邦层面上，就是支出增长的速度远远大于总生产增长的速度”。

其次，随着欧洲和日本经济的发展，以及其公司力量的成长，其为资本提供的获利机会必然递减。这必然导致资本过剩，导致资本争夺有利投资领域的竞争加剧，从而导致利润率下降。

20 世纪 70 年代，日本和西德的技术先进工业使美国公司在国际贸易、投资和原材料控制权争夺中遭遇了日益激烈的竞争。对原材料和市场日益激烈的争夺意味着成本不易削减、利润边际也不易保护。在许多产业，如汽车和钢铁产业，原来的寡头市场结构演变为激烈的国际竞争。

可见，“黄金时期”高积累率与高收入和福利并存的经济运行状况并不足以支撑积累社会结构理论的核心观点，即资本主义经济已通过制度变革形成了理性运行的新秩序，能克服资本积累过程的内在矛盾，实现生产率的持续增长，以及民众收入和福利的普遍、持续提高。

由此，积累社会结构理论将西方国家在 20 世纪 80 年代以来出现的资本积累率下降以及民众收入和福利增长停滞的趋势仅仅归结于新自由主义制度变革导致的金融扩张的观点，也是难以令人信服的。

因此，要全面、深刻地揭示当前危机和困境的根源和出路，需要在坚持经典马克思主义政治经济学的立场、观点和方法的基础上，通过对当代资本主义经济体制内在矛盾及其发展变化的分析，建立能对当代资本主义经济运行和演化规律作出统一解释的理论框架。

参考文献

[1]甘梅霞,等. 积累的社会结构理论与中国积累的社会结构的一般性和特殊性[J]. 社科纵横,2016(12).

[2]马国旺. 评积累的社会结构理论对马克思主义经济学主要贡献[J]. 政治经济学评论,2016(1).

[3]范海燕. 21世纪积累的社会结构理论评析[J]. 马克思主义与现实,2012(5).

[4]刘灿,等. 资本积累、利润率下降趋势与经济周期:国外马克思主义经济学研究述评[J]. 经济学动态,2013(3).

[5]谢地. 发达资本主义国家化解自身基本矛盾的历史轨迹及启示[J]. 政治经济学评论,2012(4).

[6]周思成. 利润率与美国金融危机:国外马克思主义学者对金融危机的阐释与争论[J]. 政治经济学评论,2011(3).

[7]王伟光. 运用马克思主义立场、观点、方法,科学认识美国金融危机的本质和原因[J]. 马克思主义研究,2009(2).

[8]李琮. 经济全球化新论[M]. 北京:社会科学文献出版社,2005.

[9]徐崇温. 当代资本主义新变化[M]. 重庆:重庆出版社,2004.

[10]刘国平,范新宇. 国际垄断资本主义时代:世界经济与政治的最新发展[M]. 北京:经济科学出版社,2004.

[11][爱尔兰]麦克唐纳,等. 当代资本主义及其危机:21世纪积累的社会结构理论[M]. 童珊,译. 北京:中国社会科学出版社,2014.

[12][美]克莱曼. 大失败:资本主义生产大衰退的根本原因[M]. 周延云,译. 北京:中央编译出版社,2013.

[13][美]费希拜克,等. 美国经济史新论:政府与经济[M]. 张燕,等,译. 北京:中信出版集团股份有限公司,2013.

[14][美]布伦纳. 全球动荡的经济学[M]. 郑吉伟,译. 北京:中国人民大学出版社,2012.

[15][美]赖克. 超级资本主义[M]. 石冠兰,译. 北京:当代中国出版

社,2010.

[16][英]格林. 新自由主义时代的社会民主主义:1980年以来的左翼和经济政策[M]. 刘庸安,等,译. 重庆:重庆出版社,2010.

[17][美]福斯特. 垄断金融资本的时代[J]. 每月评论,2010(2).

[18][英]哈维. 新帝国主义[M]. 初立忠,等,译. 北京:社会科学文献出版社,2009.

[19][英]汤普森. 社会民主主义的困境:思想意识、治理与全球化[M]. 贺和风,等,译. 重庆:重庆出版社,2008.

[20][加]伍德. 资本的帝国[M]. 王恒杰,等,译. 上海:上海译文出版社,2006.

[21][美]伯利·米恩斯. 现代公司与私有财产[M]. 甘华鸣,等,译. 北京:商务印书馆,2005.

[22][美]德伯. 公司帝国[M]. 闫正茂,译. 北京:中信出版社,2004.

[23][英]鲍曼. 现代公司与美国的政治思想[M]. 李存捧,等,译. 重庆:重庆出版社,2001.

[24][美]拉什,等. 组织化资本主义的终结[M]. 征庚圣,译. 南京:江苏人民出版社,2001.

马克思主义经济学与西方经济学报酬递增理论比较研究①

魏　婕　任保平

摘　要：报酬递增理论无论是在西方经济学还是马克思主义经济学研究中都源远流长。本文分别梳理了西方经济学和马克思主义经济学报酬递增理论的发展线索，并从研究体系及方法、研究重点以及报酬递增与制度关系等3个方面对两种体系进行了比较，以期对中国长期经济增长有一定的理论与现实意义。

关键词：报酬递增；马克思主义经济学；西方经济学理论

作者简介：魏婕，南京大学经济学院博士后，西北大学经济管理学院副教授；任保平，西北大学经济管理学院院长，教授，博士生导师。

无论是马克思主义经济学还是西方经济学体系中的报酬递增理论都源远流长。但两个体系对报酬递增理论的分析在逻辑、机制等方面存在巨大的不同，同时，两个体系中的某些理论内核又有互通之处。因此，对马克思经济学与西方经济学报酬递增理论进行比较研究，归纳两者之间的区别与联系，有助于进一步促进我国以报酬递增为主要特征的内生增长机制的

① 基金项目：本文受国家社科基金青年项目（项目号：15CTJ007）、博士后基金面上资助（2016M600388）、中国特色社会主义经济建设协同创新中心、西北大学“青年学术英才支持计划”的资助。

形成，从而提高中国经济的可持续性。

一、西方经济学报酬递增理论的发展线索

在西方经济学的历史长河中，报酬递增理论最早可以追溯到亚当·斯密的《国富论》，斯密从企业的角度说明了报酬递增产生的过程。但新古典经济学兴起以后，报酬递增在主流经济学的理论框架中几乎被完全清除出去了，因为新古典经济学隐含了报酬不变的假设，这个假设能够确保均衡点的存在性、唯一性和稳定性，经济系统中不同因素作用的结果可以收敛于某种最优状态。随着时间的推移，主流经济学不能解释一些发展中国家为什么长期陷入停滞不前的境地，而另外某些发展中国家经济却保持了持续的增长等一些重大而现实的问题，诸多经济学家又将视角重新投入到报酬递增这一领域。

循着规模报酬递增理论开创者——斯密的道路，作为新古典集大成者，马歇尔试图在新古典均衡的框架之中用外部经济来处理解释报酬递增机理，而杨格却继承了斯密的分工思想，运用分工与迂回生产等概念解释了规模报酬的机理。杨格和马歇尔关于报酬递增的思想对后人影响很大，自此在报酬递增理论的发展上形成了两条不同的思路：一条是仍沿用经修正过的新古典主义方法，把外部经济纳入不完全竞争的均衡框架之中，如以阿罗、罗默和卢卡斯为代表的“新增长理论”；另一条思路是以杨格为代表，主要从分工和迂回生产过程来解释报酬递增的源泉。

（一）外部性与报酬递增

马歇尔为了在均衡的框架中处理报酬递增的问题，引入了外部性的概念来说明报酬递增的源泉。“我们可把因任何一种产品的生产规模之扩大而发生的经济分为两类：第一类取决于产业的一般发展；第二类经济取决于从事工商业的单个企业的资源、组织和经营效率。把前者称为外部经济，后者称为内部经济。”马歇尔意识到内部经济的差异将瓦解竞争均衡，所以假想无论任何时候，该厂都享有所属工业生产总规模所具有的内部经

济和外部经济的平均份额，其结果外部经济的自然增长成为报酬递增的唯一源泉。马歇尔虽然巧妙地通过外部性将报酬递增纳入竞争均衡的框架，但其中的局限性也是显而易见的。20 世纪 80 年代，张伯伦和琼·罗宾逊的不完全竞争概念兴起，对报酬递增的研究，开始将不完全经济竞争与外部性结合起来构建模型。循着以外部性来分析报酬递增的思路，新增长理论重点阐述了是什么样的外部性导致了报酬递增的源泉。最早用外部性来解释经济增长的是阿罗的“干中学”模型[1]；罗默沿着阿罗的思路，将知识的创造视为投资的一个副产品，以此来考察报酬递增与内生增长的关系。[2]而后罗默将知识分为两类：一是人力资本，这是一项“竞争性产品”；二是技术，它是“非竞争性产品”。人力资本的竞争性意味着个人投资于人力资本能获得垄断租金，技术的非竞争性意味着知识溢出效应的存在。[3]知识的这两个特征意味着规模报酬递增的源泉有两个：专业化（产品种类数增加）以及知识和技术的溢出效应；卢卡斯模型所说明的外部性是人力资本的溢出效应。人力资本具有内部效应，即影响他自己的生产率；同时，人力资本又具有外部效应，这种外部效应对所有要素的生产率都有贡献。人力资本的这两种效应使得物质生产部门在人力资本外部效应的作用下呈现出报酬递增的性质。[4]

（二）分工与规模报酬递增

在报酬递增理论发展的思路上，阿林·杨格将研究视角切入到分工和规模报酬之间的关系上来，[5]杨格的核心思想——报酬递增的实现依赖于劳动分工的演进，在《报酬递增和经济进步》一书中，杨格解释了分工对经济增长和经济发展的促进作用。杨格认为最重要的分工形式是生产迂回程度的加强及新行业的出现。产业间分工使得迂回生产链加长，也使得市场规模扩大，而扩大的市场则会促进分工的进一步扩大。这是市场规模与迂回生产、产业间分工相互作用、自我演进的报酬递增机制。这种报酬递增的来源有两种：其一，对于某一厂商而言，是进行专业化生产导致的生产费用的节约而实现的报酬递增；其二，产业间分工呈现出社会分工的网络性，加之供求的交互作用使产业间分工扩大时报酬互补，从而使整个经济呈现出报酬递增。

罗默的一个思想就是复兴斯密关于分工的一层定义，分工经济是一种多样化经济，认为规模报酬递增的源泉是专业化即产品种类数的增加。[3]其实在更早前罗默[6]就阐述了这一思想，采用了不完全竞争模型，D－S形式的生产函数使最终产品的生产与中间产品的多样化呈递增关系，从而把专业化与报酬递增联系起来，后 Grossman 和 Helpman[7]，Barro 和 Sala－I－Martin[8]用模型考察了消费品品种增加型技术进步对经济增长的影响，是对罗默专业化与报酬递增理论的重要补充。以杨小凯为代表的新兴古典增长理论却复兴了斯密关于分工的第二层含义，即分工经济是一种专业化经济。Yang 和 Borland[9]，Yang 和 Ng[10]等用模型内生了个人专业化水平，证明了杨格的"渐进的分工是报酬递增的保证"思想。认为分工是专业化程度提高的过程，报酬递增归于专业化分工，分工对于报酬递增的意义在于"熟能生巧"效应。

总结来看，复兴斯密的分工理论，沿袭杨格的分工与报酬递增关系的分析，无论是以罗默还是以杨小凯为代表的两种思路，都将报酬递增归于研发或者说创新。这两种思路实际上都在强调技术进步对报酬递增的意义，只是技术进步的来源方式不同，实际上都是专业化分工的结果。

（三）结构主义与报酬递增

如果说新增长主义者主要分析技术外部性，那么"20 世纪 40 年代和 50 年代，发展经济学中出现了一种特殊的思想倾向，即强调报酬递增以及由市场规模效应引起的金钱外部经济的重要性"[11]，这就是结构主义（缪尔达尔、罗森斯坦－罗丹、赫尔希曼、纳克斯等）[12]核心阐述的报酬递增理论。其中布莱恩·阿瑟[13]对报酬递增的深入研究影响广泛，他对报酬递增的非线性特征和路径依赖特征运用概率理论进行了数学处理，认为支撑经济系统的规则是报酬递增而非报酬递减。在报酬递增存在的情况下，经济系统显示出多重均衡，即报酬递增能够导致多种可能的结果，具体哪一种结果能够被选中，与历史上一系列偶然的随机事件有关。由随机事件影响选中的某种结果，并不一定是最优的，但是一旦选中这种均衡，经济就会步入这种路径并被锁定在这个路径之上，同时，报酬递增的正反馈效应使这种结果被放大，即优等更优、劣等更劣。于是关于穷国更穷、富国更富的经济增长差异性由此可以得到某种解释。

二、马克思主义经济学报酬递增理论分析逻辑

马克思对报酬递增理论的研究唯一的核心内核即分工理论。不过就分工理论而言，马克思比古典经济学大大向前推进了一步。

（一）报酬递增与分工的两个侧面

首先，马克思把分工区分为一般分工（社会分工）和个别分工（工场内分工），认为一般来说，前者是在氏族和家庭内部自然分工的基础上，是纯生理的自然分工。后者是在不同氏族、家庭、公社互相接触的地方产生了产品交换，并由此逐渐演化为商品交换。由此可见，最初的分工是在两种自然分工的基础上发展起来的，一是纯生理的自然分工，二是生产与生活区域的自然分工。随着人们征服自然的能力不断增强，就出现了公社之间剩余产品的交换，同时随着交换利益的驱动，专业化生产的动机就越来越强，最后使商品交换普遍化，进而又促进社会分工的进一步深化，这就是促进分工发展的利益机制。

从内部分工来看，马克思用分工的发展分析了资本主义技术发展的阶段，把资本主义发展划分为工场手工业与机器大工业两个历史时期，工场手工业产生于分工原理应用于仍未机械化的产业，而工场手工业分工导致了机器大工业的诞生，这明显地包含有技术发展的演化性质。马克思从技术特性上把工场手工业区分为混成的和有机的工场手工业，前者用钟表手工业作为例证，其生产组织方式可以采用包买制，后者以斯密的制针业为例，说明了垂直分工的好处。马克思从技术性质论证了分工与市场规模之关系，为斯密的“两难困境”提供了一个明确的解答。从垂直分工和水平

分工来思考分工与市场规模之关系，导致了马克思关于企业内分工和社会分工之区分，这一区分对于报酬递增理论的发展具有重要的意义。垂直分工或企业内分工取决于规模报酬递增的技术，而社会分工或水平分工最基本的问题是最小经济规模问题，这两者之间的关系是交互作用、互为因果，导致产业和社会经济结构的自发演进。“工场手工业的分工要求社会内部的分工已经达到了一定的发展程度。相反地，工场手工业分工又会发生反作用，发展并增加社会分工。”[14]企业内分工与社会分工的对立运动过程蕴含着报酬递增的机制。“下面一点可以订为普通的规则：社会内部的分工越不受权威的支配，工场内部的分工就越发展，就越从属于一人的权威。因此，在分工方面，工场里的权威和社会上的权威是互为反比的。”[15]从生产过程的一般性质来说，两者是同一问题的两个不同方面，但从资本主义经济特有的规律来说，两者又有本质的区别，这就是资本主义企业特有的制度性质。对资本主义企业性质的认识使马克思对报酬递增的根源和机制作了精辟的分析。如上所述，马克思强调了分工过程的技术性质，这是工场手工业转化为资本主义工厂生产的基础，“社会的生活资料和生产资料越来越多地转化为资本，这是由工场手工业的技术性质产生的一个规律”[16]。

（二）报酬递增与技术、分工组织

马克思强调分工的技术性质，但马克思并不是一个技术决定论者，其理论核心是用分工与社会经济组织结构之间的关系来考察其报酬递增过程。分工的技术发展过程受制于剩余价值生产的目的，马克思关于货币转化为资本，以及对资本主义生产过程的分析，仍是最卓越的企业理论和生产理论，它揭示了报酬递增的根源来源于资本主义企业生产过程的特有性质。

马克思历史地考察了工场手工业和机器大工业的发展，形成了以技术变迁为基础的分工组织，从而实现报酬递增的思想。在技术不发达时，劳动工具的分化和生产过程的分解程度不高，工场手工业还是“一个以人为器官的生产机构”。而到了机器大工业时代，技术高度发展，使劳动工具不断分化，生产过程不断分解，形成了以机器为器官的生产机构。正因为如此，马克思认为，在工场手工业中，社会劳动过程的组织纯粹是主观的，而在机器体系中，则是客观强制的。这样，分工使生产组织成为一个有机的系统，或者说，生产组织本身就是一个分工系统。手工工场就是这样一种生产组织的分工系统。这个系统是由众多局部工人构成的，而这些局部工人则按照分工的技术性要求而组成若干团组，其实它们本身就是组织系统的各个子系统。“一个小组，即执行同一局部职能的一定数目的工人，是由同质的要素组成的，并且构成总机构的一个特殊器官。但在某些手工工场，这种小组本身就是一个已经组织好了的劳动体，而总机构由这些基本的生产机体的重复或倍加形成。”[17]与此同时，“手工工场的发展，又会引起新的组织分化和整合”，即“随着劳动工具的分化，生产这些工具的行业也日益分化，一旦工场手工业的生产扩展到这样一种行业，即以前作为主要行业或辅助行业和其他行业联系在一起，并由同一生产者经营的行业，分离和相互独立的现象就会立即发生”。[18]一旦工场手工业的生产扩展到某种商品的一个特殊的生产阶段，该商品的各个生产阶段就变成了各种独立的行业。由此，就延长了产业链，形成了迂回生产方式，实现了报酬递增。

如果说这是组织的分化的话，马克思亦提出了分工组织的整合效力，对于分工组织所导致的生产力的提高和报酬递增，马克思并没有局限于劳动熟练程度的提高、劳动时间的节省、机器发明与运用的一般分析上，而是更强调分工组织产生的协作力。要理解协作力，马克思这样说，“不仅是通过协作提高了个人生产力，而且是创造了一种生产力，这种生产力本身必然是集体力”。[19]事实上，这种集体力必然是协调的结果。从一定意义上来说，对分立劳动的协调所创造的集体力才是价值之源，分工只有和协调联系起来才有意义。需要强调的是，马克思所说的“协作”是以分工为基础的协作，即资本主义工场手工业的协作。“以分工为基础的协作，或者工场手工业，最初是自发地形成的。一旦它得到一定的巩固和扩展，它就成为资本主义生产方式的有意识的、有计划的和系统的形成。”[20]因此，在马克思看来，工场手工业的分工是资本主义生产方式所独创的，是资本主义实现生产力提高的重要手段。并且，分工和专业化强化了协作生产的经营方式，导致了一个自增强的报酬递增过程。

总体来说，马克思通过企业间动态过程的分析，揭示了企业内分工与企业间分工（社会分工）交互作用如何导致了不可逆的报酬递增过程，从而推动了资本主义经济的发展。马克思认为这种过程来自技术变革和企业重组的动态竞争，企业的目标是攫取瞬间的剩余利润，并将它转化为长期的增长潜力，通过不可逆的、虽非长时间持续出现但却以审慎的步骤进行的技术变革与创新，走向不均衡和不平衡。此外，通过技术变革进行的竞争不是一个最佳技术变革的结果，而是多种技术并存的结果，而加权平均技术——排除报酬随规模和租金而递减等例外，才是决定长期正常价格的调节技术。

三、马克思主义经济学与西方经济学报酬递增理论的比较

从上文的概述中可以看出，马克思经济学与西方经济学都对报酬递增问题进行了广泛而深入的研究，但两大理论体系在对报酬递增问题的理论内核、研究视角等方面有诸多不同，在此我们重点比较两大理论以下 3 个方面的不同。

（一）两种理论关于研究体系及方法的比较

西方经济学侧重于研究技术与报酬递增的关系，分工、市场规模与规模报酬的关系，迂回生产、专业化与报酬递增的关系，交易费用节约、交易效率提高与报酬递增的关系，结构变化与报酬递增的关系，等等，涉及新古典主义经济学、发展经济学、制度经济学等诸多经济学的分支，且并无统一的分析框架，没有整合在一个公认完整的框架中。在具体研究方法上，核心是采用数学的研究方法，对报酬递增理论进行形式化。一是新增长主义还有结构主义等将其当外部性引入，抽象在生产函数中，即在其他

条件不变的情况下，产量增加的比例大于生产要素增加的比例，同时采用动态分析的方法使这种以外部性为基础来分析报酬递增的思想在现代经济理论中得到了充分的发挥。二是杨小凯的新兴古典经济学运用超边际分析方法，采用数学上的线性规划和非线性规划原理，为处理分工、专业化与报酬递增等问题提供了有力的武器，重新使古典经济学中关于报酬递增的理论焕发出现代经济学新的光彩。马克思没有像新古典经济学一样耽于以数学形式来表达生产资料的“规模及其效果之间比例”的技术关系，而是将注意力转向了报酬递增的社会实现机制和历史过程。马克思把资本主义的发展看作是一个动态不均衡的过程，在较为完善的分工框架中，以分工概念为基础深入分析了技术变迁，而且提出了一个报酬递增导致资本主义内生演进的宏大理论。可以说，马克思在研究报酬递增方面与西方经济学截然不同的研究范式，也避免了其理论的缺陷。

（二）两种理论关于研究重点的比较

西方经济学主要考察的是报酬递增在经济增长和经济发展中的作用。斯密认为，技术变迁以分工加速知识累积的形成，成为报酬递增永不枯竭的源泉[21]。在斯密以后的两条路径上：一是新增长理论除了探求报酬递增源泉的各个方面，最为核心的思想是内生增长的主要特征是报酬递增，只有报酬递增机制的形成才能实现经济持续的增长和发展。二是杨格利用报酬递增的动态观念和迂回生产方式来解释分工对经济增长和经济发展的促进作用，认为报酬递增是分工的结果。进一步地，新兴古典经济学家杨小凯认为专业化和分工能节省交易费用、提高交易效率，从而促进经济增长。总体来说，西方经济学家关于报酬递增问题的研究都是与经济增长和经济发展联系起来的。反观马克思主义，把导致企业内分工的原因及其演化归结为“资本对剩余价值追求”的“本性”。与此同时，马克思的分工理论不仅揭示了社会分工和企业内分工的交互作用如何导致了不可逆的报酬递增的过程，而且揭示了报酬递增的根源来自于资本主义生产过程的特有性质，即取决于规模报酬递增的技术程度的企业内分工和以最小规模为核心的社会分工之间的交互作用，推动着产业和社会经济结构的自发演进。这种以获取剩余价值为目标的源自技术变迁和组织分化与整合的动态竞争过程，使其转化为长期的增长潜力，实现生产力的提高和整个社会的经济增长。总结来说，马克思不仅分析了报酬递增与经济增长的关系，重点在于集中剖析报酬递增结果的不公平分配，即剥削，而这恰恰是由资本主义本性决定的。

（三）两种理论关于报酬递增与制度关系的比较

传统对报酬递增的研究只是局限在技术领域，但技术变化如何导致生产成本降低即技术特性，无法在新古典传统的框架中得以解决。对技术特性的分析才能揭开报酬递增的根源，制度经济学家威廉姆森提出的“资产专有性”仅是一个开头，没有完全揭开技术的“黑箱”，尚未形成对报酬递增的解释。后来科斯和阿尔钦、德姆塞茨等提供了交易成本方面的解释。诺斯用历史的眼光考察报酬递增，将其从技术领域引入更为广阔的制度变迁之中。他认为报酬递增形成了路径依赖，“路径依赖意味着历史是重要的”，他把报酬递增置于 4 种累积作用的“自我加强机制”下，即大规模的组织或固定成本、学习效应、协作效应和适应性预期。但诺斯还是丢掉了历史唯物主义的唯物部分，没有看到报酬递增本身也是历史的产物。[22] 马克思强调分工的技术性质，都是把分工与社会经济组织（制度）结合起来考察其报酬递增的过程，成为区别于新古典主义的主要标志。[23] 同时，马克思的报酬递增不仅是历史规律，而且是社会经济形态发展的“自然历史过程”中的规律。马克思正是通过“互为因果”“互相转化”“作用与反作用”等辩证语言，从微观经济、宏观经济和以历史唯物主义为特征的制度经济 3 个层次来分析报酬递增，这种整体的、历史的研究视角使得马克思关于报酬递增的思想优于西方经济学五花八门的讨论，值得西方经济学诸多学派借鉴，而西方经济学家杨格和杨小凯等从分工视角探讨报酬递增的思想受马克思主义启发较大。

四、简要结论

通过对以上西方经济学和马克思主义经济学关于报酬递增理论的比较分析，可以看出其对研究中国长期经济增长具有重要的现实意义。过去的“红利时代”以及形成“低价工业化模式”造就的“中国奇迹”，正随着中国廉价的劳动力、土地、资源等传统要素红利的消退和阶段拐点的到来，难以为继。党的十九大报告中对中国的新阶段特征进行了研判：我国经济已由高速增长阶段转向高质量发展阶段，正处在转变发展方式、优化经济结构、转换增长动力的攻关期，建设现代化经济体系是跨越关口的迫切要求和我国发展的战略目标。所以未来中国发展的主题即转为谋求经济增长的质量和推动高质量发展阶段的转变。谋求高质量发展从经济学学理层面的意义在于，要实现中国经济增长的性质和驱动由现存的非报酬递增的增长机制向报酬递增机制转化，从而步入报酬递增的良性运行机制。[24] 所以未来的着力点主要在两个方面：一是要注重分工演进和专业化程度的提高，促进各地区均势和良性发展。报酬递增理论说明分工演进是经济增长的发动机，以专业化分工为基础的收益递增为长期经济增长提供了内在持久的机制，因此，基于专业化分工之上的报酬递增是实现国家跨越式赶超战略可供选择的路径之一。在中国已经进入新时代的背景下，各地区之间数量层面的竞争日益转换为质量方面的诉求，在此应进一步打破地区、市场分割和地区间的贸易封锁，通过利用比较优势在区域和产业间进行合理分工，探索各地区在各领域分工与专业化的新格局，寻找产业梯度转移的路径和方式，使经济增长立足于分工不断演进所带来的报酬递增的根基上，从而实现经济长期增长和跨越式发展。二是要注重知识积累、人力资本投资，践行创新驱动发展战略。党的十九大报告再次强调建设创新型国家的重要性。同时，要使经济步入良性的报酬递增运行机制，创新和技术进步是唯一驱动力。强化对创新知识的保护与尊重以及应促进研究与开发等活动的发展，可以为知识创新提供动力和支持。同时，走创新发展之路，关键在于聚集创新人才。所以要从战略的高度着眼于长期人力资本的积累，提高国民的能力素质。企业应该营造人才成长的环境，加强企业人才技术和管理创新能力的培养。政府必须加大涉及医疗、教育、社会保障等制度方面的改革，为全体国民素质的提高以及创新人才的培养培育提供保障机制。

参考文献

[1] Arrow, K. J. The Economics Implications of Learning by Doing [J]. *Review of Economic Studies*, 1962(29): 155 – 173.

[2] Romer, P. Increasing Return and Long – Run Growth [J]. *Journal of Political Economy*, 1986(94): 1002 – 1037.

[3] Romer, P. Endogenous Technological Change [J]. *Journal of Political Economy*, 1990(98): 71 – 102.

[4] Lucas Robert. On the Mechanics of Economic Development [J]. *Journal of Monetary Economics*, 1988(22): 783 – 792.

[5] Alyn Young. Increasing Returns and Economic Progress [J]. *Economic Journal*, 1928, 38: 527 – 42.

[6] Romer, P. Growth Based on Increasing Return Due to Specialization [J]. American Economic Review, 1987(77): 56 – 62.

[7] Grossman, G., Helpman, E. *Innovation and Growth in the Global Economy* [M]. Cambridge Mass: MIT Press, 1991.

[8] Robert, J. Barro, N. Gregory Mankiw, Xavier Sala – I – Martin. Capital Mobility in Neoclassical Models of Growth [J]. *American Economic Review*, 1995, 85(1) 103 – 115.

[9] Yang, X., Borland, J. A Microeconomic Mechanism for Economic Growth [J]. *Journal of Political Economy*, 1991(99): 460 – 82.

[10] Yang, Ng Yew – Kwang. *Specialization and Economic Organization* [M]. North – Holland, 1993.

[11] Paul Krugman. Toward a Counter – Counterrevolution in Development Theory [C]. Proceeding of The World Bank. Annual Conference on Development

Economics,1992.

[12]沈佳斌.现代经济增长理论与发展经济学[M].北京:中国财政经济出版社,2004.

[13]W. Brian Arthur. Competing Technologies, Increasing Returns, and Lock - in By Historical Events[J]. *Economic Journal*,1989 (99):116 - 131.

[14][15][16][17][18][19][20]马克思.资本论:第1卷[M].北京:人民出版社,1975:391,395,398,423,385,362,402.

[21]贾根良.报酬递增经济学:回顾与展望(一&二)[J].南开经济研究,1998(6),1999(1).

[22]徐可.规模报酬递增与边际报酬递减——对马克思资本两重性的解读[J].生产力研究,2007(17).

[23]魏旭.马克思基于分工的报酬递增思想[J].当代经济研究,2010(1).

[24]魏婕,任保平.西方经济学报酬递增理论的新发展述评[J].重庆工商大学学报(社科版),2011(2).

马克思与西方经济学贫困理论的比较及对我国精准扶贫的启示

安梦天

摘　要：贫困一直阻碍着我国社会和经济的发展，是一个不可忽视的严重问题。摆脱贫困、打赢扶贫攻坚战，是关系到我国全面建成小康社会的一个核心问题。本文将对西方经济学和马克思主义经济学贫困理论进行探究，重点分析其历史渊源和主要内容。通过对马克思与西方经济学贫困理论的比较研究，对我国下一步实施“精准扶贫”战略提出建议。

关键词：《资本论》；西方经济学；贫困理论；精准扶贫

作者简介：安梦天，西北大学经济管理学院人口、资源与环境经济学专业2016级硕士研究生。

一、引　言

贫困问题始终影响着我国的经济发展，党的十九大报告提出，未来3年，我国要重点攻克深度贫困地区脱贫任务，确保到2020年我国现行标准下农村贫困人口实现脱贫，贫困县全部摘帽，解决区域性整体贫困，做到脱真贫、真脱贫。我国的扶贫工作任重而道远，2016年，全国还有14个集中连片特殊困难地区、832个贫困县、12.8万个建档立卡贫困村，贫困人口达5575万人，相当于中等人口规模国家的总人数。针对我国面临的严重贫困问题，习近平总书记在2013年11月于湖南湘西考察时，首次提出了“精准扶贫”：扶贫要实事求是，因地制宜；要精准扶贫，切忌喊口号，也不要定好高骛远的目标。[①] 实行精准扶贫政策4年来，我国已经有6000多万贫困人口稳定脱贫，贫困发生率从10.2%下降到4%以下。可见习近平总书记的精准扶贫思想是中国共产党和政府今后一个时期对于贫困治理工作的指导性思想，将对中国扶贫成败起到决定性作用。贫困问题已经成为影响我国经济可持续发展与社会稳定的重大障碍。因此，本文将在对西方经济学贫困理论和马克思主义经济学贫困理论的归纳、梳理和比较的基础上，为我国“精准扶贫”战略的实施提出建议。

在经济学家看来，人类社会就是在不断地反对贫困、增加财富的过程中发展的。在工业革命之前，生产力水平十分低下，人们普遍关注的是如何增加财富，无论是亚里士多德还是重商主义者，都将如何增加一个国家的财富作为研究的主题。当社会生产力快速发展以后，社会财富迅速增加，贫困问题反而越发严重，贫富差距的加大取代了普遍的贫穷成为社会的主要特征。对贫困问题的研究，可以区分为马克思主义经济学和西方经济学的贫困理论。西方经济学又包括了三类：①古典经济学家的贫困理论：亚当·斯密（Adam Smith）、马尔萨斯（Malthus）、大卫·李嘉图（David Ricardo）、西斯蒙第（Sismondi）。②发展经济学的贫困理论：包括库兹涅茨（Simon Smith Kuznets）效应理论、结构主义发展经济学学派的贫困理论、纳克斯（Ragnar Nurkse）的贫困恶性循环理论、缪尔达尔（Karl Gunnar Myrdal）的循环积累理论、阿玛蒂亚森（Amartya Sen）的权利理论。③福利经济学的贫困理论。

二、马克思贫困理论的主要内容

（一）贫困的含义

马克思提出历史唯物主义的前提是从事生产的现实的人，那么解决贫

① 习近平的“扶贫观”：因地制宜“真扶贫，扶真贫”［N/OL］. 人民网，Politics. people. com. cn/n/2014//017/clool－25854660，2014－10－17.

困问题的主体也就是现实的人。现实的人，是“在一定生产方式中从事生产活动的合乎生产力发展趋势的具体的人”。在马克思看来，无产阶级既是最贫困的生产者，又是先进生产力的代表，所以无产阶级就是现实的人。在马克思的反贫困思想中，无产阶级既是贫困的主体，又是消灭贫困问题的主体。

马克思的反贫困思想是在资本主义生产方式的制度框架下形成的，因此，贫困具有绝对贫困和相对贫困两个含义。二者不是一个对立的概念，而是相互联系的两个方面，分别对应生产关系和分配关系。从两者的关系来看，生产决定分配，分配又反作用于生产，因此，绝对贫困是相对贫困的根源，相对贫困又加深了绝对贫困。马克思反贫困思想中的绝对贫困，不是简单的无产阶级物质生活水平的绝对低下，而是在资本主义制度下，无产阶级的生产劳动与其创造的财富相分离，也就是无产阶级被剥夺了包括生产资料在内的一切财富。马克思的反贫困思想直接指出：“被剥夺了劳动资料和生活资料的劳动能力是绝对贫困本身。”① 相对贫困则是指资本家对无产阶级剩余价值的无偿占有，即劳动者必须无偿地将自己劳动产生的剩余价值交给资本家占有。马克思在评价李嘉图思想时指出：“仅仅以剩余价值为目的的即以生产群众的相对贫困为基础的生产形式，绝不能像他一再说明的那样，是财富生产的绝对形式。”② 马克思反贫困思想中的相对贫困不是简单地与资产阶级的对比，而是从资本主义分配关系的角度来阐述的。

马克思认为资本主义社会贫困的主要表现是生活资料和社会福利的匮乏。在资本主义制度下，无产阶级作为剥削的对象，生活条件极其恶劣，工人的生活资料都低于所需生活必需品的最低限度。这种极度的贫困造成了工人面临死亡的威胁，他们得不到正规的教育、医疗和社会保障，长期处于社会最底层。

---

① ［德］马克思，恩格斯．马克思恩格斯全集：第47卷［M］．北京：人民出版社，1979.
② ［德］马克思，恩格斯．马克思恩格斯全集：第26卷［M］．北京：人民出版社，1974.

（二）贫困的起源

马克思认为国家作为阶级统治工具的本质是贫困发生的基础。信奉黑格尔哲学思想的卢格（Ruge）在《普鲁士国王和社会变革》一文中提出："贫困并不具有普遍的政治意义。"① 马克思则批判卢格并不了解贫困的发生和根源，却在试图掩盖贫困发生的社会根源。马克思在《评〈普鲁士国王和社会改革〉》一文中反驳了卢格的观点，以具有先进资本主义制度的法国和英国仍然存在大量贫困现象为例，说明具有政治理智的国家并不能消除贫困。马克思在分析英国的贫困时指出，英国政府认为贫困来源于人口自然规律、政府内的腐败和行政管理失效，以及个人的无能，因此解决贫困问题的方法只是行政和慈善手段。在马克思看来，贫困的原因不在于腐败、管理、个人这些细枝末节的方面，而在于国家的本质，因为国家是"建筑在普遍利益和私人利益的矛盾之上的"。② 国家的目标在于维护其经济基础的私有制，国家是统治阶级的一种统治工具，是为资产阶级私人利益服务的。而这种属性决定了国家为普遍意义上的贫困奠定了物质基础。

资本主义的生产资料私有制是贫困的根本原因。马克思和恩格斯在《神圣家族》中分析了无产阶级和私有制的对立统一，认为在私有制经济中，无产阶级无法抗拒资本家的奴役，忍受着贫困的逼迫，人性的光辉被残酷的现实所遮蔽。因此，无产阶级不再是现实的人，而是只会机械劳动的"机器"。马克思提出只有消灭私有制、变革资本主义的生产资料所有制关系、建立公有制社会，才能真正解决无产阶级的贫困问题。

马克思的反贫困思想认为贫困源于资本积累。马克思提出，贫困和资本在资本主义社会中是相伴相随的，只有分析了和贫困一同发展的资本，才能揭示贫困的生产和再生产。马克思在《资本论》中提出，以生产者和生产资料分离为特征的资本原始积累是资本主义中贫困的前史。农民因土

① ［德］马克思．评一个普鲁士人的〈普鲁士国王和社会改革〉一文［M］//马克思恩格斯全集：第三卷［M］．北京：人民出版社，2002.

② ［德］马克思，恩格斯．马克思恩格斯文集：第三卷［M］．北京：人民出版社，2002.

地被剥夺，失去生产资料，不得不转变为雇佣工人，成为资本主义生产方式中饱受贫困折磨的一环。在马克思看来，因为资本原始积累导致劳动者丧失了生产资料所有权，不仅是资本主义社会建立的起点，也是贫困产生的起点。而后对剩余价值的无限索取则进一步让无产阶级的贫困不断再生产。受到资本家追求剩余价值最大化的影响，工人的薪资不足以维持生活是他们普遍的生活状态。在受外部环境恶化影响时，工人的生活会陷入更加贫困的状态，这样贫困就不断地被再生产出来。马克思的反贫困思想还指出资本积累就是贫困的积累。以追求资本积累的扩大再生产的必然结果就是社会两极分化和贫富差距扩大。马克思认为资本积累的本质是“在一极是财富的积累，同时在另一极，即在把自己的产品作为资本来生产的阶级方面，是贫困、劳动折磨、受奴役、粗野和道德堕落的积累”。①

马克思的反贫困思想认为意识形态影响着对贫困的认识，意识形态具有实践性和可塑性。马克思指出，意识形态是统治阶级的欺骗，资本主义社会的意识形态，只是为了形塑适合于资本主义生产方式的社会形态和个体。资产阶级只会将贫困归于“个人的堕落”和“政府的腐败”，只是为了让无产阶级模糊对自身贫困根源的认识，缓解无产阶级和资产阶级的对立，维持社会稳定，让无产阶级自愿成为被剥削的对象。

三、西方经济学贫困理论

（一）古典经济学时期的贫困理论

亚当·斯密（Adam Smith）在《国民财富的性质和原因研究》一书中指出，劳动者贫困的关键问题是劳动产品的生产与分配问题。而职业本身的差异性和政府政策的强制性是导致分配不平等的两大因素。因此他认为，政府试图剥夺劳动所有权自由买卖的做法不仅无益于解决贫困，反而会滋生贫困。只有穷人能够自由地在市场中流动、最通畅地买卖劳动所有

---

① ［德］马克思，恩格斯．马克思恩格斯文集：第五卷［M］．北京：人民出版社，2009：744.

权，才能够从根本上消除劳动者的贫困现象。斯密在阐述工资理论时，区分了 3 种社会状态：进步状态、退步状态和静止状态。他指出消除贫困的思路就在于保持经济不间断地增长，因为只有在经济发展较快的国家，人们才有更多的发展机会，贫困人口也能从中受益。

马尔萨斯（Malthus）所处的时代是英国正值工业革命之际，大量的农民因为“圈地运动”被掠夺土地，手工业者大量破产，大批工人失业。社会上存在的过剩人口虽然使得社会生产力发展、国民收入剧增，但下层阶级的生活状况却急剧恶化。马尔萨斯在《人口原理》中用“两条公理”“两个级数”“三个命题”及“两种抑制”来解释贫困现象。“两条公理”即食物为人类所必需，两性间的情欲是必然的。“两个级数”即人口按几何级数增长，而生活资料只能按算术级数增长。“三个命题”即人口没有生活资料便无法增加；只要有生活资料，人口便会增加；占优势的人口增殖力若不产生贫困与罪恶，便不会受到抑制。“两种抑制”分为积极抑制和预防性抑制。“两个级数”的存在会导致资源的短缺和过剩人口的贫困。因此他提出，只有政府强制或个人节制的生育才是解决贫困的重要途径。马尔萨斯还反对英国的《济贫法》，认为《济贫法》在产生它所养活的穷人，同时享受《济贫法》的人不是最有价值的社会成员，却占用了其他更有价值的社会成员的食物份额。

大卫·李嘉图（David Ricardo）在解释贫困问题时，也将人口视为导致贫困的重要原因。他通过对古典经济学工资理论的研究，在效仿亚当·斯密（Adam Smith）商品价格理论的基础上，将劳动者的工资区分为：受生活必需品价格影响的自然价格和受供求关系影响的市场价格。他进一步指出，当市场价格低于自然价格时，劳动者的工资将无力负担生活必需品而陷入贫困状态，这时，只有当劳动者的数量减少到可以缓解人口对生活资料的压力时，才有可能解决贫困问题。

与马尔萨斯（Malthus）将贫困归罪于穷人的道德堕落与无节制地生育不同，西斯蒙第（Sismondi）则从人本主义出发，通过对贫困深层次原因的探索来为穷人正名。他认为国家是造成贫困的主要原因，正是由于国家过分关注财富增长和资本积累，无视普通民众的生存，放任资本家进行无节制的掠夺，才导致了社会财富分配不均，造成了贫困。西斯蒙第（Sismondi）将国家视为分析贫困问题的基础，因此在他的反贫困理论中最重要的就是用公民权利来约束和规范国家权利。所以，西斯蒙第极为倡导政府以价值中立的姿态参与到社会管理中，以社会利益仲裁者的身份参与社会资源的调配。

古典经济学家对贫困成因的探究主要集中于国家管制和人口的快速增长两个方面，消除贫困的方案也主要包含构建劳动力的自由市场和控制人口。这本身具有一定的时代局限性。斯密构建的完美的自由市场是不可能存在的，市场失灵的时候必须由政府出面才能调节。马尔萨斯和李嘉图认为只有减少人口增长才能缓解消除贫困也是比较片面的，经济发展滞后于人口增长、分配制度不合理才是导致贫困的深层原因，应调整经济发展模式，完善分配制度，使经济社会的发展与人口增长相适应。

（二）发展经济学的贫困理论

美国经济学家纳克斯（Nurkse）在《不发达国家的资本形成》一书中提出了“贫困恶性循环理论”，论证了资本形成对于打破贫困的恶性循环的重要作用。他认为，发展中国家的经济增长受到资本形成供求两方面循环的阻碍，要摆脱贫困，必须实行“平衡增长”战略，对经济中各个部门进行大规模投资。纳尔逊（Nelson）在《不发达国家的一种低水平均衡陷阱理论》一书中提出了“低水平均衡陷阱理论”。通过分析人均资本、人口及人均收入之间的关系，论证了人均收入低、资本形成不足、人口过快增长导致发展中国家长期处于一种低水平的均衡状态难以自拔。在此基础上，莱宾斯坦（Leeibenstein）提出了“临界最小努力”理论，即发展中国家要摆脱贫困必须努力使经济达到一定的水平，冲破低水平均衡，实现长期的持续增长。缪尔达尔（Myrdal）在《经济理论与不发达地区》一书中提出了“循环积累因果关系理论”。他的动态循环积累因果假说指出经济发展是非均衡的过程，社会经济制度的演进受经济和非经济因素的影响，各种因素互相呈现出“循环积累”的发展趋势。他指出，产生低收入最重要的原因就是资本稀缺，强调资本形成的发展理论并没有解决发展中国家的贫困问题。因此，舒尔茨（Schultz）提出了人力资本和农业发展对于消除贫困有重要的作用。他认为，农业成为工业化被推崇的牺牲品，解决贫困的一条重要途径就是发展现代农业。而解决贫困问题的另一条重要途径是提升人口的质量，发展中国家应该加大对人力资本的投入，重视低收入者的人力资本投资。托达罗（Todaro）深入考查了发展中国家的农村贫困、妇女贫困、少数民族贫困，指出消除贫困不是靠农村人口不断流入城市，而是靠提升农业现代化水平、改善农村生活条件。他主张通过累进所得税和政府转移支付来改善社会分配，消除低收入者的贫困。阿玛蒂亚·森（Amartya Sen）主张通过权利的角度来看待贫困和饥荒的产生，权利体制的不合理就会导致贫困的产生。贫困是基本能力的剥夺和机会的丧失，而不仅仅是收入水平低。他提出，要彻底反贫困就必须“按照人们能够实际享受的生活和他们实实在在拥有的自由来理解贫困和剥夺”,[①] 并以此为依据制订反贫困计划，不断提高人们的可行能力。

早期发展经济学家认为国家贫困的原因在于人均收入低下、经济发展缓慢，其根源在于资本匮乏和投资严重不足，形成了“唯资本论”的贫困思想。20 世纪 60 年代以后，因为过度强调资本形成的经济发展战略并没有在经济发展中取得普遍的成果，发展经济学家逐渐认识到物质资本积累并不是影响国家贫困的最重要因素，他们提出了解决贫困问题的其他重要途径，如增加人力资本、促进农业发展、加快技术进步等。但是发展经济学家和古典经济学家一样，只是从经济发展的表面入手来解决贫困问题，并没有看到深层次的制度因素。

（三）福利经济学的贫困理论

福利经济学对贫困问题的探讨可以划分为两个阶段。

---

① ［印］阿玛蒂亚·森．以自由看待发展［M］．北京：中国人民大学出版社，2002.

一是以增加社会福利总量为宗旨的传统福利经济学。英国经济家霍布森（Hobson）认为，经济学的中心任务就在于增进人类的福利，经济学的中心任务就是发现现行社会制度下财富分配所依据的原则，提出改进财富分配以消除现行制度下分配不均的办法。马歇尔（Marshall）在《经济学原理》一书中则提出，经济学的性质和任务应包括对一个社会的整个成员的经济福利的考察。而庇古（Arthur Cecil Pigou）在其《财富和福利》一书中，一方面对福利进行了界定，把福利界定为个人获得的效用或满足，认为一个人的福利就是个人福利的总和，社会的福利就是全体社会成员的福利总和。另一方面，对增加社会福利总量的途径进行了选择。他认为国家应加强对收入分配的干预，在不影响国民收入增加的条件下，通过国家的收入分配政策，增加穷人收入的绝对份额，减少收入分配的不平等，以增加社会经济福利。

二是以“帕累托最优状态”为前提的新福利经济学。20 世纪 30 年代后，新福利经济学对福利增加的条件重新进行了分析和限定，认为如果在社会上增加某些人福利的同时，减少了其他人的福利，就不能认为社会的福利增加了。社会福利的增加只有两种情况：一是社会上所有人的福利都增加了；二是有些人的福利增加了，而其他人的福利并没有减少。并认为完全竞争的市场能够保证生产和交换的最优条件，而生产和交换的最优条件能够使全体社会成员获得最大福利，或者使一部社会成员的福利增加而不使其他社会成员的福利减少。这就是在著名的“帕累托条件”下对福利增加途径的选择。

福利经济学家解决贫困问题的主要思路是“分配越均等，社会福利就越大”，主张通过收入均等化、加强国家在国民收入调节中的作用来消除贫困。但是福利经济学家只是从分配的角度来解决贫困问题，没有提出提高经济总量的方法，因此也没有看到因为人口的增加可能导致的普遍的贫穷。福利经济学家看到了分配制度层面存在的问题，但是依旧忽视了导致贫困的深层次的根本经济制度的原因。

四、马克思和西方经济学贫困理论的比较

（一）马克思贫困理论与西方经济学贫困理论的相同点

马克思与西方经济学家都承认贫困的产生与生产、分配制度有关。西方经济学家认为，主要是政府的政策不够完善导致了贫困的产生。斯密认为劳动分配的不合理导致的劳动工资低下是造成贫困的主要原因。因此，斯密（Adam Smith）把工资水平提高视为国民财富增长的必然结果，并提出通过提高劳动工资、改善劳动条件来解决贫困问题。发展经济学家认为贫困的根源在于生产中的资本匮乏和投资不足，资本稀缺和收入分配上的不平等导致了低收入的产生。舒尔茨（Schultz）强调在生产领域中人力资本的增加对解决贫困问题具有重要作用，因此，只有重视对低收入者的人力资本投资才可以消除贫困。托达罗（Todaro）提出是政府的分配制度不平等导致了低收入阶层的贫困，主张通过累进所得税和政府转移支付来改变社会收入分配结构，改善低收入阶层的生活状况。马克思也认为是社会的生产、分配制度即资本主义制度下的雇佣劳动制导致了工人阶级的贫困。资本的积累就是无产阶级的贫困积累，因此只有推翻资本主义制度才可以解决贫困问题。

马克思与西方经济学家的贫困理论都建立在对现实背景的高度概括之上。18 世纪中期到 19 世纪中期，在资本主义国家工业化阶段，古典经济学家看到了贫困问题主要体现在占有生产资料的资本家和出卖劳动力的工人阶级之间的矛盾，因此提出了一系列的福利政策，使得实现工业化以后国家的贫困问题大大缓解。20 世纪 50 年代后，发展经济学家们看到了发展中国家在现代化过程中不断加剧的贫困现象，一方面是国内的贫困差距突出，另一方面是与发达国家的贫富差距不断加大。因此根据这些现象提出了一系列消除贫困的对策建议。马克思看到在资本主义社会中，劳动力成为一种商品，劳动力完全丧失了生产资料和人身自由，以及劳动者被资本家剥削的悲惨现状，提出是资本主义制度本身造成了无产阶级的贫困。

（二）马克思贫困理论与西方经济学贫困理论的不同点

马克思更深刻地指出了贫困的本质，认为要破除贫困问题，必须破除资本主义制度。马克思的贫困理论受到西方古典经济学家的影响，在吸收其他思想的基础上，对他们提出批评，一方面，批评他们“对赖以取得财富的无产者的疾苦漠不关心”①；另一方面，他认为古典经济学家只看到了贫困的现象，没有看到贫困是可以“推翻旧社会的革命”②。马克思认为资产阶级对无产阶级的剥削，导致了社会财富在资本家手中集中和工人的工资低于劳动力的价值，因此形成了无产阶级的贫困化。当资本积累达到一定程度时，资本主义基本矛盾激化，资本主义必然走向灭亡，无产阶级的贫困才可以被消除。

马克思贫困理论的前后逻辑论证更加严密统一。西方贫困理论在发展过程中存在一个范式的转换，即从宏观理论范式到微观理论范式的转变、从经济范式到社会文化范式的转变、从制度范式到素质、权利范式的转换。西方经济学家的贫困理论虽然在不断发展中增添了生产关系中存在的多种因素，但却没有认识到在生产关系中起决定作用的是生产资料的所有制形式。西方经济学的贫困理论只是把人区分为贫困的人和非贫困的人，而马克思的贫困理论则认识到无产阶级才是贫困的人，资本主义对无产阶级的剥削是造成无产阶级贫困的主要原因。因此，马克思的贫困理论自始至终都认为是最根本的资本主义生产制度造成了贫困，只有解决根本的制度问题，才可以消除贫困。

马克思的贫困理论站在人本的角度上，更具有前瞻性。马克思的贫困理论主要是站在人的解放、无产阶级的全面自由发展的高度上，要把无产阶级从资本主义的剥削、奴役等非人化的状态中解放出来，回到他们的本质上来。虽然马克思的贫困理论与西方经济学的贫困理论一样，也涉及了贫困研究的具体层次，如相对贫困和绝对贫困的研究，但并不是主要在研

① ［德］马克思，恩格斯．马克思恩格斯文集：第一卷［M］．北京：人民出版社，2009：615.

② ［德］马克思，恩格斯．马克思恩格斯文集：第一卷［M］．北京：人民出版社，2009：616.

究贫困本身。马克思的贫困理论是为他的资本剩余价值理论所服务的，在于通过对贫困的分析去批判资本主义制度。

马克思的贫困理论和西方经济学的贫困理论相比，治理贫困的方式有所不同。西方经济学的贫困理论提出解决贫困的方法是建立教育、医疗、卫生和社会保障制度。但应看到教育、医疗、卫生和社会保障制度的作用取决于社会制度的性质。在生产资料私人占有的资本主义条件下，这些公共扶持政策虽能起到一定的作用，但真正要解决贫困问题却无异于天方夜谭。马克思的无产阶级贫困化理论全面分析了整个无产阶级各个方面的贫困状况，从制度层面为消除贫困提供了一个分析思路。

五、比较结论对我国精准扶贫的启示

在当今中国，消除贫困已经进入了精准扶贫时期。过去的粗放扶贫有助于集聚整合扶贫资源，助推扶贫朝着社会参与多元化和扶贫治理方向发展，在扶贫对象基数较大、贫困区域较广的扶贫初期阶段作用显著。当我国进入减贫脱贫工作改革攻坚期，面临脱贫速度下滑、相对贫困与区域贫困特征明显、减贫资源浪费严重、资源投入边际收益下降等挑战，扶贫开发工作需要进行理念更新和认知提升，明确各类贫困的生成机制，因时因地因人展开针对性的扶贫。精准扶贫理念的实质是在扶贫工作中实现对扶贫主体的精准定位、对扶贫对象的精确识别与扶贫路径的精准选择，开展高效的扶贫并取得了减贫脱贫成果。

马克思关于资本主义社会中贫困问题的理解，为我国消除贫困提供了独特的视角和理论体系。我们应当以马克思的贫困思想为指导，坚持走中国特色社会主义道路，吸收西方经济学贫困思想的合理方面，通过提升国家治理能力来消除贫困，实现全面建成小康社会的目标。

1. 利用新的发展理念，强化扶贫的精准度

首先，要实现向以人为本的发展方式转变。将人的发展放在精准扶贫的首要位置，是精准识别和科学管理得以实现的理念保障。在过去“大水漫灌”式的扶贫开发中，以经济发展和收入增长作为脱贫的重要指标，导

致了大量的资源浪费与环境污染，使得脱贫再返贫的情况严重，扶贫工作效率不高。精准扶贫工作中需要坚持以人为本，以人为本为精确识别奠定了基础，保护了我国贫困人口的发展权利。以人为本要求我们在精准扶贫中从贫困人口的实际生存和发展需要出发，提升贫困人口自我脱贫、自我发展的能力，形成脱贫攻坚的内在动力。

其次，要树立共享发展的理念。只有部分人可以享受发展成果的发展是存在重大缺陷的发展，应当让所有人都可以享受到我国经济发展的成果。精准扶贫应当转变发展理念，从“让一部分人先富起来”变为“让所有人都富起来”，树立共享发展的理念。实现共享发展，首先是全民共享，就是让所有人都可以享受我国发展的成果。实现共享发展，还要全面共享，发展不仅限于物质财富增长，而是为了不断满足全体人民日益增长的物质文化、健康安全和全面发展的需要。共享发展还是共享共建，精准扶贫的主体进一步从政府向社会扩张，行动主体的多元化可以有效修正扶贫中政府失灵的现象。

最后，需要贯彻绿色发展的精准扶贫价值导向。“绿水青山就是金山银山”①，精准扶贫的目标应该是更为长远的将来，而不是一时脱贫。在精准扶贫开发的过程中，应该更加注重内生发展、和谐发展、绿色发展。精准扶贫要重视对自然环境的保护，注重对贫困人口自我发展的能力的帮扶，探索教育扶贫和产业扶贫的模式，不能以牺牲自然环境和资源为代价换取短时间的收入提升。坚持对历史负责的时代责任观，构建长效的发展机制，避免以牺牲环境为代价实现的短期脱贫、长期仍然贫困的低效率扶贫的发生。

2. 完善社会制度，保障精准扶贫实施落实

首先，必须建立分配合理的社会制度。马克思的反贫困思想提出以公有制代替私有制是消除贫困的前提，公平公正的社会分配是消除贫困的制

---

① 绿水青山就是金山银山——关于大力推进生态文明建设［N/OL］. 人民网，theory people com. cn/n/201610509/c40531 －28334547. html，2014 －07 －11.

度保障。构建公正的分配体系，纠正我国之前分配中存在的初次分配不合理、二次分配无效率等问题，对于消除贫困来说意义深远。我国应该继续坚持以按劳分配为主体、多种分配方式并存的分配制度，在此基础上，优化侧重效率的初次分配，强化侧重公平的二次分配，深化侧重道德的三次分配。我国在精准扶贫中还应该加快完善社会保障制度，对社会上最贫困并且缺乏生活资料的人口进行救助，保证他们的生存需要，并为其提供物质和智力援助，帮助他们尽快脱贫。

其次，应该节制资本，回归劳动本位。改革开放近40年的经验告诉我们，克服前期市场化资本过度扩展的弊端是精准扶贫、消除贫困的一个重要方面。资本活力激发对于改革开放以来中国的扶贫工作产生了重要作用，但是社会也因为资本过度扩张产生了贫富分化加剧、拜金主义、劳资冲突等一系列问题。因此，在精准扶贫中规范无节制、不合理的资本扩张，建立以劳动为本位、让劳动者借助资本获得全面发展的机会，意义重大。第一，应该限制资本的扩张。马克思提出资本是以剥削劳动来实现自身能力增值的，因此应该限制资本的扩张，建立以劳动为本位、劳动者为主体的增长格局。第二，应该保证劳动者的正当权利。在GDP为主要指标的绩效考核下，政府为了追求地方经济的快速发展，对于资本侵犯劳动者合法权益方面管理缺失，甚至偏袒资方。现阶段迫切需要政府保障劳动者合法正当的权益。

最后，要增加人力资本投资来打破市场对贫困者的排斥，注重扶贫和扶志、扶智相结合。贫困者由于自身能力等差异往往被排斥在市场的边缘，且很多时候，正是由于外在客观因素影响了贫困群体的能力素质培养，才导致差异的扩大化。如我国农村与城市相比，在教育水平、教育资源投入、师资力量等方面的差距，造成农村与城市居民在知识、技能、素养上存在较大差异，导致农村居民处于市场竞争中的劣势，形成了市场对贫困者的排斥。为消除贫困者因能力缺陷而在既定规章制度下受到的排斥，需要政府加大对人力资本的投资，加强对贫困群体的能力培养，通过提升贫困者参与生产创造的知识、能力、素质素养，开发自身潜力及创造力，使贫困者有能力摆脱贫困，不会在政府“输血式扶贫”结束后重新返贫。

3. 创新体制机制，提高扶贫效率

首先，要创新识别方法，优化识别机制。一是由于精准识别技术的缺陷、识别成本的增加和农民隐性收入等原因，农户家庭人均年收入很难准确核查，之前以收入作为贫困户的唯一识别标准显然是脱离实际的，应当放弃单一的收入标准而采用多维贫困的标准来识别建档立卡贫困户。政府对扶贫人口数量的估计也需要从收入和消费的标准转变为收入、消费、资产、健康、教育等多个维度。二是建立贫困识别的新方法和程序。在贫困户识别环节推行自下而上的群众参与式识别方法。三是制定合理的脱贫标准，不再以单一的收入增长作为脱贫的指标，应该充分考虑贫困人口脱贫后是否具有自我发展能力。

其次，要根据不同的制贫原因，创新扶贫方法。我国贫困人口呈现出明显的类型化特征。一类是因自然资源匮乏、交通闭塞等外在客观原因而致贫；二类是因家庭劳动力少，无就业技能、无资金来源、市场适应力弱等内在发展动力不足而致贫；三类是因突发事件，如特大疾病、自然灾害或意外事件等致贫；四类是鳏寡孤独、丧失劳动能力，生活完全依靠国家救济的特困群体。精准帮扶要求因户施策。针对不同的致贫原因，应该使用不同的扶贫方法，如发展生产、易地搬迁、生态补偿、发展教育、社会保障兜底等。只有分析致贫原因，实行分类帮扶，才能提升精准施策与帮扶的效度，避免帮扶措施单一、形式化、返贫率高等问题，真正实现精准帮扶。

最后，要创新精准扶贫考核机制。我国现有的扶贫工作考核办法暴露出考核主体、指标与办法的单一，考核过程流于形式，实践效果不好等问题。创新考核机制，一是要构建多维脱贫考核机制。脱贫指标的设定不仅要统筹兼顾，而且要有所侧重。针对不同致贫原因和不同类型的贫困地区，调整考核指标权重比例。对贫困人口脱贫的考核既要看收入增长、健康状况和生活水平提升状况，也要看思想态度的转变和发展能力的提升等；对贫困县、贫困村的考核既要看脱贫人口数量，也要看返贫人口数量，还要重点考核脱贫人口的后期发展能为。二是实现脱贫考核主体多元化。为了规避政府在考核过程中的行政色彩，需要引入多元主体，建立多元主体的评价和监督考核机制。政府需要充分调动科研机构、社会组织和贫困户的力量，让他们积极参与脱贫考核。

消除贫困是人类社会长久的目标。正如习近平总书记所言："人民对美好生活的向往，就是我们的奋斗目标！"① 在当今的中国，实施精准扶贫、实现共同富裕、让人民更有获得感，也是我们工作的终极目标。作为世界上最大的发展中国家，转型和发展始终是我国的核心问题，这就决定了我国的贫困既有"资本积累中的贫困""结构性贫困"，也有"转型中的贫困"。因此，消除贫困的努力也是多重的，通过对不同历史时期的贫困理论进行探究，对我国消除贫困、建设中国特色社会主义伟大事业、实现"两个一百年"的奋斗目标、实现中华民族伟大复兴的中国梦具有重要的理论和实践意义。

参考文献

[1][德]马克思．资本论:第1卷[M]．北京:人民出版社,2004.

[2][德]马克思,恩格斯．马克思恩格斯全集:第二版第3卷[M]．北京:人民出版社,2002.

[3]何爱平,宋宇．马克思主义经济学与西方经济学的比较研究:第一辑[M]．北京:中国经济出版社,2011.

[4]张彬斌．新时期政策扶贫:目标选择和农民增收[J]．经济学(季刊),2013(3).

[5]胡鞍钢,胡琳琳,常志霄．中国经济增长与减少贫困(1978—2004)[J]．清华大学学报(哲学社会科学版),2006(5).

[6]吴传俭．经济资源错配视角下的农村贫困与中国反贫困路径研究

① 习近平在十八届中共中央政治局常委同中外记者见面时强调：人民对美好生活的向往就是我们的奋斗目标［N］．人民日报，2012－11－16.

[J]. 宏观经济研究,2016(6).

[7]李雪娇,何爱平. 政治经济学的新境界:从人的全面自由发展到共享发展[J]. 经济学家,2016(12).

[8]刘建华,丁重扬. 马克思主义经济学的贫困理论及其当代价值[J]. 政治经济学评论,2012(12).

[9]陈为雷. 马克思的贫困结构范式及其对当代中国的启示[J]. 社会主义研究,2013(2).

[10]宫留记. 政府主导下市场化扶贫机制的构建与创新模式研究——基于精准扶贫视角[J]. 中国软科学,2016(5).

[11]莫光辉. 精准扶贫:中国扶贫开发模式的内生变革与治理突破[J]. 中国特色社会主义研究,2016(2).

[12]王朝明. 马克思主义贫困理论的创新与发展[J]. 当代经济研究,2008(2).

[13]王大超.《资本论》关于贫困问题的制度分析及我国反贫困实践的启示[J]. 当代经济研究,2002(5).

[14]何爱平,张志敏. 依据政治经济学原理认识经济发展方式转变的规律[J]. 黑龙江社会科学,2015(3).

[15]邹丽艳. 马克思的无产阶级贫困化理论及其当代发展[J]. 马克思主义研究,2006(2).

[16]周毅. 反贫困与可持续发展宏观战略[J]. 学术研究,1998(3).

[17]赵武,王姣玥. 新常态下"精准扶贫"的包容性创新机制研究[J]. 中国人口·资源与环境,2015(52).

[18]陈飞,卢建词. 收入增长与分配结构扭曲的农村减贫效应研究[J]. 经济研究,2014(2).

[19]甘珂,许阳阳. 马克思贫困与反贫困思想探析[J]. 边疆经济与文化,2014(2).

[20]吴建永. 从"政治革命"到"社会革命"——读〈评一个普鲁士人的《普鲁士国王和社会改革》一文〉[J]. 枣庄学院学报,2013(1).

专题五

当代资本主义研究

从资本体制变迁规律看新自由主义危机与世界经济秩序变革

石高宏　李梦园　冯　喆

摘　要：自20世纪80年代起，西方发达国家发生了从垄断资本积累体制到新自由主义全球化资本积累体制的重大变革，新体制使西方发达国家乃至全世界经济陷入了严重衰退。本文通过对马克思的资本增殖法则理论进行梳理，用其理论分析并总结资本主义体制变迁的内在规律。在此基础上寻找新自由主义的增殖条件，从根源上探讨新自由主义危机发生的原因，并分析危机后世界经济秩序变革的可行性与必要性。

关键词：资本体制变迁；新自由主义危机；世界经济秩序

作者简介：石高宏，西北大学经济管理学院副教授；李梦园，西北大学经济管理学院2016级硕士研究生；冯喆，西北大学经济管理学院2016级硕士研究生。

一、引　言

20世纪80年代的新自由主义政策极大地促进了美国经济金融化和全球化，使美国在90年代中期出现了“高增长、高就业、低通胀”的“新经济”现象，但同时也引发了工人收入与福利增长停滞、工会力量衰落、金融资本权利上升和收入分配不平等加剧等问题，尤其是2008年金融危机爆发后，全球金融市场剧烈动荡，西方发达国家经济普遍陷入严重衰退，广大发展中国家经济增长缓慢，全球失业率居高不下。尽管这些国家的政府实施了极其宽松的财政和货币政策，经济也只是从衰退趋势转换为缓慢增长状态，还出现了政府债务危机、民众收入和福利被大幅削减等严重的政治和社会问题。

危机爆发以来，国外马克思主义学者对危机产生的原因作了大量分析。约翰·贝拉米·福斯特、阿兰·比尔、米歇尔·于松、热拉尔·杜梅尼尔、多米尼克·列维等学者认为，20 世纪 80 年代以来，新自由主义制度的实施导致金融垄断权力强化，从而使利润率上升、积累率下降、社会收入分化。① 克里斯·哈曼、安德鲁·克里曼、弗朗索瓦·沙奈、阿兰·弗里曼等学者则认为，20 世纪 50 年代末至 80 年代初，利润率显著下降，并在 80 年代以后无继续反弹趋势，并将利润率下降视为当前危机的根本原因。② 戈登、爱德华和里奇等更是从积累的社会结构理论出发，认为比起自由型积累社会结构，国家管制型积累社会结构更能促进资本积累率的提高和经济稳定增长，并主张通过下层群众的阶级斗争和广泛的社会运动，推动国家管制型积累社会结构的重建。③

这些学者对新自由主义危机的分析局限于金融资本权利上升、利润率变化以及新自由主义制度等局部的、表层的因素上，忽视了资本主义生产体系的内在发展变化动力以及资本增殖法则对生产力发展和劳动者收入增长的限制作用。本文则从马克思资本增殖法则出发，寻找资本积累体制变迁的内在规律，从本质与根源上探讨新自由主义危机发生的原因，并分析危机后世界经济秩序变革的可行性与必要性。

---

① ［美］约翰·贝拉米·福斯特，罗伯特·麦克切斯尼，贾米尔·约恩纳，等.《21 世纪资本主义的垄断和竞争（上）》［J］. 国外理论动态，2011（10）：30－38.

② 周思成. 利润率与美国金融危机——国外马克思主义经济学者对危机的阐释与争论［J］. 政治经济学评论，2011，2（3）：144－165.

③ ［爱］特伦斯·麦克唐纳，迈克尔·里奇，大卫·科茨，等. 当代资本主义及其危机：21 世纪积累的社会结构理论［M］. 北京：中国社会科学出版社，2014：137.

二、马克思的资本增殖法则与当代资本积累体制变迁的内在规律

马克思的资本增殖法则理论认为，资本为了增殖，必须不断地积累和扩大再生产，随着资本积累的发展，当生产扩张速度高于劳动生产率上升速度时，此时如果劳动力供给不变，工资率的上涨速度就会超过劳动生产率的上升速度，从而导致利润率下降，使资本增殖条件恶化，最终使经济趋于衰退或走向危机。[①] 然而，资本主义具有通过变革生产方式来实现资本持续积累的倾向，马克思也曾高度肯定了这种变革生产方式的不竭动力："资本的生产是在矛盾中运动的，这些矛盾不断地被克服，又不断地生产出来。"[②] 这种矛盾被克服的过程便是资本主义变革生产方式的过程，从而创造出资本增殖的有利条件，使资本主义重新走向繁荣。那么，事实上资本主义变迁是如何进行的？存在哪些增殖条件来适应资本主义发展？下面以马克思资本增殖法则为基础，从二战后美国资本主义具体的变迁过程来寻找资本积累体制变迁的内在规律，并为分析新自由主义危机提供理论基础。

二战结束后，美国的资本增殖条件得到明显改善。首先，二战时被抑制的住宅建筑、固定投资和耐用品消费需求在二战后得到完全释放；其次，美国为了实现称霸世界的目标，与苏联进行持续冷战，在此期间美国从富人与大公司那里获得了大量税收，并通过军事订购合同与研发补贴等形式，为大公司创造了巨大的生产扩张与盈利空间，使得寡头之间竞争不再激烈，能在不断提高生产率的条件下使工人工资同时保持上升趋势，并稳定地赚取超额垄断利润；最后，以美国为先导的科技革命在这个时期有了重大进步，并将成果应用于工业部门技术改造，使整个工业的劳动生产率大大提高，成本下降，利润增加。这些因素促使美国经济迎来了黄金发展的

① ［德］马克思．资本论：第一卷［M］．北京：人民出版社，1975：278.

② ［德］马克思，恩格斯．马克思恩格斯全集：第30卷［M］．北京：人民出版社，1995：390.

20 年，大公司资本主义出现了持续繁荣，民众收入和福利获得普遍提高。

然而，20 世纪 60 年代末到 70 年代以来，美国经济形势发生了重大变化，体现在以下几个方面。

第一，社会福利水平膨胀。经济的持续繁荣使人们对凯恩斯的经济政策主张推崇万分，1963 年，约翰逊当选美国总统，在任期间提出了建设“伟大社会”的理念，不断提高社会福利水平，其中工资水平上涨使劳动力成本持续上升。1970 年后，工资上升速度超过劳动生产率增长，导致利润率下降，整个社会福利支出上升到 1271.49 亿美元，占国民生产总值的 14.1%，而这些支出中的一大部分都是依赖政府的财政赤字，以致后来政府不堪财政重负，通过增加发行货币量的方式来解决这一问题，造成日益严重的通货膨胀。

第二，大公司控制市场能力衰弱。经济繁荣使人们积累了大量财富，使消费模式由普遍的大众消费转为追求个性和自然主义，这使拥有新技术的中型公司可以通过技术效应来降低单位产品生产成本，并用个性化、创新性产品的生产来与寡头企业的规模经济相抗衡。日本和西德的先进技术工业使美国公司在国际贸易、投资和原材料控制权争夺中遭遇了日益激烈的竞争。面对这种来自国内与国际上的竞争压力，处于核心地位的大公司操纵价格的能力持续下降，不足以弥补劳动成本的上升，随之利润率下降，继而强化了生产停滞与失业率上升趋势。

第三，石油危机以及凯恩斯政策失灵。1973 年中东战争爆发，阿拉伯国家为防止西方国家站队以色列，对西方国家实行石油禁运并不断提高石油价格，造成生产部门成本上升，投资下降，能源、产品价格普遍上涨，从而使美国在这一时期出现了明显的“滞胀”。此时，再用凯恩斯的需求管理政策指导经济运行，使本就供给不足的生产要素价格上涨，同时使居民约束方程中，由资本主义固有矛盾所造成的已经供给过剩的产品的购买量下降，导致本就过剩的产品的过剩更加严重。

从以上分析中可以看出，二战后，由资本增殖条件改善驱动的生产扩张和技术变革，最终导致资本增殖趋于恶化。而此时，亚洲地区密集的廉价劳动力吸引了正处于国内外竞争形势加剧的美国大公司，驱使其缩减规模，外包生产，引起了在全球建立生产链的生产方式变革。计算机装备的信息、储存盒回收系统的发展，以及卫星通信技术的进步为其提供了技术支持，从而形成新一轮资本增殖条件改善的通道。

20 世纪 70 年代以来，资本全球自由流动速度普遍加快，产业资本与金融资本国际化程度不断提高，政府通过财政与货币政策干预国际贸易的能力明显下降，且强调政府干预经济的旧制度会对新资本增殖条件产生了一定的阻碍。这时，新自由主义的执政理念应运而生，其核心主张为自由化、私有化、市场化。主要表现在：第一，摒弃凯恩斯主义时期所倡导的需求管理政策，认为政府干预经济有失经济绩效，经济体可以自行维持充分就业与经济增长；第二，减少对金融市场的管制，实行自由贸易，为资本货物的跨国流通扫清了障碍；第三，通过减税保证富人利得，从而增加富人投资的积极性，同时削减社会福利开支。

结合马克思的资本增殖法则以及当代资本主义变迁的具体演化过程可以看出，在资本主义经济体制下，政府财政收入、民众收入和福利的提高都取决于社会生产体系的扩张，而这种扩张又取决于资本增殖条件的改善。因此，制度系统必然会随资本增殖条件的改变而改变，国家不得不执行能为资本增殖创造有利条件的制度来间接实现民众收入和福利的提高。

三、新自由主义危机发生的根本原因

新自由主义带领美国在 20 世纪 90 年代进入“新经济”时代，但并未避免后来危机的发生，在对危机的分析中，许多国外马克思主义学者都将危机归结于金融扩张、全球化以及新自由主义制度等因素，事实上，这些因素正是资本增殖法则对生产体系的支配权利驱动的结果。根据以马克思资本增殖法则为主导的资本主义体制变迁内在规律，由资本增殖条件改善驱动的生产扩张和技术变革最终会转而导致资本增殖条件的恶化，使资本主义陷入危机。因此，寻找美国经济增长的动力因素是分析目前西方发达国家新自由主义经济危机的最根本途径。

首先，20 世纪 70 年代以来，美国公司面临竞争加剧、利润率下降以及对外融资依赖程度上升的问题，使本就面临财政危机的政府不得不通过提高利率和放松金融管制来吸引短期资本流入美国，以便为公司投资和政府开支的增加提供大规模、低成本的资金来源。而布雷顿森林体系解体后形成的美元制体系为吸引外资提供了可能性，美元不再与黄金挂钩，其他国家货币通过制定浮动汇率与美元挂钩，于是美国开始主要生产没有实物支持的美元和金融产品，其他国家生产可以出口的产品来获取美元。美国从其他国家购买大量消费品形成巨大的贸易逆差，其他国家则积累了大量外汇储备，形成贸易顺差，并将贸易盈余用来购买美国的国债和各种金融创新产品。[①] 这样，美国就能通过人为地提高利率，将世界资本吸引到美国国内，使美国成为全球最大的消费者和金融市场控制者，促进其金融市场的繁荣，金融市场的繁荣又支撑了美国公司的全球扩张和高科技产业发展，从而增强了美国的军事和货币霸权。而对于其他国家来说，美元变得短缺，发展中国家工业化所需的技术和产品无法获得，还欠下了巨额的美元债务。在这些美元债务中，有相当一部分是美国银行凭空创造出来的贬值的货币，却要求发展中国家用出售资源产品和产业的货币来归还。

其次，美国利用军事霸权与货币霸权，将发展中国家纳入以美国为中心的全球资本积累体系。军事霸权体现在，自卡特总统第一次发声明表示美国准备运用军事手段来确保中东石油不间断地流入全球经济，美国获取这种控制力的需求就一直在不停地稳步上升，布什政府在中东的军事介入就是一个证明。[②] 货币霸权体现在，美国政府在 20 世纪 80 年代初以低利率向发展中国家提供债务，以便为本国过剩商品寻求出路，并使发展中国家在经济上依附于债权国。但从 20 世纪 80 年代中期开始，为了本国经济发展的需要，美国开始大幅提高利率，使拉美等发展中国家的债务急剧上升，例如，1999 年巴西的债务利息占到了其出口收入的 69.3%。利用债务

---

① 上海市中国特色社会主义理论体系研究中心．金融危机、新自由主义与中国道路［J］．红旗文稿，2012（10）：14－16.

② ［英］哈维．新帝国主义［M］．北京：社会科学文献出版社，2009：146.

危机，美国政府开始与国际货币基金组织和世界贸易组织一起，为拉美等国家开出结构性调整方案，如“贝克计划”“500天方案”“休克疗法”等，从而迫使这些国家实行对外贸易自由化、放弃资源国内保护政策、开放价格、放松国家对劳动力市场的控制、开放金融市场等改革措施，促使以美国新自由主义为主导的全球化资本积累体系的生成。

最后，全球产业链的不断扩张为美国资本积累创造了有利条件。在全球市场上，美国利用其军事与货币霸权地位以及信息技术创新对核心技术与标准品牌的控制能力，将其产业链分配到成本较低的发展中国家，廉价获取其自然资源和人力资源，从而获得丰厚的利润率。根据一份统计数据，iPhone原材料及零件供应链来自31个国家，其中中国的供应商数量最多，达到349家，其次是日本，达到了139家，美国排名第3位，只有60家供应商。而在对2010年iPhone的利润分配中，苹果公司占58.5%，韩国、日本以及其他国家约占10%，中国内地劳工只占1.8%。[①] 再如2003年时，美国人口大约有2.91亿人，占世界总人口的4.6%，但其能源消耗量却占到了世界总量的23%，成为世界上最大的资源消耗国。此外，根据马克思的相对剩余价值理论，利用发展中国家的廉价资源所带来的制造业成本降低，也为美国国内服务业的发展创造了条件，这些受国际竞争影响较小的公司能在维持美国工人实际收入不变甚至提高的情况下获得较高的利润率。

由此可见，20世纪90年代以来，美国大公司之所以获得产业持续扩张和高资本积累率，是建立在对发展中国家财富、资源和资产的变相掠夺基础上的，而对发展中国家的这种资源控制权依赖于美国的军事与货币霸权，这种霸权同时是建立在对全球短期资本的吸引与庞大的债务积累基础上的。

然而，从20世纪70年代到2005年，美国贸易逆差从0左右增加到了

---

① Dedrick, J., Kraemer, K. L., Linden, G. The Distribution of Value in The Mobile Phone Supply Chain [J]. *Telecommunications Policy*, 2011, 35 (6): 505-521.

国内生产总值的6%左右，其他国家拥有的美国资产与美国拥有其他国家资产的差距从80年代开始不断扩大，2009年第四季度外国人持有的美国资产达到15.4万亿美元，是美国持有国外资产的2倍多，可见，美国对世界其他地区的依赖不断增强。而这种由债务产生的对其他地区的依赖是脆弱的、不可持续的，必然随着债务崩溃与信用紧缩而使整个资本增殖条件恶化。如1994年墨西哥爆发的金融危机；1997年5月从泰国开始，一直延伸到日本、韩国、菲律宾、新加坡以及中国台湾等国家和地区的亚洲金融危机；1998年俄罗斯金融危机以及后来拉丁美洲国家不断爆发的金融危机；2007年由美国次贷危机引发的国际金融危机等都证明了这一点。①

此外，对发展中国家财富、资源和资产的变相掠夺同样具有不可持续性。随着全球产业链发展，中国等发展中国家的制造技术和外汇收入有了积累性的提高，进入21世纪以来，这些国家逐渐减少将外汇收入用于购买美国国债的比率，而将越来越多的外汇收入投向拉美等南方国家。例如，中国宣布向菲律宾每年提供20亿美元、连续3年的“一揽子”特别贷款；通过向南方国家提供有关天然资源开采的慷慨条款，以更少的政治附加条款并免除昂贵的咨询费提供大额贷款；以低于北方竞争者一半的成本在偏远地区兴建大型基础设施。石油国家同样也将其贸易顺差投向了南方国家，如委内瑞拉用提高油价所获得的利润为阿根廷与国际货币基金组织分手提供24亿美元贷款、购买厄瓜多尔3亿美元债券。

随着资金日益充裕，再加上渴望收回对本国经济政策的控制权，南方国家都赎回了债务，把接受的国际基金组织贷款额减少到最低水平。历史上，美国通过对国际货币基金组织、世界银行和美洲开发银行等重要信贷来源的控制，对拉丁美洲的经济政策产生了巨大影响力。拉美国家接受美国贷款的减少大大削减了美国对其经济政策的影响力。从而使美国的经济霸权地位也受到挑战，亚洲国家与拉美国家在经济上具有越来越多的互补性。

① 刘迎秋．国际金融危机与新自由主义的理论反思［J］．理论参考，2010（1）：12－21.

这些因素促使美国大公司获得产业持续扩张和高资本积累率的增殖条件不再继续，所以，从资本增殖法则主导的资本积累体制变迁的内在规律来讲，这些恶化的资本增殖条件是新自由主义危机的最根本原因。

四、世界经济秩序变革的可行性与必要性探讨

美国新自由主义的资本增殖条件恶化后，其国内实体经济不断“空心化”、收入差距拉大、失业率不断上升的问题也不断激化。制造业就业人数占总就业人数的比重从 1980 年的 21% 下降到 2016 年的 8%，2009 年以来，美国真实失业率达到 20% 以上。随着就业情况的不断恶化，美国收入不平等急剧上升，1978—2012 年，美国最富有的 1% 家庭拥有的财富额从 7% 上升到 22%，90% 的家庭收入长期在低位徘徊。[①]

在这样的历史背景下，特朗普将危机的根源指向了精英阶级与现有的经济体制，从而得到中下层民众的支持并获得大选。特朗普上台后，逐渐减少对联合国、国际货币基金组织以及世界贸易组织等的控制与支持，对内通过大规模减税来减少企业负担，从而吸引制造业回流、改善就业现状，对外则发展一系列的产业保护政策，来提高国内企业的国际竞争力。短期内，这种资金回流与贸易保护所带来的美国经济状况改善都是建立在损害其他国家利益基础上的，以往的亲密盟友们开始意识到调节旧有发展模式的必要性。2017 年 5 月，安格拉 · 默克尔就表示，德国和欧洲是时候应该把命运掌握在自己手中了；弗里兰也对加拿大国会下议院说：“我们的朋友和盟友已经开始质疑其全球领导角色的真正价值，这让我们更应关注确立我们自己清晰和独立路线的必要性。”[②] 不仅德国、加拿大正在寻求一种保障来抵御美国这种全球后撤所带来的风险，澳大利亚、法国、墨西哥等国家也正在寻求自己的发展模式与全球定位。

美国对国内危机的过多关注同时也给许多被剥削已久的发展中国家很

---

① 谢富胜，吴越．新自由主义的危机与特朗普经济学［J］．国外理论动态，2017（6）：66 – 74.

② ［英］爱德华 · 卢斯．失衡时代的美国盟友与对手［N］．金融时报，2017 – 07 – 06.

大的政策调整空间。事实上，像拉美和撒哈拉以南的非洲国家，进行了新自由主义政策改革，并依赖外国直接投资、商业银行贷款与海外援助，最终都导致经济增长停滞、社会收入分配不平等加剧、贫困人口数量不断增长，同时伴随着不断发生的金融危机，使人们对新自由主义模式产生了普遍怀疑。[①] 而东亚和东南亚一些新兴的工业化国家实现了持续的经济高速增长和社会条件的改善，这些国家既没有奉行新自由主义模式，也没有实施结构调整计划。中国在这场危机中更是保持了令西方国家羡慕的平稳增长趋势，赢得了世界的广泛好评，关于“中国模式”的字眼也越来越多地被人们所关注。

二战末期，美国曾以互联网与计算机为代表的信息技术革命带领人类走向发展的第三次浪潮。目前，美国仍然是互联网、二维码、大数据等技术的奠基者与领先者，而中国则利用对这些技术的延伸开发利用，创造了电子商务、电子钱包、移动金融、直播、O2O、共享单车、人工智能、云计算等一个个科技奇迹，其中以人工智能与移动支付为代表的金融科技引发了全球关注。并且，在过去的两三年里，这种中国技术与中国移动生活方式被大规模复制到海外，越南、老挝、泰国、新加坡、俄罗斯等国家先后引进了中国高铁技术；印度版的支付宝、新加坡版的饿了么、美欧版的共享单车等都体现了周边国家对“中国模式”的全面复制。1993—2015 年各国人均 GDP 年均增长率排名中，前 4 位分别为中国、越南、柬埔寨、老挝，这些国家都是深受中国发展模式影响的。中国在这场技术浪潮中，输出的是技术与模式，服务的则是当地人民，这也许就是与全球霸主美国所引领的潮流的区别。英国知名金融科技学者克里斯·斯金纳更是认为，“中国正在借助金融科技变成一个更加公平的国家，如果照这个趋势……引领第四次人类变革的中国浪潮来了”。[②]

---

① ［英］阿尔弗雷多·萨德－费洛，黛博拉·约翰斯顿．新自由主义：批判读本［M］．南京：江苏人民出版社，2006：165.

② ［英］阿尔弗雷多·萨德－费洛，黛博拉·约翰斯顿．新自由主义：批判读本［M］．南京：江苏人民出版社，2006：165.

从以上分析可以看出，受资本增殖法则主导的美国新自由主义全球化积累体制在接连不断的金融危机中开始走向衰落，随着发展中国家技术不断积累、合作的加强以及对本国经济控制权的迫切收回，美国对这些国家的资源掠夺与经济霸权具有不可持续性。同时，美国也面临国内经济的各种问题，特朗普政府则出台了一系列政策来试图解决国内危机，这使其他资本主义国家同样面临发展模式的调整问题，也给发展中国家带来了新的机遇与挑战。目前，英国、澳大利亚、德国等西方大国相继加入中国主导的亚投行，并派代表团出席了 2017 年在北京举办的“一带一路”峰会。中国模式也开始受到越来越多国家尤其是周边发展中国家的关注。

可见，世界各国都意识到了发展模式变革的必要性，这必将引起世界经济秩序的变革。中国则在这场变革中起到一个带头与示范的作用，其在国际上奉行独立自主的和平外交政策，反对霸权主义，强调国家不分大小一律平等，并用中国模式给世界提供了一条发展的新思路：既要融入国际秩序，又要真正保持独立、自给的生活方式与政治选择，通过创新和实践找到适合本国发展的道路，而不能完全照搬其他国家的发展模式，一个国家需要创造适合自己发展的环境。

然而，世界各国都有自己不同的利益诉求，在创新、协调、绿色、开放、共享的新世界发展理念下，调整自己的发展模式、发展动力，从而提高竞争力。但一国的发展模式由于其历史经济文化等原因，加上全球化条件下各国经济发展联系紧密，这种发展模式变革必将是一个长期的过程，期间充满博弈与斗争。因此，各个国家都应该强调加强协调与合作，建立更加平等、互惠并谋求共同发展的新型伙伴关系。而发展中国家间合作所带来的经济整体实力的增强，也必然改变西方发达国家与发展中国家间的关系，促进更加平等、互利和法制化的世界经济新秩序的建立。只关注本国利益，通过竞争性贬值和贸易壁垒等方式，以牺牲他国利益来保护本国经济结构，是一种过时的心态，将与当今全球经济形势格格不入。

专题六

新时代中国特色社会主义发展实践

新时代下中国产业迈向中高端研究①

高　煜　王　旭　曹大勇

摘　要： 党的十九大指出中国特色社会主义进入新时代，中华民族迎来了从“站起来”“富起来”到“强起来”的伟大飞跃，迎来了实现中华民族伟大复兴的光明前景。在新时代下，推动产业迈向中高端是重要方面。本文从“富起来”阶段下的中国产业发展水平出发，试图阐述“强起来”阶段下中国产业迈向中高端的内涵，简要分析了迈向中高端过程中的误区，并试图提出“强起来”阶段下中国产业迈向中高端的路径和对策。

关键词： 新时代；富起来到强起来；产业迈向中高端

作者简介： 高煜，西北大学经济管理学院经济学系主任，教授，博士生导师；王旭，西北大学经济管理学院2016级硕士研究生；曹大勇，西北大学经济管理学院数理经济与统计学系教师，经济学博士。

改革开放以来，中国抓住了国际产业大转移的历史机遇，通过深化改革、扩大开放，吸引外资和技术，与国内丰富的劳动力、土地、资源等要素相结合，走出了一条低成本扩张的工业化快速发展道路，经济保持长期高速增长，创造了中国增长模式的奇迹。中国产业持续快速增长，产业规模从小

① 本文系教育部人文社会科学重点研究基地重大项目（16JJD790049）西北大学双一流建设项目的阶段性研究成果。

到大，多项规模指标实现了对美、欧、日等发达国家和地区的赶超。但是，中国产业总体上仍处于中低端水平，同时面临劳动力成本上升、资源环境约束增强、传统竞争优势减弱的压力和挑战，必须推动产业迈向中高端，才能实现中国制造由大变强。中国产业具备迈向中高端的基础条件和历史机遇，但也面临重大的瓶颈制约。下一步，要围绕建设制造强国的目标，聚焦技术工艺水平提升、质量品牌建设、向产业链高价值区段延伸三大路径。同时，抓好科技、人才、标准等硬环境建设和商业诚信、工匠文化等软环境建设。

一、“富起来”阶段的中国产业发展水平

从1978年开始，中国产业走过了工业化的初期和中期阶段，产业从小到大，部分行业从无到有，不仅解决了国内长期的短缺经济，还大量出口国际市场。1978—2010年，中国工业增加值从1602.9亿元增长至16.2万亿元，30余年累计增长100余倍，年均增长达15.5%，高于GDP平均增长率5个百分点。

2011年，中国工业增加值为19.2万亿元，超过3万亿美元，占世界比重为17.5%，并首次实现对美国（16.6%）的超越（见图1），打破了自1890年以来美国120年独霸“世界第一工业大国”的地位。2015年，中国制造业增加值占比持续上升至24.1%，高于美国5.24个百分点（见表1），中国世界第一制造业大国的地位得到进一步巩固和提升。

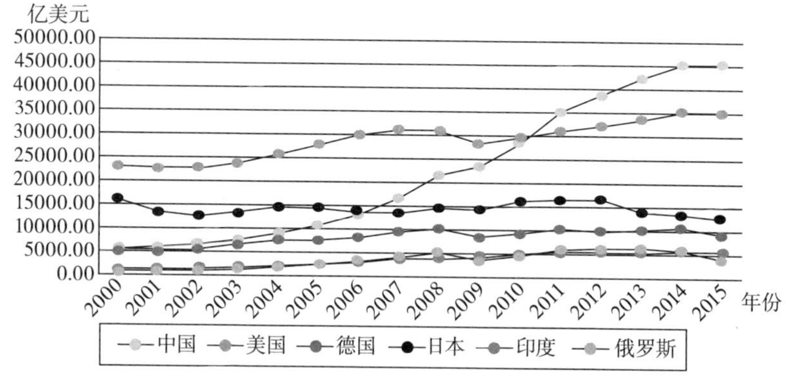

图1　2000—2015年主要国家工业增加值

资料来源：世界银行（http：//data.worldbank.org/）。

表 1　2015 年世界排名前 10 位国家的制造业增加值情况

单位：亿美元

序号	国家	制造业增加值	占比
1	中国	45289. 49	23. 00%
2	美国	34968. 57	17. 76%
3	日本	12550. 46	6. 37%
4	德国	9229. 81	4. 69%
5	印度	5693. 98	2. 89%
6	英国	4949. 19	2. 51%
7	韩国	4824. 61	2. 45%
8	法国	4217. 75	2. 14%
9	俄罗斯	4022. 89	2. 04%
10	意大利	3890. 27	1. 98%
前 10 位合计		129637. 02	65. 83%
世界		196917. 01	100. 00%

资料来源：世界银行（http：//data. worldbank. org/）。

经过近 40 年的高速发展，与改革开放初期相比，中国产业的发展主要表现在以下几个方面。

（1）产业体系比较完整

经过改革开放近 40 年的快速发展和历史积累，中国拥有了比较完整的工业体系和强大的制造能力。

按照现代工业体系划分，中国工业门类包括 39 个大类 191 个中类和 525 个小类，是全世界唯一拥有联合国产业分类中全部工业门类的国家①。中国 2013 年制成品出口额达 20772 亿美元，占世界的 17. 53%，是排名第二的德国（1237311. 2 百万美元）的 1. 68 倍。在电子数据处理和办公设备、集成电路和电子元件、通信设备、纺织品等领域占有最大的市场份额，其国际市场占有率分别达到 41. 2%、21. 8%、37. 8%、34. 8%（UNIDO，2014）。

① 国家发展和改革委员会产业经济与技术经济研究所．中国产业发展报告：2017［M］．北京：经济科学出版社，2017.

（2）科技人才支撑能力增强

中国的国家创新竞争力进入了“二十国集团”（G20）第二方阵，科技创新正在从跟跑迈向并跑阶段，部分领域处于领跑阶段。科技人才总量居世界首位，有1.7亿的专业技术人才，每年毕业大学生数量全球第一①。

（3）研发投入增速快，研发强度与发达国家的差距逐渐缩小

2000—2014年，中国全社会研发经费支出从896亿元增加至13016亿元，增长超过13倍。若按照可比美元计算，中国已成为世界第二大研发支出国，仅次于美国。全社会研发强度（全社会研发投入与GDP之比）由0.9%提高到2.05%，产业研发占GDP的比重也由0.52%上升到1.54%②，逐渐缩小了与发达国家的差距。

尽管中国产业的规模大、参与国际分工的程度高、科技人才储备深厚、投入研发增速较快，但整体产业发展水平较低，在全球价值链中整体上仍处在中低端。主要表现在：

（1）制造业整体产出效率不高

2014年，中国制造业增加值率为21.5%，低于发达国家平均值（35%）13.5个百分点。人均制造业增加值只有3000多美元，居全球第54位，仅为发达国家水平的1/3（见表2）。与美国相比，2014年中国制造业固定资产投资与GDP之比为26%，与制造业增加值在GDP中的比重（27%）基本持平；而美国制造业投资与GDP之比为2.9%，制造业增加值占GDP的比重达到12%③，这说明中国制造业的投入产出比远低于美国。

① 刘应杰．把加快发展新经济作为重大战略［J］．中国发展观察，2016（22）．

② 国家发展和改革委员会产业经济与技术经济研究所．中国产业发展报告：2017［M］．北京：经济科学出版社，2017．

③ 国家发展和改革委员会产业经济与技术经济研究所．中国产业发展报告：2017［M］．北京：经济科学出版社，2017．

表 2　2014 年部分国家人均工业增加值比较　　单位：亿美元

国家（地区）	工业增加值	人均工业增加值
中国	44237	3243
美国	34378	10862*
欧盟	32572	9616
日本	12895	10127*
韩国	5393	10694

注：*表示 2013 年数据。
资料来源：世界银行（http://data.worldbank.org/）。

（2）产品附加价值低，价值链处于中低端

中国外向型制造业大部分从事“代工”生产，处于为跨国公司“打工”的低端环节。很多产品都是贴牌生产，本土品牌较少，主要靠低价赢得竞争。即使是高技术产业，也主要以加工贸易方式参与全球产业链分工，进口技术含量高的芯片、元器件、零部件等，然后加工组装为成品再出口，自身研发设计能力弱，关键核心技术、营销渠道和品牌少，高技术产业“低端化、低技术化”特征明显。

Kraemer 等（2011）对苹果公司产品价值分布情况的研究表明，在一部 iPad 中，原材料成本占 31%，分销和零售占 15%，苹果公司的利润占 30%，中国大陆的劳动力投入只占 2%。在一部 iPhone 中，苹果公司独占 58.5% 的利润，中国大陆的劳动力成本只占到其中的 1.8%。

刘志彪（2011）指出，中国制造业融入的是被“俘获”型的治理结构，国际营销渠道、营销网络和品牌的建立和关键核心技术的发展受到了抑制，限制了企业对产业升级空间的选择和技术赶超。较为发达的东部地区被锁定在全球价值链的低端环节，从而压制了中西部地区的发展空间，形成了以价格竞争为主的低端生产能力过剩的不利格局。

（3）处于全球创新链[①]外围

刘志彪（2015b）认为当前全球化已经进入 2.0 版本，其中一个主要

① 全球创新链（Global Innovation Chains，GIC），是指企业在全球范围内搜索可利用的知识资源、关注资源使用权并且具备高度开放性的价值网络创新模式。

的内涵是要在加入全球价值链的基础上，逐步全面地嵌入全球创新链，实现要素驱动和投资驱动向创新驱动的轨道发展。而中国的创新活动长期以来主要围绕提高加工组装质量和效率开展，未能进入创新链的中心。中国企业研发强度普遍低于发达国家水平，尤其是在高技术制造业领域，差距仍十分显著①。

2014 年，在企业的授权专利中，发明专利为 91874 件，占 1.9%；实用新型为 497268 件，占 64.6%；外观设计为 181188 件，占 23.5%②。这表明中国企业短、平、快式技术创新多，原创性、颠覆性技术创新少。由此导致中国重要行业的核心部件和高端精密设备严重然依赖进口，如计算机芯片、数控装备控制系统等核心技术，轿车发动机变速箱精密铸锻件、高分子材料、高端钢材、高端有色金属材料等新材料，以及数控机床、先进机器人等高端产品③。

（4）参与国际分工的代价巨大

通过参与国际产业分工，中国一方面充分利用了劳动力资源丰富的比较优势，实现了经济的高速增长；但另一方面也付出了巨大的资源、能源和环境代价。根据李晓华（2015）的估算，2010 年中国单位 GDP 能耗是世界平均水平的约 2.15 倍，即使用购买力平价美元衡量，中国单位 GDP 能耗也是世界平均水平的 1.52 倍。

中国之所以能成为“世界工厂”和国际产业分工体系的重要参与者，主要在于成本低廉和劳动力丰富的比较优势，进而形成的价格竞争力。然而这一情况正在发生转变。2003 年以来，劳动报酬持续上涨，从 2008 年开始劳动生产率的提高已经无法弥补劳动报酬的上涨，单位劳动成本超过

---

① 以较为典型的高技术行业为例，2014 年中国医药制造业研发强度为 1.67%，而德国（2007）、日本（2008）、韩国（2009）、美国（2009）则分别为 8.27%、16.4%、2.72%、24.47%；中国计算机、通信和其他电子设备制造业研发强度为 1.63%，而德国（2008）、日本（2008）、韩国（2009）、美国（2009）则分别为 8.11%、16.98%、6.26%、18.76%。

② 国家发展和改革委员会产业经济与技术经济研究所．中国产业发展报告：2017［M］．北京：经济科学出版社．2017.

③ 国家发展和改革委员会产业经济与技术经济研究所．中国产业发展报告：2017［M］．北京：经济科学出版社．2017.

越南、印度、印度尼西亚等发展中国家，且相对发达国家的劳动成本优势也正在缩小（李晓华、严欢，2015）。一些劳动密集型产业开始从中国向周边成本更低的发展中国家转移甚至向发达国家回流，尤其是那些劳动投入较少、自动化程度较高、对市场变化响应要求较高的产业的回流更为明显（见表3）。

表3 部分美国制造业企业从中国撤资回流及其主要原因

撤资企业	企业简介	撤资回流主要原因
SleekAudio	主要生产制造耳机	基于质量考虑
Neutex 先进能源集团	美国休斯敦照明器材生产商	智能制造
美国现金出纳机公司	主要生产 ATM 机等	靠近时超
福特汽车	汽车制造企业	成本考虑
通用电气	电气生产企业	
路士明科技	生产家用紧急照明电器	

资料来源：联合国工发组织 .2013 年世界投资报告［M］. 北京：经济管理出版社，2013.

中国已经无法继续依赖劳动成本的比较优势，而必须将劳动力素质优势、低成本制造优势和产业配套优势结合起来，通过加强创新提高产品的质量、技术水平和精致程度，形成新的竞争优势。

二、从“富起来”到“强起来”的中国产业迈向中高端的内涵

中国经济发展从“富起来”到“强起来”，产业迈向中高端有了更加具体和丰富的内涵。

（一）产业迈向中高端是从“富起来”到“强起来”的必然要求

产业迈向中高端是中国产业结构调整的现实需要，中国作为发展中国家的发展问题归结为结构的转型升级（洪银兴，2015）。进入新时代后，把产业由大做强、促进产业向中高端迈进，对实现中高速增长具有重大意

义，更是中国特色社会主义进入新时代的必然要求。

1. 产业迈向中高端是数量型增长到质量型发展转变的必然要求

传统的数量型增长是中国“赶超战略”下的经济增长方式，在实现“增长奇迹”的同时，也不可避免地出现了规模报酬递减、结构偏差、环境成本增加等问题，导致部门、地区、城乡之间及社会经济系统与生态系统之间的非均衡增长（王薇、任保平，2014）。进入新时代后，我国社会主要矛盾已经转化为人民日益增长的美好生活需要和不平衡不充分的发展之间的矛盾，必然要求经济增长方式的转变。质量型发展要求提质增效，不仅关注经济增长数量，更涉及经济效率、经济结构、社会福利及生态环境等内容。

党的十九大报告指出：“中国经济已由高速增长阶段转向高质量发展阶段，正处在转变发展方式、优化经济结构、转换增长动力的攻关期。”阶段的转换要求产业从中低端向中高端迈进。

2. 产业迈向中高端可以培育新的经济增长点

马克思的扩大再生产理论指出，扩大再生产包含两种方式，即外延扩大再生产和内涵扩大再生产。其中，内涵式扩大再生产的形成是由于资本使用效率的不断提高。① 现代经济增长理论认为经济增长的动力不但来源于资本与劳动的增加，还取决于结构因素、技术进步和制度因素。

改革开放以来，中国经济的长期高速增长，主要得益于中国的低成本要素，借助于传统产业的扩张。但是随着中国特色社会主义进入新时代，传统增长优势在逐步减弱，而结构因素、技术进步和制度因素的优势亟待发挥（周鹏，2015）。促进产业向中高端迈进有助于发展新产业、新技术、新业态和新模式，培育新的经济增长点。

3. 产业迈向中高端可以打造中国产业国际竞争力新优势

从产业内核层面来看，放眼国际，无论是德国工业 4.0，还是美国工业互联网，其核心都是推动制造业的数字化、网络化、智能化，实际上就是智能制造。以互联网和新材料、新能源相结合的第三次工业革命很快就

---

① ［德］马克思，恩格斯．马克思恩格斯全集：第26卷［M］．北京：人民出版社，1975：598.

要到来，必将形成全球产业竞争新的格局①。事实上，中国部分行业向中高端的迈进已经先行一步并取得了成效（见表4），并且一些重要的先进制造技术也已跻身世界前列（见表5）。

新时代必然要求新开放，实现更高层次、更高水平的开放。推动产业迈向中高端、实现中国产业全球价值链的攀升，对于打造中国产业国际竞争力新优势至关重要。

表4　中国跻身世界中高端水平的部分行业情况

行业	中国的优势	代表性企业	主要竞争区域
高铁	具有自主知识产权，高铁装备技术达到世界先进水平，部分达到世界领先水平	中铁集团	日本、欧洲
核电	第三、第四代核电设备达到世界先进水平，其中作为核电站核心部件之一的核电站压力容器C形密封件，只有中国和美国能够制造，而且中国的成本远低于美国	中核集团、浙江天生密封件公司	法国、日本
通信设备	占据了全球制造大部分份额和利润，在4G领域和瑞典、日本、欧美齐头并进，在5G领域出现领跑世界的趋势	华为、中兴	美国、芬兰、德国、韩国、日本、瑞典
特高压输变电和智能电网	从系统到核心部件都处于全球领先地位，主导建立了智能电网和特高压输电技术两大国际标准体系，发起设立28项国际电网标准	国家电网	
航天	以卫星、火箭、载人飞行器为代表的航天装备制造技术处于世界领先水平	航天科技、航天科工	美国、俄罗斯、欧洲
生物（基因测序仪）	拥有自主研发能力，产品成本低，市场竞争力增强，处于世界先进水平	深圳华因康、华大基因	美国、瑞士

资料来源：国家发展和改革委员会产业经济与技术经济研究所．中国产业发展报告：2017［M］．北京：经济科学出版社，2017.

① 英国《经济学人》（*The Economist*）杂志编辑保罗·麦基里提出了“第三次工业革命”的概念。他认为，18世纪后期的英国，纺织业工厂机器生产取代了作坊手工制作，开启了“第一次工业革命”；“第二次产业革命”是在20世纪初期，开创了规模化生产的时代；第三次工业革命将迎来制造业的数字化发展。

表 5　先进制造技术的未来重要性排名

先进的制造技术	美国	中国	欧洲
预测分析	1	1	4
智能互联产品	2	7	2
先进材料	3	4	5
智能工厂（IOT）	4	2	1
数字化设计、仿真和集成	5	5	3
高性能计算	6	3	7
先进机器人技术	7	8	6
增材制造（3D 打印）	8	11	9
开源设计/客户直接输入	9	10	10
增强现实技术（改进质量、培训、输出知识）	10	6	8
增强现实技术（提升客户服务和体验）	11	9	11

资料来源：德勤与美国竞争力委员会 .2016 年全球制造业竞争力指数［EB/OL］. http：//t. cn/RIRuHb6.

（二）从“富起来”到“强起来”的中国产业迈向中高端的内涵

产业迈向中高端不是凭空而来的，它是继承经典的产业升级理论，沿着中国产业升级的路径，在新时代下中国产业发展的新目标。

1. 经典的产业转型升级理论

配第—克拉克定律指出：随着经济发展和人均国民收入水平的提高，劳动力遵循首先由第一产业向第二产业转移，然后再向第三产业转移的演进趋势。

库兹涅茨的人均收入影响论认为：现代经济增长过程中产业结构变化呈现出以下特点：①第一产业比重下降，工业比重增加；②第一产业劳动力比重下降，且下降速度低于农产品比重的下降速度；③在资本结构中，第一产业资本比例下降，第二、第三产业资本比例增加；④农业由小规模分散经营向大规模专业化生产过渡；⑤在工业内部，各产业的雇佣率与附加值率同时增长；⑥服务业中商业的比重上升，家庭服务业的比重下降；

⑦生产技术对产业结构变化的作用很大；⑧人口向城镇转移。

罗斯托的主导产业扩散效应理论和经济成长理论把经济成长阶段划分为5个阶段[①]，每个阶段的演进都是以主导产业部门的更替为特征的，主导部门对其他部门有较大的带动作用。

钱纳里的工业化阶段理论根据人均国内生产总值，将不发达经济到成熟工业经济的整个变化过程划分为3个时期6个阶段[②]，指出从一个发展阶段向更高一个阶段的跃进都是通过产业结构转化来推动的。

以上经典的产业发展理论，都表明了产业演进的一般规律，即随着科学技术的发展和生产效率的提高，三次产业之间具有依次替代的性质，每次产业内部的产业层次都会逐步提高。遗憾的是，其均没有指出经济实现"起飞"之后如何继续发展，即后发展经济学。

2. 中国的传统产业转型升级理论

传统的产业转型升级是指产业发展模式转换，即从高污染、高能耗产业向低污染、低能耗产业升级，从低附加值产业向高附加值产业升级，从中低端产业向中高端产业升级。

由此可以看出，产业转型着重强调"转"，包括由低附加值转向高附加值，由粗放型转向集约型，由资源消耗型转向资源节约型，由环境污染型转向环境友好型。而产业升级是指从成本竞争转向质量技术品牌服务竞争，由要素驱动转向创新驱动，提升产业在价值链上的地位，更多地强调"升"，包括产业链条升级、产品升级、工艺升级、功能升级。转型和升级不可分割、相辅相成、以转推升、以升促转。

传统的产业转型升级理论对中国产业发展的指导作用自然功不可没，但随着中国从"富起来"到"强起来"，原有的理论需要更加丰富的内涵。

---

① 5个阶段：传统社会、为"起飞"创造前提的阶段、"起飞"阶段、向成熟挺进阶段、高额大众消费阶段。

② 3个时期：初级产业、中期产业、后期产业。6个阶段：第一阶段是不发达经济阶段；第二阶段是工业化初期阶段；第三阶段是工业化中期阶段；第四阶段是工业化后期阶段；第五阶段是后工业化社会；第六阶段是现代化社会。

3. 从“富起来”到“强起来”的产业迈向中高端

对于什么是“产业迈向中高端”，目前理论界还没有给出共识性的界定。刘志彪（2015a）认为党的十八届五中全会报告中所讲的“产业发展要迈向中高端”，是指产业分工格局、产业链环节、价值链的地位要不断地向其高端攀升，也就是产业要朝高级化方向演化。迈向中高端发展更多的是一种经济学意义上的转型升级，而不是单纯的技术水平提升或者市场定位的层次提高（刘志彪，2015a）。付宗宝和张鹏逸（2016）指出产业迈向中高端既包括产业结构向中高端升级，也包括产业自身发展水平的提升。

因此，我们认为，产业迈向中高端顺应了产业演进规律，主要是指一个国家的生产技术水平不断提高、产品的附加值不断提升、产业结构不断优化，不仅包含产业技术水平的提升，也包含产业价值链地位的提升。产业迈向中高端是对产业结构转变的更为具体、更为积极的转变方向和更具内涵的规定。

产业转型升级与产业迈向中高端既有联系，又有区别，主要体现在：

第一，产业迈向中高端是对产业结构转变的继承。但产业迈向中高端强调产业结构转变要从以劳动密集型、资源密集型的粗放发展方式和低附加值的中低端向以资本密集型、技术密集型的集约发展方式和高附加值的中高端转变。

第二，产业迈向中高端是对产业结构转变的发展。但后者侧重于存量的比例变化，即产业结构从“一二三”向“三二一”或“二三一”转变，而前者既包含三次产业比例的优化，又体现在增量的提高上，即发展新兴产业和新兴业态。

产业迈向中高端不仅仅是指产业的技术水平处于全球中高端位置，也不仅仅是指要将商品和服务的品牌塑造为全球中高端品牌，更强调产业的发展要实现高经济效益化，即要逐步摆脱在全球价值链被发达国家全面锁定的不良格局，在技术进步、科技创新、生产率不断提升的基础上，实现高附加值化和高经济效益化的发展。

产业转型升级理论对中国的产业发展有着不可忽视的指导作用，但在新时代下，原有的理论不能给出完美的解释。具体来说，新时代下的产业迈向中高端包含以下几个方面。

（1）在创新发展中迈向中高端

党的十九大指出："创新是引领发展的第一动力，是建设现代化经济体系的战略支撑。"实施创新驱动发展战略并驱动产业结构转向中高端需要引入产业化创新的概念，产业化创新是科技创新和科技创业的结合（洪银兴，2015）。

中低端产业结构与中高端产业结构的差距可以归结为产业的科技水平和科技含量的差距，工业化初期的时候这种差距还可以通过模仿性创新来缩小，而到了工业化后期，这种差距的缩小只能依靠自主性创新来推动。在中低技术行业领域，中国企业研发强度逐渐接近甚至已经超越发达国家的水平，但在中高技术和高技术制造领域与发达国家差距显著。中高技术和高技术行业普遍有较高的产业关联度，因此其技术创新能力对众多关联行业乃至整体产业竞争力都有重要影响。提升中高和高技术行业的技术创新水平，是中国产业迈向中高端阶段的关键任务。因此，产业迈向中高端需要通过创新驱动来实现。

（2）在协调发展中迈向中高端

区域协调发展、城乡协调发展、经济与社会同步协调发展、"新四化"同步协调发展、人与自然的和谐共生、硬实力和软实力协调发展是决胜全面建成小康社会的必然要求。

社会再生产环环相扣，国民经济各行业互为支撑，各地区发展相互影响。要实现持续发展，就必须平衡好社会再生产各环节、各行业和各地区的关系。推动中国产业迈向中高端，在新的发展基础上推动形成新的结构平衡关系。要打破要素流动壁垒，建立全国统一大市场，合理化中央地方权责关系，提高产业发展的专业化水平，使各地的产业链更加紧密地耦合在一起。

（3）在绿色发展中迈向中高端

中国工业在快速发展的同时，出现了阶段性的重化工业产能、产出严重过剩、资源对外依存度不断提高和环境负荷沉重等问题，粗放型发展方式使中国能源、资源不堪重负，而且造成大范围水体污染、雾霾、土壤重金属超标等严重的环境问题。资源环境承载力已经逼近极限，高消耗、高投入、高污染的传统发展方式已不可持续。种种情况表明：决胜全面建成小康社会，最大的制约瓶颈是资源环境，最大的“心头之患”也是资源环境①。

绿色作为“五大发展理念”之一，是新时代坚持和发展中国特色社会主义的基本方略中新发展理念的重要组成部分。推进绿色发展，加快建立绿色生产和消费的法律制度和政策导向，建立健全绿色低碳循环发展的经济体系，是加快生态文明体制改革、建设美丽中国的必然要求。《中国制造2025》指出：要把加快构建高效、清洁、低碳、循环的绿色制造体系放在更加突出的位置，按照全生命周期的理念，革新传统设计、制造技术和生产方式，全面推行绿色制造。绿色发展必然要求产业迈向的中高端是绿色的中高端，即从绿色化程度的中低端迈向中高端。

（4）在开放发展中迈向中高端

一国在分工体系中所处的位置，不仅影响该国进出口贸易的增长，还影响该国的国民福利。如果一国处在价值链分工体系的中高端，就能以较少的资源投入获得更多的收益，从而为改进国民福利和保护生态创造更好的基础条件。反之，如果一国处在价值链分工体系的低端，即便这个国家依靠廉价的资源获得了较高的全球贸易份额和较快的贸易增长速度，人民福利的改进也不会太多。

推动中国产业迈上中高端，必须把中国在全球价值链分工体系的地位从低技术、低附加值的环节提升到中高技术和中高附加值的环节，从“微笑曲线”底部向“微笑曲线”两端提升。在开放发展中迈向中高端，实现中高端的开放水平，必然要求中国在全球分工体系中攀升到价值链的中高

---

① 深入学习贯彻习近平同志系列重要讲话精神，坚持绿色发展——“五大发展理念”解读之三［EB/OL］. http：//theory. people. com. cn/n1/2015/1222/c40531 – 27958738. html.

端位置。

（5）在共享发展中迈向中高端

共享发展是社会主义国家经济社会发展的本质要求。人人共建、人人共享，是经济社会发展的理想状态。共享发展坚持以人为本、以民为本，突出人民至上，致力于解决发展中的共享性不够、受益不平衡问题。

推动经济迈向中高端水平，不是指产业的发展仅仅去满足少数收入水平处于金字塔顶部的社会阶层成员的需要，而是发展成果必须让全体人民共享。

三、从“富起来”到“强起来”的中国产业迈向中高端过程中的误区

对于如何迈向中高端，应当避免以下误区：

（一）误区一：没有认识到产业迈向中高端是新时代所特有的必然要求

产业迈向中高端并不是简单的放弃低端产业，发展战略性新兴产业、高技术产业等高端产业。近年来，由于传统产业增长乏力，发展动能减弱，推动产业迈向中高端水平、培育壮大新动能、加快新旧动能转换接续，成为各地应对经济增速下行的主要举措。部分群体片面地认为产业迈向中高端就是发展高技术产业、战略性新兴产业等高端产业，而把传统产业视为夕阳产业、低端领域和落后部门，认为其增长空间和发展潜力不大。

新兴产业和传统产业是相对而言的，没有永恒的新兴产业，也没有绝对的传统产业。在一个国家或地区被称为新兴产业，在别的国家或地区可能是传统产业。而且，从世界经济发展来看，在任何一个国家，传统产业都居于主导地位，对保持经济稳定运行具有不可替代的支撑作用。新兴产业增长再快，占经济总量的比例都不会太高。

中国仍然属于发展中国家，国民生活和消费水平仍然相对较低，对衣、食、用、住、行等传统产业的消费需求仍有很大的提升空间，如果能

够用互联网技术、新能源技术、新材料技术对其进行改造升级，传统产业依然可以大有作为，“老树”照样能够发“新芽”。“各类产业都有产业链低端和高端环节，从低端向高端产业链提升，各类产业都有发展空间”①。

（二）误区二：片面认为推动产业迈向中高端，就是放弃加工制造、向“微笑曲线”两端延伸

在“微笑曲线”中，处于中间底部的加工制造环节附加值低，两端附加值高。因此，很多人简单地认为，推动产业迈向中高端，就是向“微笑曲线”两端延伸。但对于中国这样一个工业化、城镇化还没有完成，区域发展不平衡的人口大国来说，仅仅推动产业向价值链两端延伸是远远不够的，原因有以下几个方面。

第一，制造业是实体经济的核心。在产业链各环节，位于中段的加工制造环节是实体经济的核心部分，起到“连接两头”的作用，前端研发设计和后端营销及品牌建设属于服务业领域，其服务的对象主要是制造业。

第二，制造业是创新的主战场。“虽然在价值链上，制造和研发看起来像‘微笑曲线’的两端，但是在创新链上，制造和研发很多时候相辅相成，在某些产业，两者更是密不可分，制造本身就是创新过程不可或缺的组成部分。”②“制造能力的缺失往往会使得产业创新出现断层，使创新成为‘无源之水’。”③ 如果离开制造业去搞创新，创新就会沦为只有纯粹的业态创新和商业模式创新。

因此，产业迈向中高端，不仅要“两端延伸”，还要推进“中部抬起”，对“微笑曲线”加以改造（见图2），即守住制造环节，并使微笑曲线底部抬高，把简单重复、技术含量低的低端制造提升为高端制造（智能制造、绿色制造等）。

---

① 金碚．中国制造 2025［M］．北京：中信出版社，2015.

② ［美］加里·皮撒诺，威利·史．制造繁荣［M］．北京：机械工业出版社，2014.

③ ［美］加里·皮撒诺，威利·史．制造繁荣［M］．北京：机械工业出版社，2014.

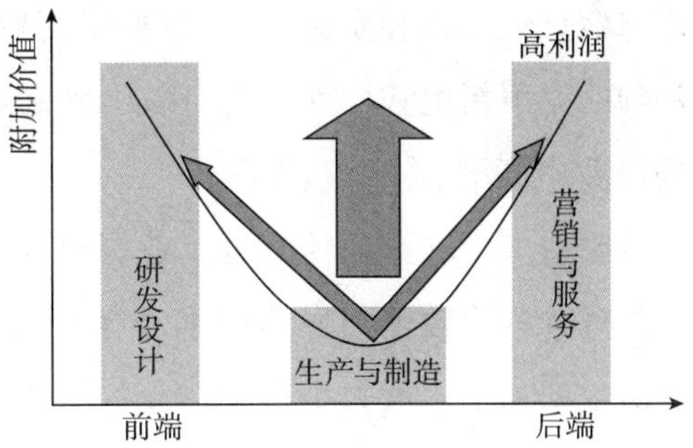

图 2　改变后的微笑曲线

资料来源：笔者根据相关资料自行绘制。

四、从"富起来"到"强起来"的中国产业迈向中高端的路径和对策

（一）产业迈向中高端的路径

1. 大力发展精致制造、智能制造和绿色制造，提升制造技术工艺水平

制造业智能化、精致化、绿色化、服务化是大势所趋，推动产业迈向中高端，必须大力发展智能制造、精致制造和绿色制造①。

一是积极发展精致制造。与普通的、大众化的工业制造品仅仅具有产品的使用功能不同，精致制造的产品不仅具有使用功能，而且制作精细，还具有文化内涵和美学价值。中国的工业品仍然以"傻大粗"特点居多，技术含量低、附加值不高，这是制约中国产业迈向中高端的主要瓶颈。要按照精益求精的要求，提高中国制造业的精致制造能力和加工精细度，增加精品、良品比例。

二是发展智能制造。智能制造是"中国制造 2025"的主攻方向，也是产业迈向中高端的必然选择。中国拥有吸收新技术的巨大市场，以及为新技术产业化配套的产业体系。如果能够充分利用信息技术带来的赶超机

① 齐小平．产业迈向中高端不等于放弃加工制造业［N］．中国财经报，2017－05－04.

遇，通过加快工业化与信息化融合和实施“互联网＋”战略，培育以科技创新和人力资本为基础的竞争新优势，就可能打破中国制造业长期“低端锁定”的格局，迈向产业中高端。

三是全面推进绿色制造。中国产业特别是工业绿色发展机制尚未有效建立，主要行业的能源资源利用效率与发达国家仍有差距。要围绕提高资源利用效率和提升清洁生产水平，大力推进制造业的绿色化改造和全产业的绿色发展。

2. 提高品质和创建品牌

促进中国大多数制造企业走出“两重、两轻、两低”① 的恶性循环，质量和品牌是产业迈向中高端的重要标志。

一是提高品质。强化质量标准管理，根据资源环境变化和消费升级要求，实施更加严格的质量、环保、安全、能耗等标准。建立政府主导制定的标准与市场自主制定的标准协同发展、协调配套的新型标准体系，更好地发挥标准在产业迈向中高端的引领作用。

二是创建品牌。品牌是企业参与市场竞争的价值源泉。在世界品牌实验室发布的2015年世界品牌500强榜单上，美国占据228席，中国只有31个品牌入选。推动产业迈向中高端，要加强品牌建设，实施品牌战略，进一步提升“中国制造”的附加值和竞争力，以品牌建设助力中国产业向中高端迈进。

3. 建设高水平世界制造中心、世界科技创新中心和世界营销中心

如前所言，推动产业迈向中高端，不仅要向微笑曲线“两端延伸”，还要“中部抬起”。为此，要着力建设“三个中心”②：

一是高水平世界制造中心。中国世界工厂的地位是经过数十年的努力才形成的，要牢牢保住，因为中国的工业化进程尚未完成，特别是中西部地区工业化的任务仍然艰巨。

---

① 两重两轻两低：重生产制造、轻产品设计；重价格竞争、轻品牌建设；低价格、低附加值。

② 黄汉权．打造“三心四链”，助力产业迈向中高端［N］．经济日报（理论版），2016－11－26.

二是世界科技创新中心。创新是产业迈向中高端的第一驱动力、五大发展理念之首。创新推动发展已成为国家重要战略，要牢牢把握世界新一轮科技革命和产业变革重大突破的历史机遇，激发各方面的创新积极性。建设创新强国，实现“中国制造”向“中国创造”的跨越。

三是世界营销网络中心。在全球市场需求萎缩和国际贸易低迷的背景下，市场成为竞争最激烈的资源。发掘中国市场空间潜力巨大的优势，建设若干全球商品消费中心、营销总部和一批国际化消费城市，建设世界营销网络中心，实现从销售“中国产品”向“中国品牌”的转换。

（二）产业迈向中高端的对策

推进产业迈向中高端，是每一个工业化国家的追求，但并不能轻易做到。推进产业迈向中高端，除了自身必须具备必要的条件，还需要付出巨大的努力。

1. 着力提高产业技术创新能力

一是加强产业技术研发平台建设。围绕世界科学前沿和中国战略需求，依托科研院所、高校和企业，建设一批具有国际先进水平的科研基地。积极参与国际科技合作，吸引外资机构在中国设立技术研发机构。

二是努力攻克一批关系发展全局的战略前沿技术。就目前而言，中国战略前沿技术主要包括4类：新一代信息通信、新材料、新能源、生物医药、航空航天、智能制造等国际科技前沿领域的核心技术；与保障国家安全相关的深海、深地、深空和信息安全领域的战略性高技术；破解城镇化、环境治理、生命健康、公共服务及可持续发展瓶颈制约的系统性技术；量子通信、类脑机器人、纳米等领域的重大技术。

三是培育一批竞争力强的创新型领军企业。企业创新能力是国家竞争力的重要体现。要完善技术创新的市场导向机制，确立企业在创新中的主体地位和主导作用，并推动产业政策转型，从支持国有大企业转向支持中小企业，从支持具体产业扩大生产能力转向支持研发和市场培育。

四是营造良好的创新生态。良好的创新生态是创新的基础。要大力营造有利于知识产权创造和保护的法治环境，崇尚创新创业的文化环境。破除体制机制障碍，改革科研管理体制，构建有利于创新资源高效配置和创新潜能充分释放的体制环境。

2. 加快建设与产业迈向中高端相匹配的人才梯队

要针对中国产业转型升级、迈向中高端急缺的经营管理人才、创新型人才和高技能人才，完善激励机制，加大人才的培养和引进力度。

一是具有国际视野和拼搏精神的企业家。以提高企业竞争力和现代经营管理水平为核心，加强企业经营管理人才培训，培养造就一批优秀企业家和高水平经营管理人才。

二是具有探索精神的创新型人才。以急需紧缺的创新型人才为重点，加大政策支持力度，营造更加宽松的创新环境，造就一批达到世界水平的科学家、科技领军人才和创新团队。实施更加积极的创新人才引进政策，围绕重点学科领域和创新方向，吸引集聚全球优秀人才。

三是从事先进制造的工程师和产业工人。产业迈向中高端，需要培养大批具有现代先进工业文化内涵和素养的建设者。要强化职业教育和技能培训，打造一支拥有工匠精神、技艺精湛的工程师队伍和技能型产业工人。

3. 加强产权保护、诚信等软环境建设

一是加大财产权和知识产权保护力度。通过立法赋予私有财产权合法身份和平等地位，建立针对民间和中小企业投资的法律援助和司法救济制度，切实保护民间和中小企业投资及其收益，确保各类市场主体同等受到法律保护。加大知识产权保护力度，提高侵权案件处理效率，真正做到违法必究，在全社会牢固树立知识产权保护意识。

二是营造公平竞争的市场环境。按照权利平等、机会平等、规则平等的要求，一视同仁地对待各经济主体，保证各经济主体能够依法平等使用生产要素、公开公平参与市场竞争。

三是强化企业诚信体系建设。健全企业信用信息的征集披露，营造良好的投资环境和诚实守信的经营氛围。积极鼓励和支持企业加强信用管理，促进企业间开展公正竞争，全面建立守信激励和失信惩戒制度。

4. 深度融入全球产业分工体系

全球市场已经形成了一个整体，中国已经从融入全球化到逐步引导全球化。推动产业迈向中高端，要继续利用好国际国内两个市场、两种资源。

一是高水平“引进来”。稳步开展自贸区试点，加快自贸港建设，进一步提升贸易投资便利化和金融国际化水平。深化外商投资管理体制改革，完善产业对外开放相关法律、制度和政策等软环境，打造更有国际竞争力的投资营商环境。坚持引资、引技、引智并举，更好地发挥外资企业对推动中国产业迈向中高端的重要作用。

二是全方位“走出去”。以“一带一路”为重点，推进产业国际合作。建立全球化生产体系，实现产业链的全球范围内配置，培育一批有影响力的跨国企业集团。支持国内企业赴海外投资并购和参股高端制造企业、创新型企业和研发机构，建立海外研发中心，布局全球创新网络。

参考文献

[1]刘应杰．把加快发展新经济作为重大战略举措[J]．中国发展观察，2016(22):38-40.

[2]刘志彪．在中高速增长中使产业发展迈向中高端水平[N]．新华日报，2015-11-13.

[3]刘志彪．重构国家价值链:转变中国制造业发展方式的思考[J]．世界经济与政治论坛，2011(4):1-14.

[4]刘志彪．从全球价值链转向全球创新链:新常态下中国产业发展新动力[J]．学术月刊，2015(2):5-14.

[5]国家发展和改革委员会产业经济与技术经济研究所．中国产业发展报告(2017)[M]．北京:经济科学出版社，2017.

[6][美]加里·皮萨诺，威利·史．制造繁荣[M]．北京:机械工业出版社，2014.

[7]周鹏．产业如何迈向中高端水平[J]．理论视野，2015(3):27-30.

[8]洪银兴. 产业化创新及其驱动产业结构转向中高端的机制研究[J]. 经济理论与经济管理,2015,V35(11):5－14.

[9]新华社. 李克强:推动产业结构迈向中高端[J]. 机械工业标准化与质量,2015(4):4－4.

[10]李伟. 运用新的发展理念推动中国经济迈向中高端水平[J]. 中国发展观察,2016(3):5－8.

[11]金碚. 中国制造2025[M]. 北京:中信出版社,2015.

[12]黄汉权. 打造"三心四链"助力产业迈向中高端[J]. 宏观经济管理,2016(12):23－25.

[13]付保宗,张鹏逸. 中国产业迈向中高端阶段的技术创新特征与政策建议[J]. 经济纵横,2016(12):77－86.

[14]李晓华. 国际产业分工格局与中国分工地位发展趋势[J]. 国际经贸探索,2015(6):4－17.

[15]李晓华,严欢."中国制造"正在丧失劳动成本优势吗[J]. 工业经济论坛,2015,2(1):13－22.

[16]王薇,任保平. 数量型经济增长与质量型经济增长的比较及转型路径[J]. 人文杂志,2014(4):24－30.

[17]Clark,C. *The Conditions of Economic Progress*[M]. Macmillan, 1951.

[18]Kraemer,K. L. ,Linden,G. ,Dedrick,J. Capturing Value in Global Networks:Apple's iPad and iPhone[J]. University of California,Irvine,University of California, Berkeley, Y Syracuse University, NY. http://pcic. merge. uci. edu/papers/2011/value_ipad_iphone. pdf. Consultadoel,2011,15.

[19]Organization, U. N. I. D. International Yearbook of Industrial Statistics 2013[J]. *Books*,2013, 42(4):404－405.

[20]Greenste in, S. ,Khanna, T. What Does Industry Convergence Mean?[J]. *Competing in An Age of Digital Convergence*, 1997,2010226.

[21]Xu,C. , Zhang,X. The Evolution of Chinese Entrepreneurial Firms: Township－village Enterprises Revisited[J]. *Ifpri Discussion Papers*, 2009:1－33.

中国特色的跨越“中等收入陷阱”研究

马小勇　刘肖楠

摘　要：“中等收入陷阱”是世界范围内普遍存在的经济现象。本文从“中等收入陷阱”的基本定义出发，描述了“中等收入陷阱”在世界范围内存在的相关历史事实，从经济、社会等角度分析了其发生的机理；在此基础上，以对经济增速放缓及其风险的分析为基础，讨论了我国落入“中等收入陷阱”的可能性。最后，结合实际提出了我国跨越“中等收入陷阱”、建设社会主义现代化强国的政策建议。

关键词：中等收入陷阱；中国特色社会主义；经济增长

作者简介：马小勇，西北大学副教授；刘肖楠，西北大学2016级硕士研究生。

一、“中等收入陷阱”的相关历史事实

在世界经济发展的历程中，存在这样一种并非个例的经济现象：某一经济体从低收入水平向中等收入水平进步时，其发展速度一般是较为迅速的。当整体经济水平达到中等之后，因为各种各样的经济矛盾难以协调，经济增长停滞不前，无法以原有的增长机制步入高收入国家行列。基于这种现象的普遍存在，世界银行于2006年第一次提出了“中等收入陷阱”的概念，为这种经济现象提供了较为系统的定义：“鲜有中等收入的经济体成功地跻身

高收入国家，这些国家往往陷入了经济增长的停滞期，既无法在工资方面与低收入国家竞争，又无法在尖端技术研制方面与富裕国家竞争。”①

世界银行（2012）对不同收入阶段的国家根据人均 GNI 的大小进行了具体的区间界定：人均 GNI 在 1005 美元以下为低收入国家，1005 ~ 12276 美元为中等收入国家，12276 美元以上为高收入国家。中等收入国家又以 3975 美元为界划分为下中等收入国家与上中等收入国家。

按照上述国家分类标准，考察 1991—2011 年这 20 年间 192 个国家或者地区的收入变化，可以发现：1991 年的 39 个高收入国家，在 2011 年仍然全都是高收入国家；1991 年的 54 个低收入国家中，到 2011 年时，有 1 个进入了高收入国家行列，有 21 个成为中等收入国家，其余的 32 个国家继续处于低收入阶段；1991 年的 99 个中等收入国家中，到 2011 年时，有 19 个国家成为高收入国家，3 个降为了低收入国家，其余 77 个国家仍然处于中等收入阶段。也就是说，1991—2011 年的 20 年间，有 40% 的低收入国家成功地进入了更高的收入阶段，但只有 20% 不到的中等收入国家成为高收入国家②。

表 1　不同国家（地区）人均 GDP 不同阶段的比较　　单位：年

国家/地区	人均 GDP 超过 1000 美元的年份	人均 GDP 超过 3800 美元的年份	人均 GDP 超过 12000 美元的年份
美国	1942	1966	1980
英国	1954	1975	1987
日本	1966	1973	1986
新加坡	1971	1979	1990
中国香港	1971	1978	1989
韩国	1977	1988	1996
中国台湾	1976	1986	1996
阿根廷	1961	1990	—

① Indermit Gill, Yukon Huang & Homi Kharas *EAST ASIAN VISIONS*: *Perspectives on Economic Development* [M]. Washington DC.: The World Bank, 2006.

② 姚枝仲. 什么是真正的中等收入陷阱？[J]. 国际经济评论，2014（6）：75 – 88.

续表

国家/地区	人均 GDP 超过 1000 美元的年份	人均 GDP 超过 3800 美元的年份	人均 GDP 超过 12000 美元的年份
巴西	1975	1995	—
墨西哥	1974	1992	—

资料来源：根据《国际经济和社会统计资料》(1950—1982)、《国际统计年鉴》(1995—2011) 整理。

大多数拉美国家在20世纪60年代末至70年代初步入中等收入国家行列，但在时隔40年后的今天仍在原地徘徊，成为“中等收入陷阱”的典型。20世纪30年代，拉美国家普遍实行“进口替代”的发展战略，受自身技术水平与劳动力素质的限制，进口替代并没有使拉美国家把工业发展起来，而且以牺牲农业来发展工业，造成了严重的通货膨胀与经济衰退。到80年代中后期，拉美国家为了顺应贸易自由化的浪潮，盲目地开放了国内市场，大幅降低进口关税，平均进口关税从改革前的30%~50%降至90年代中期的12%左右。[①] 外国产品的大量涌入，使拉美国家自身的比较优势丧失。两次战略转型的失误使得拉美国家经济增长乏力，造成拉美经济长期徘徊在中等收入阶段。另外，拉美国家片面追求经济增长与财富扩张，反对在社会结构、价值观念和权力分配等领域进行变革。这导致拉美国家的工业化、现代化进程始终伴随着社会财富占有的不断集中，进而导致政治权力的集中和中产阶级的流失。[②]

东亚地区部分国家（地区）因其保持了经济的持续增长而成功跻身高收入国家行列，成为跨越“中等收入陷阱”的典范。韩国从20世纪60年代开始大力发展出口导向型经济，并在政府和社会各界的大力支持下，逐步拥有了世界范围内知名的自主品牌产品。从80年代开始，韩国将经济发展的重点放在产业转型上，将资本和技术密集产业作为发展的重点，同时着力于对外开放，实现全面的工业化和现代化，最终在近20年中实现了从

① 吴志华．拉美经济改革的失误的教训［J］．拉丁美洲研究，2004（2）．
② 张飞，全毅．避免“中等收入陷阱”的国际比较［J］．亚太经济，2012（1）：89－93．

中等收入国家到高收入国家的跨越，造就了所谓的“汉江奇迹”。新加坡则着眼于对人力资本的大量投资，每年的教育经费预算占到整体国家预算的10%甚至30%以上，充分发挥科技与教育在经济发展中的作用，最终使得国民经济水平再上一个台阶，成为名副其实的“亚洲四小龙”之一。

二、“中等收入陷阱”发生的一般机理

基于中等收入陷阱的相关事实，学术界从经济、社会、政治等角度对“中等收入陷阱”的发生机理进行了理论探索。目前，对于“中等收入陷阱”的发生机理，学术界主要有比较优势真空论、发展模式缺陷论、社会建设滞后论、政治转型失败论等解释。

（一）比较优势真空论

比较优势真空论的基础是大卫·李嘉图的比较优势理论。比较优势理论认为每个国家只需要集中生产那些相对利益较大或不利较小的产品，在国际分工的基础上通过国际贸易的交换，各国的所得都将增加。要素禀赋理论又进一步解释了其中的逻辑：一国的比较优势产品是需要在生产上密集使用该国相对充裕而便宜的生产要素生产的产品；不具有比较优势的产品是需要在生产上密集使用该国相对稀缺而昂贵的生产要素生产的产品。一国应该出口其具有比较优势的产品，进口其不具有比较优势的产品。劳动力丰富的国家就应该出口劳动密集型商品，而进口资本密集型商品；相反，资本丰富的国家出口资本密集型商品，进口劳动密集型商品。

中等收入国家因为与高等收入国家相比不具有资本和技术的优势，与低收入国家相比又不具有初级产品的数量和价格的优势，由此导致其在资本密集和技术密集型产业上不具有竞争力，在劳动力和初级产品市场上同样没有吸引力，处于一个“高不成，低不就”的发展困境，陷入“中等收入陷阱”之中。蔡昉（2011）对此作了系统的理论阐释：处于经济发展较高阶段的国家因其处于科技创新前沿而在资本和技术密集型产业上具有比较优势，从而在全球化中显著获益；而处于经济发展较低阶段的国家因其

劳动力丰富且成本低廉，因而在劳动密集型产业上具有比较优势，同样是全球化的获益者。而处在中等收入阶段的国家，因其两类比较优势皆不突出，因而从全球化中获益相对少，经济发展缓慢。①

这一理论解释从国际竞争比较优势的角度分析了中等收入国家全球化经济发展中的尴尬处境，指出了其难以摆脱缓慢的经济增长原因，是对"中等收入陷阱"发生机理的基础性解释。

（二）发展模式缺陷论

发展模式缺陷论认为中等收入国家突破低收入陷阱时成功的模式往往具有与生俱来的缺陷，这些缺陷会导致发展中国家陷入"中等收入陷阱"。也就是说，在经济从中等收入跨越至高等收入阶段时，以往的发展模式不再适用于已经提高的经济水平的需要，甚至会给经济增长带来负面影响。

中等收入国家在摆脱低收入群体过程中采取的发展模式可能会对后续的经济发展产生"锁定"效果（吴敬琏，2008）。例如，一个国家要实现早期经济的高速增长，通常需要不断地提高储蓄率和积累资本，但在经济进入中等收入阶段增速随之减缓后，过分依赖资本积累的危害就显现出来：首先，在于通过资本投入寻求经济发展的模式本身存在资本边际报酬递减的问题，这就造成在投资率不断上升的同时其回报率可能会逐渐下降，造成经济增速放缓。其次，资本规模不断扩大的过程中，资本所有者在分配中所占的比重持续上升，在国民收入中要求更多的分配份额，这必然使得普通劳动者的收入下降，造成社会收入差距过大，加剧社会矛盾。最后，由于广大劳动者占了国民数量的大多数，其收入水平的下降造成国民整体消费水平不能实现与经济发展的同步提高，导致内需不足，引发经济危机。在这种情况下，经济难以持续高速增长，往往陷入"中等收入陷阱"之中。②

---

① 蔡昉．"中等收入陷阱"的理论、经验与针对性［J］．经济学动态，2011（12）：4－9.

② 吴敬琏．中国经济转型的困难与出路［J］．中国改革，2008（2）：8－13.

（三）社会建设滞后论

社会建设滞后论认为，中等收入国家在长期的经济发展中，将关注点更多地放在实现增长速度和经济建设上，对于相配套的社会建设没有给予足够的重视，没有建立起支撑经济有序持续发展的税收、财政、社会保障等再分配制度，制度上的漏洞使得社会问题无法有效、及时地解决，从而拖慢了经济增长的步伐。

社会建设滞后将带来一系列问题：由于收入分配制度不公导致了收入和消费的脱节，影响到经济增长速度，社会福利制度不健全与过分关注经济建设导致了国家陷入“贫困性增长”的恶性循环，最终使国家陷入“中等收入陷阱”（郑秉文，2011）。[①] 在经济的持续增长阶段，社会建设无法跟上发展的步伐和随之而来的社会问题，将会伤害经济激励和社会稳定，从而产生一系列阻力，阻碍经济增长，使得人均收入不能持续提高（蔡昉，2008）。[②]

受“华盛顿方案”的影响，20 世纪 70 年代，巴西、阿根廷、墨西哥等国家推行极端自由主义的经济思想，对社会建设问题不加重视，最终由于社会动荡、分配不公等问题严重影响了经济的持续发展，这些国家的经验在很大程度上说明了社会建设的滞后将会导致发展中国家步入“中等收入陷阱”。

（四）政府治理转型失败论

政府治理转型失败论认为，在经济发展到一定水平后，政府治理转型失败会影响经济的持续发展。许多中等收入国家最初的经济发展都在其威权政府的领导下完成，在经济不断增长而进入中等收入阶段后，中产阶级的数量得到一定的增长，对于国民的话语权和民主政治的诉求变得日益强

---

① 郑秉文．“中等收入陷阱”与中国发展道路——基于国际经验教训的视角［J］．中国人口科学，2011（1）．

② 蔡昉．中国经济如何跨越“低中等收入陷阱”？［J］．中国社会科学院研究生院学报，2008（1）：13－18．

烈。这个时期对于一个国家而言就是进行改革的深水区和关键时期，不仅要不断地完善自身体制适应民众的政治需求，也要建立起独立的法律体系和透明的政府机制，实现成功的政府治理转型。而很多中等收入国家正是因为在政府治理上没有随着经济的发展作出相应的改革和调整，过时的政府治理水平没有能够服务于日渐进步的经济水平而陷入了“中等收入陷阱”（胡鞍钢，2011）。[①] 例如，19 世纪 30 年代以来，泰国、埃及等国家就深陷于频繁的政变之中，至今仍没有实现政治稳定，给经济的持续增长带来了很大的不确定性，使其深陷“中等收入陷阱”。

总结以上分析，发展中国家陷入“中等收入陷阱”，既有经济本身的原因，又有社会建设和政府治理方面的原因。跨越“中等收入”陷阱，需要结合各国实际的经济资源和社会文化传统，进行适合本国国情的综合的经济社会体制改革，这样才能实现经济发展由“富”到“强”的转变，实现经济的现代化。

三、中国落入“中等收入陷阱”的可能性分析

在当前中国经济增长速度趋缓的背景下，中国陷入“中等收入陷阱”的可能性增加。目前经济增长速度减缓的基本原因在于原有经济增长动能的逐渐消退，新的经济动能尚未形成。这种增速持续减缓的状态如果不能及时得到改善，就会引发诸多经济社会风险，使中国落入“中等收入陷阱”之中。

（一）中国实现长期经济高速发展的原因

改革开放以来，中国经济已经保持了 30 多年的超高速增长。按照林毅夫在《中国的奇迹》的新版序言中所提供的数字，1978—2013 年，中国经济已经实现超过 9.8% 的年平均增速，中国的 GDP 总量达到了 8.3 万亿美

① 胡鞍钢．“中等收入陷阱”逼近中国？[J]．发展，2011（6）：19－20.

元，人均 GDP 也达到 6800 美元。[①] 2010 年，中国以 58786 亿美元的 GDP 总量超越日本成为世界第二大经济体，人均 GDP 超过 4000 美元，根据世界银行对收入的划分标准，我国已经进入了上中等收入国家行列[②]。

中国实现长期高速经济增长的基本原因是市场化改革，以及在此基础上形成的持续资本积累、劳动力红利和开放红利。首先，市场化改革是中国经济高速增长的基础。中国市场化改革的主要内容是产权明晰和资源配置市场化。产权明晰强化了对经济主体的激励，增强了经济主体根据市场信息自主配置资源的权力；而资源配置的市场化使资源合理流动，实现了配置效率的提高。以市场化为方向的经济体制改革为中国长期经济增长提供了强大动力。其次，高投资驱动中国经济的高速增长。从固定资产的投资增速看，1992—2015 年，中国的固定资产投资增速年均达到了 22.2%，远高于同时期发达国家的水平。在世界平均投资率 20% 左右的背景下，中国近年来的投资率基本维持在 40% 以上[③]。再次，丰富廉价的劳动力资源支持了中国经济的高速增长。1982—2010 年，中国的适龄劳动人口比重从 61.5% 上升至 73%，总抚养比从 62.6% 下降至 34.2%，这一时期是中国的"人口红利期"。充足的劳动力供给能够延缓资本报酬递减，从而维持经济高速增长，同时，较低的社会抚养比能够提高储蓄率，进而有利于资本的形成。[④] 最后，开放红利推动了中国经济的高速增长。1980 年以来，中国始终把对外贸易发展作为拉动和支持经济增长的关键因素之一。中国政府不仅主动减少国际贸易的政府垄断和控制，降低贸易壁垒，而且积极谋求加入世界贸易组织，而这些政策都极大地促进了中国国际贸易的快速发展，使中国在世界贸易总额中的比重逐年增加。

---

① 林毅夫，蔡昉，李周. 中国的奇迹：发展战略与经济改革（增订版）[M]. 上海：格致出版社，1994/2014.

② 国际货币基金组织（IMF）按购买力评价（PPP）估算，2014 年美国经济规模是 17.4 万亿美元，而中国的经济规模则是 17.6 万亿美元，实际上已经成为世界第一大经济体。参见［英］贾尔斯·克里斯. IMF：中国已成世界最大经济体 [EB/OL]. FT 中文网，2014-10-08.

③ 张薛梅. 我国经济下行趋势分析与破解路径 [J]. 商业时代，2014（33）：35-38.

④ 郭晗，任保平. 人口红利变化与中国经济发展方式转变 [J]. 当代财经，2014（3）：5-13.

（二）新常态下中国经济增速放缓的原因分析

2012 年以来，中国经历了长期的经济高速增长之后，进入了一个经济增长相对放缓的中高速增长阶段。在经历了近 10 年 GDP 平均增速 10% 的高速增长后，2008 年，受到全球范围内经济危机的影响，我国 GDP 增速出现了 5 年来的首次下跌，当年以 9.6% 收尾。随后，在经历了 2010 年的短暂上涨后，2011 年至今，我国 GDP 增速进入一个不断下降的时期，平均增速不足 8%，2016 年年均 GDP 增速更是跌至 6.9%。这种增速放缓的基本原因是原有经济增长模式的动能已经在逐步衰减。

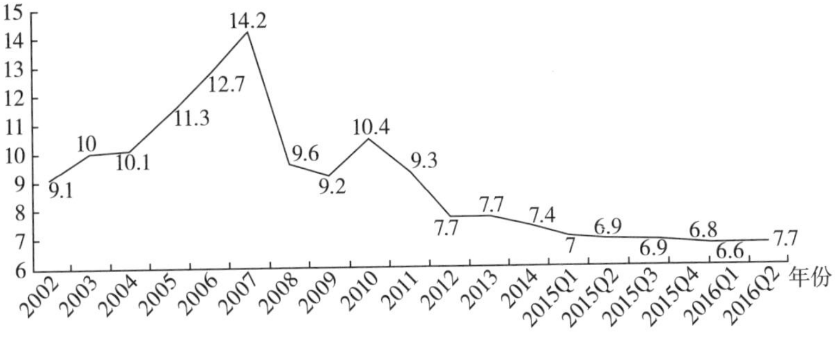

图 1 我国宏观经济增长速度

注：图中 2015 年、2016 年的数据以季度为单位。

数据来源：国家统计局网站。

1. 改革进入深水区

2012 年 12 月，习近平总书记在广东之行中首先提出了“我国改革进入攻坚期和深水区”的重要判断。我国前期的市场化改革基本上采取渐进式改革的思路，基本遵循了帕累托改进的原则。但是，正是在这种渐进式改革的过程中，形成了一些既得利益群体，进一步的市场化改革必然涉及深层的利益关系的调整，要打破“利益固化的藩篱”，其复杂性和挑战性空前增加①。并且，在中国特色社会主义的新时代，我国面临新的发展需求和新的挑战，面临新时代主要矛盾的转变，改革的方向也要随之发生一

① 张宇. 中国渐进式改革的特征与经验［J］. 教学与研究，1998（7）：5 – 12.

定的调整。新时代要进行的改革已经不仅仅是追求经济增长速度和经济总量的一系列改革，而应该更多地着眼于解决发展不平衡不充分的问题。如果前期各项改革尚有历史模式可以借鉴，则新时代的全面深化改革更加强调开创性与探索性，这使得难度与深度不断增加。

2. 人口红利优势不再

在中国经济高速发展的 30 多年间，人口红利是重要的推动力，但这一推动力正在逐渐减弱，人口增长率的下降和劳动成本的上升使得中国已经不再处于“人口红利期”。

一方面，中国的劳动力规模已经开始下降。人口红利意味着适龄劳动人口在总人口中的比重较大，中国经济能够通过较高的储蓄率和相对较低的抚养比完成最初的资本积累，为经济持续发展打下了基础。我国15 ~59 岁劳动年龄人口在 2011 年的时候达到峰值 9. 25 亿人，但从 2012 年开始，我国的劳动年龄人口首次出现绝对下降，比上年减少了 345 万人。之后，2013 年减少了 244 万人，2014 年减少了 371 万人，2015 年减少了 487 万人[①]。中国已经告别了劳动力无限供给的时代，正面对“刘易斯拐点”，中国经济即将进入一个因为劳动力短缺而导致的经济结构“被调整”阶段（蔡昉，2010）。[②]

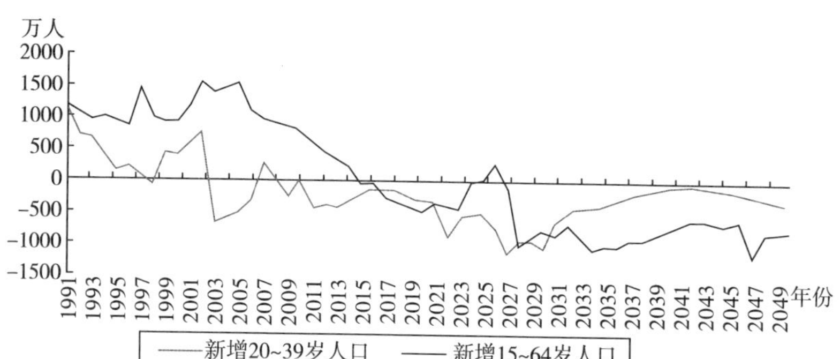

图 2　我国新增人口

资料来源：CEIC。

① 米丰. 我国劳动年龄人口首次下降［J］. 中国青年研究，2013（5）.

② 蔡昉，都阳. 工资增长、工资趋同与刘易斯转折点［J］. 经济学动态，2011（9）：9 - 16.

另一方面，我国的劳动力成本在逐步上升。目前推动我国参与国际分工并获得巨大优势的劳动力因素，正在面临从富余到短缺的转折，我国的劳动力供应正在逐步趋紧，人口红利也将在未来一段时间内转为人口负债。和那些在国际贸易中同我国形成较强竞争关系的发展中国家相比，我国的劳动力低成本优势正在慢慢地转化为劣势。目前我国劳动力的工资水平已经大体上是泰国的1.5倍，是越南的3倍，是印度的3~4倍[①]。目前，随着中国劳动力成本的变化，世界制造业面临再一次全球分工，我国制造业劳动力成本上涨的现实和长期趋势继续走高，必将影响发达国家在我国制造业方面的直接投资，甚至连我国的企业也会将劳动密集型产品的生产转移到劳动力成本更低的国家。

3. 技术进步速度减缓

技术进步的模式转变带来的经济增速放缓是我国经济发展过程中必然要面临的问题。在我国经济尚处于高速发展的追赶阶段时，我国自身的科研能力和创新水平与国际上走在前沿的发达国家还存在相当大的差距，因此我国可以通过模仿来实现技术水平的迅速提升。同时，伴随着工业化的扩张和大规模建设过程，我国也能实现技术效率的不断进步（中国经济增长前沿课题组，2014）。[②] 但是，在我国目前已经接近技术前沿的情况下，借鉴国外先进技术的可能性已经越来越小，更多地需要依靠自身努力进行自主创新和研发。华为总裁任正非在2016年全国科创大会上的发言中指出：“华为正在本行业逐步攻入无人区，处在无人领航、无既定规则、无人跟随的困境。”这是我国科技创新领域目前所面对境况的真实写照。但是，目前我国的知识产权制度保护不足，教育体系科研体制还比较落后，这些都限制着我国自主科研能力的提升。

4. 投资驱动模式难以维持

中国过去的高速增长在很大程度上得益于高投资的驱动。但是，2008

① 报告称中国工资水平上涨美国制造业加速回流［EB/OL］. http：//news. hexun. com，2013－09－25.

② 中国经济增长前沿课题组．中国结构转型过程中蕴含的风险：经济过快减速的隐忧［J］. 经济研究参考，2014（12）：11，17.

年以来，高投资驱动模式的负面后果逐步显现，高投资模式已经无法继续维持。首先，中国的高投资在带来高增长的同时，也带来了产能过剩、坏账过多、环境破坏和资源过度开采等问题，鼓励投资的低工资政策还进一步增加了政府的隐性债务，进而阻碍了社会保障体系的建设与完善，这些社会问题的存在会随着经济增长而变得更加严重（经济增长前沿课题组，2005）。① 其次，资本边际报酬递减的存在使得投资回报率不断下降。21 世纪前 10 年中国在基础设施领域的投资规模太大，随着投资回报率下降，未来 10 年政府在基础设施上的投资收益会大幅缩水，这样的发展模式是无法持续的（吴敬琏，2014）。② 最后，产业结构的转化也会提高投资率。中国过去的高投资是因为有有利于资本积累的产业结构，即较高的工业增长速度和工业主导的效率改善，投资潜力因此得以培育，当产业结构向服务业发生转移时，投资水平就会下降（中国经济增长前沿课题组，2014）。③

5. 全球化红利衰减

据海关统计，2015 年，我国货物贸易进出口总值为 24.69 万亿元人民币，比 2014 年下降了 7%。其中，出口 14.14 万亿元，下降 1.8%。我国在 2009 年成功超越德国成为世界第一出口大国，在我国的出口总量达到一定规模的前提下，要想继续通过提高出口量来加速经济发展变得十分困难。再加上国内人力资本成本不断上涨，自然资源的约束日渐加强，我国在出口方面已经无法维持原来的高速度。另外，目前世界经济还没有从金融危机的阴影中走出来。以美国为代表的发达国家经济发展受阻，基于本国的利益，纷纷采取贸易保护政策。据英国经济政策研究中心发布的《全球贸易预警》报告，2008—2016 年，美国对其他国家采取了 600 多项贸易保护措施，仅 2015 年就采取了 90 项，位居各国之首。④ 特朗普在竞选总

---

① 经济增长前沿课题组．高投资、宏观成本与经济增长的持续性［J］．经济研究，2005（10）：12－23.

② 吴敬琏．推进改革已成共识，须重建市场体制［J］．当代财经，2004（1）：5－7.

③ 中国经济增长前沿课题组．中国结构转型过程中蕴含的风险：经济过快减速的隐忧［J］．经济研究参考，2014(12)：11，17.

④ 鲁晓东，许罗丹．2016 全球贸易保护主义风头正劲［J］．人民论坛，2017（5）：128－130.

统时提出，要对中国和墨西哥分别征收45%和35%的关税，通过进口关税、反倾销、贸易谈判等措施促使就业机会回流美国。国际上普遍存在的贸易保护主义对中国的出口增长构成了显著约束。

（三）经济增长放缓可能引发的风险

1. 财政金融风险

如果我国经济增速持续减缓，最直接的表现在于社会内需不足、整体经济缺乏发展动力。在整体经济形势走低的情况下，企业无法达到与高速增长时期一样的盈利水平，却要承担日益提高的生产要素和人力资本成本，这将导致企业普遍出现亏损。企业亏损面扩大一方面将造成银行的坏账问题更加严重，另一方面也会使得政府税收收入下降、财政赤字问题显现、政府债务风险增大。

目前，我国本身存在杠杆系数过高的问题，已存在发生债务危机的潜在风险。2008年之后，为了防范经济增速过快放缓而导致危机的可能性，政府采取了财政、货币双宽松的政策，对经济进行刺激。过度宽松的政策所产生的后遗症正在逐步显现：政府主导的投资行为导致地方政府产生了大量的债务，出现偿付危机；投资冲动下的资金饥渴导致各种缺乏适当监管的创新性融资方式快速增长，大量风险在金融体系内滋生。在这种情况下，经济增速趋缓，企业亏损面扩大，政府收入减少，可能会引发财政金融危机。

2. 社会风险加剧

我国经济与社会已经适应了高速经济增长并形成“高增长依赖症”，即经济增长成为缓和各类社会矛盾和维护社会稳定的主要方式，很多社会问题在高速增长下可以得到缓解和掩盖，但一旦“蛋糕”变小，各种负面影响就会日渐凸显。经济增速放缓将带来就业市场的需求下降，失业人口增加；经济增速放缓使得政府财政收入减少，没有充足的资金投入社会建设与民生保障建设中，社会建设不足严重降低了居民尤其是中低收入水平群体的福利水平和对社会的满意度；在收入差距偏大的情况下，经济增速放缓可能会使低收入者的收入水平绝对下降，引发社会风险。总之，经济增速放缓的趋势将严重削弱社会的稳定性，带来多方面的社会风险。①

另外，我国进入中等收入阶段后，中产阶级的壮大使得这一群体的诉求开始多元化，相对于中低收入群体的基本生活需求，中产阶级要求更加宜居的生活环境、公平的竞争形势、公正的司法环境和更多的自由言论权利等，对政府的治理提出了更高的要求。这种诉求和政府基于长远和全局考虑的渐进改革策略之间的差距会造成潜在的社会风险。

经济增长速度的持续减缓及其所可能引发的经济社会风险，可能会导致中国经济落入“中等收入陷阱”之中，无法顺利地跻身高收入国家行列。从世界经济的历史经验来看，这种情况发生的可能性是存在的。

（四）我国未来经济增长的潜力分析

目前，我国经济进入新常态，正在从高速向中高速“换挡减速”。我们在正视这种增速放缓的趋势及其带来相关风险的同时，也应该看到我国在经济增长方面仍然拥有巨大的潜力。

1. 劳动力资源仍然丰富

从劳动力绝对数量来看，我国 16～59 岁人口数量在 2011 年达到峰值，然后逐年呈现下降趋势；老龄人口占总人口比重不断增加也是不争的事实。人口红利消失和老龄化问题日益严重导致经济增速下行是很多学者的共识，但是传统的劳动年龄人口的定义（15～59 岁之间劳动力绝对人数）没有考虑到人口素质尤其是受教育水平、预期寿命及健康水平等因素的影响。这些分析往往忽略了两个问题：第一，虽然劳动力占总人口的比重及劳动力绝对数量都在下降，但劳动力平均素质尤其是平均受教育水平却在不断提高。第二，人口老龄化这一因素须与人均发展水平、健康水平以及劳动力素质综合考虑。如果把这两个因素结合起来，则我们的人口红利还有可挖掘的潜力，老龄化问题也尚未对经济增长构成挑战。

---

① 陈彦斌，姚一旻．中国经济增速放缓的原因、挑战与对策［J］．中国人民大学学报，2012，26（5）：76－87.

根据国家统计局的数据，2016 年年末，中国劳动年龄人口比 2015 年年末减少 349 万人，但仍有 90747 万人，中国作为世界上人口最多的国家，劳动力资源仍然丰富。此外，党的十八届五中全会发布的“十三五”规划已经明确实施“全面二孩”政策，根据人口学者的保守预测，“全面二孩”政策实施后，每年至少能够增加 200 万个孩子，约占中国 13 亿总人口的 0. 15%[①]。考虑到打算生二孩的家庭主要为城市地区的中高收入家庭（因为计划生育政策在大多数农村地区执行较松，因此全面放开二孩政策对其影响有限），“全面二孩”政策实施对我国经济的长期发展具有明显的积极意义。

2. 投资领域仍有空间

虽然我国经济长期以来的投资驱动模式本身存在一定的缺陷，但不可否认的是，作为中国经济最重要的组成部分之一，适当、合理的投资在稳增长过程中仍发挥着不可替代的作用，只要把握投资的方向和体量，不过度盲目投资，这种模式对于我国经济发展仍具有重要意义。

从国际比较来看，中国在铁路、公路、机场等基础设施人均拥有量方面，和发达国家相比，还有相当大的提升空间，尤其是在中西部广大地区，基础设施仍是制约经济发展的瓶颈之一，基础设施的投资还有持续增长的空间。而在制造业方面，中国正面临制造业转型升级，从制造业 2. 0、3. 0 向 4. 0 迈进的重大挑战和机遇并存[②]。传统落后产能的逐步淘汰和退出、新的高端制造业逐步发展和壮大都需要大量的投资，因此，制造业领域的投资也有很大的增长空间。从投资需求看，改革开放以来，传统产业的投资相对饱和，而基础设施投资，新技术、新产品、新业态的投资和“互联网 +”的投资则潜力巨大。这种投资内容的变化，是形成经济增长阶段性的一个重要原因。

2015 年至今，中央已经采取了一系列促投资、稳增长的措施。2016

---

① 李稻葵，石锦建，金星晔. “十三五”时期中国经济增长潜力和前景分析［J］. 投资研究，2015，34（12）：4 – 19.

② 同上。

年，国家发展改革委共审批核准固定资产投资项目 227 个，总投资 17044 亿元。随着相关投资政策的不断推出和完善、项目不断推进和落实，一方面能为促投资、稳增长提供新动能；另一方面也会不断增强发展后劲，为经济长远发展打下了坚实的基础。

3. **居民消费潜力巨大**

根据世界银行的统计，2016 年中国 GNI 总量为 113935.71 亿美元，继续保持世界第 2 位，占世界总量的 14.86%，相当于美国的 62.76%；人均 GNI 为 8264 美元，在已公布数据的 187 个经济体中居第 71 位，相当于世界平均水平的 80.18%，中国仍是中等收入国家，提升收入的意愿强烈、空间巨大。同时，2016 年进城落户约 1600 万人，常住人口城镇化率达到 57.35%，不仅低于高收入国家超过 80% 的城镇化率，也低于与中国发展阶段相近的上中等收入国家 60% 左右的平均城镇化率水平，我国在城镇化进程中未来还有很大的发展空间。

2015 年以来，尽管社会消费品零售总额出现下滑，但其同比名义增速和实际增速始终保持在 10% 以上，远超 7% 的 GDP 增速，这意味着经济结构正在调整、消费占 GDP 的比重持续提高。[①] 根据李稻葵和徐翔（2013）重构的消费指标，消费占 GDP 比重在 2007 年触底，此后保持逐年回升的态势，2014 年重构的消费占 GDP 比重已经达到 45.3%。[②] 随着劳动收入份额的提高和居民可支配收入的持续增长，该比重会进一步上升，消费在 GDP 增长过程中会逐步变为最重要的支撑点。

在消费占 GDP 比重不断提升的同时，消费内部结构也在不断改善。受“互联网 +”迅猛发展的带动，网上消费额高速增长，占零售总额的比重不断提升，未来该比重还会进一步上升。网上消费充分挖掘了居民消费潜能，以 2017 年“双十一”为例，全网 20 家主要 B2C 电商平台总销售额达

---

① 李稻葵，石锦建，金星晔．“十三五”时期中国经济增长潜力和前景分析［J］．投资研究，2015，34（12）：4－19.

② 李稻葵，徐翔．中国经济结构调整及其动力研究［J］．新金融，2013（6）：10－19.

2539.7亿元，共产生包裹13.8亿个。[①] 在结构与总量的双重进步下，居民消费将继续发挥中国经济增速趋缓阶段的稳定器、回升中重要引擎的作用。

总之，从劳动力资源、投资空间、消费需求等角度来看，未来中国经济还具有以较高速度持续成长的良好基础。只要继续深化改革，保持社会稳定，充分发挥中国特色社会主义制度的优越性，我们就一定能够跨越“中等收入陷阱”。

四、我国走出“中等收入陷阱”的政策建议

未来一个时期，中国虽然不可避免经历经济增速减缓的阶段，但仍然具备长期持续增长的潜力。从世界各国的历史经验和目前中国经济增长趋缓的原因与风险来看，中国未来的经济发展，不仅要追求国民产出数量的增加，而且要通过制度与技术创新、强化社会民生制度建设来实现经济增长质量的提高，[②] 这样才能增强经济增长的稳定性和持续性，促进全面社会进步，走出“中等收入陷阱”，最终建成社会主义现代化强国。

（一）全面深化经济体制改革

制度的主要功能在于向人们提供一个相互作用的激励结构，形成激励与约束机制，来减少因环境复杂性引起的不确定性，进一步降低交易成本。在新常态下，应该通过深化经济体制改革，提高市场机制在资源配置过程中的基础作用，构建未来经济稳定增长的制度基础。[③]

首先，深化国有企业改革，创造平等竞争的市场环境。对于国有企业的改革，应重视完善各类国有资产管理体制，改革国有资本授权经营体制，加快国有经济布局优化、结构调整、战略性重组，促进国有资产保值

① 2017年双十一电商销售情况回顾：电商品牌化利好龙头公司，全球电商旺季开启［EB/OL］. www. howbuy. com，2017－11－22.

② 张飞，全毅．避免“中等收入陷阱”的国际比较［J］. 亚太经济，2012（1）：89－93.

③ 蔡昉．“中等收入陷阱”的理论、经验与针对性［J］. 经济学动态，2011（12）：4－9.

增值，推动国有资本做强做优做大，有效防止国有资产流失。应进一步发展混合所有制经济，培育具有全球竞争力的世界一流企业。在国企改革的同时，支持民营企业的发展。加快推进现代企业制度的建设，完善公司治理架构，使企业成为真正意义上的市场竞争主体。全面实施市场准入负面清单制度，清理废除妨碍统一市场和公平竞争的各种规定和做法，激发各类市场主体的活力。

其次，完善要素市场。以完善产权制度和要素市场化配置为重点，实现产权有效激励、要素自由流动、价格反应灵活、竞争公平有序、企业优胜劣汰。建立城乡统一的建设用地市场。在符合规划和用途管制的前提下，允许农村集体经营性建设用地出让、租赁、入股，实行与国有土地同等入市、同权同价。完善金融市场体系。扩大金融业对内对外开放，在加强监管的前提下，允许具备条件的民间资本依法发起设立中小型银行等金融机构；进一步深化利率市场化改革。健全多层次资本市场体系，推进股票发行注册制改革，多渠道推动股权融资，发展并规范债券市场，提高直接融资比重；减少政府对资本市场的直接干预。改革户籍制度，促进劳动力的自由流动。通过“土地换保障”等措施，建立城乡统一、全国统一的社会福利体系，加快劳动力在城乡之间的流动。

（二）加快科技自主创新步伐

自主创新是提高社会生产力和综合国力的战略支撑，也是新常态背景下开发经济增长潜力的主要动力。新工业革命进一步凸显了我国产业转型升级过程中知识和技术的重要性。

要不断提升我国的自主创新能力，政府应积极发挥作用。政府应积极保护产权特别是知识产权，为创新活动提供有效激励，同时稳定企业家、科研人员的预期，使他们能够有长远打算。提升相应改革教育和研发体制，使人才的培养和研发激励机制能够适应自主创新的要求。建立相关的监察制度，在科研扶持项目评审和绩效考核上严格执行公平、公正、公开原则，确保科研资金的高效利用。地方竞争是以往中国发展中的重要动力，应使改进创新环境成为地方竞争的新元素，推动形成若干个有吸引力、竞争力的创新型城市和区域创新中心。通过政府政策引导，在实际执行层面应积极推动国内科技水平综合发展，切实提高中国综合科技创新实力和整体科技发展水平。①②③

（三）完善社会民生制度建设

为降低落入“中等收入陷阱”的风险，我国要积极推进社会民生制度的建设，强化社会服务和社会管理体系，以增强社会的稳定性，为经济发展奠定良好的社会基础。

首先，改革现有分配制度，着力缩小贫富差距，体现社会公平。缩小贫富差距不仅可以有效缓解社会矛盾，还有助于壮大社会中间阶层，强化社会的自主稳定功能。为此，应该在初次分配环节，健全工资的正常增长机制，重点提高普通劳动者报酬所占比重；加强对垄断行业工资水平的调控力度；增加收入分配的透明度，坚决取缔非法收入。在二次分配环节，通过税制改革减轻中低收入者的税收负担，加大对高收入者的税收调节。在三次分配环节，进一步引导、规范和促进慈善事业的发展。

其次，强化社会服务体系和社会管理体系建设。社会基本公共服务是指政府在公共教育、社会保障、医疗卫生、住房、公共文化、基础设施等诸多方面向全民提供基本的生活服务和保障。完善基本公共服务对改善中低收入者尤其是社会弱势群体的福利水平具有极其重要的作用，是社会健康平稳运行的重要支撑。同时，应该注意通过提高社会管理水平维护社会稳定发展。强化社会管理可以使群众利益诉求的表达更加通畅、社会舆情的汇集和分析更加高效，还可以通过灵活和丰富的途径将矛盾及时化解在基层和萌芽状态。

---

① 任保平．经济增长质量：理论阐释、基本命题与伦理原则［J］．学术月刊，2012（2）63－70.

② 任保平．新常态要素禀赋结构变化背景下中国经济增长潜力开发的动力转换［J］．经济学家，2015（5）：13－19.

③ 刘英基，杜传忠，刘忠京．走向新常态的新兴经济体产业转型升级路径分析［J］．经济体制改革，2015（1）：117－121.

（四）重视对外经济关系建设

应充分认识和把握住发展新兴化的潮流和趋势，利用好当前发达经济体发展减慢的时机，采取更加积极主动的开放战略，以开放推动发展。

首先，要促进我国对外经济发展模式的优化升级。对出口结构进行优化升级，增强我国出口产品的国际竞争力，应鼓励高新技术产品、高知识含量附加产品、高附加值产品的出口，鼓励“中国创造”产品的出口，提高出口产品的单位效益和附加值。在进口方面，重视对我国经济建设具有战略性意义的资源和能源的进口，鼓励有实力的企业“走出去”，通过控股、投资等方式参与全球矿产资源、能源的生产布局，保障我国的资源、能源进口。鼓励高新技术产品生产线的引进和高新技术产品的进口，鼓励对先进的管理、知识、技术和文化等无形产品的进口效应。扩大我国服务贸易领域的对外开放，加强对服务贸易商品的进口。通过对进出口商品结构的调整，合理推进我国进出口贸易平衡过程。其次，对外贸易资源的配置应从政府主导向市场为主导转变，减少对外贸易资源配置中的要素价格扭曲。积极推动人民币国际化进程，推动跨境贸易人民币结算进程，降低贸易结算对美元的依赖，规避汇率风险；推动对外贸易多元化，降低对某一市场或某一贸易对象的依赖，寻求更广泛的贸易合作伙伴。①

通过上述改革措施，我国将在未来继续保持经济增长的稳定和持续的较高速度增长，实现人民福祉的不断提高，走出“中等收入陷阱”，跻身高收入国家行列，在21世纪中叶建成富强、民主、文明、和谐、美丽的社会主义现代化强国。

---

① 郭浩森．中国出口产品结构优化路径研究［D］．沈阳：辽宁大学，2013.